江苏省社会科学基金一般项目资助（19JYB002）

江苏省教育科学研究院学术著作出版资金资助

教育部人文社会科学研究青年基金项目资助（14YJC880051）

高等教育管理体制 70年变迁研究

彭华安 著

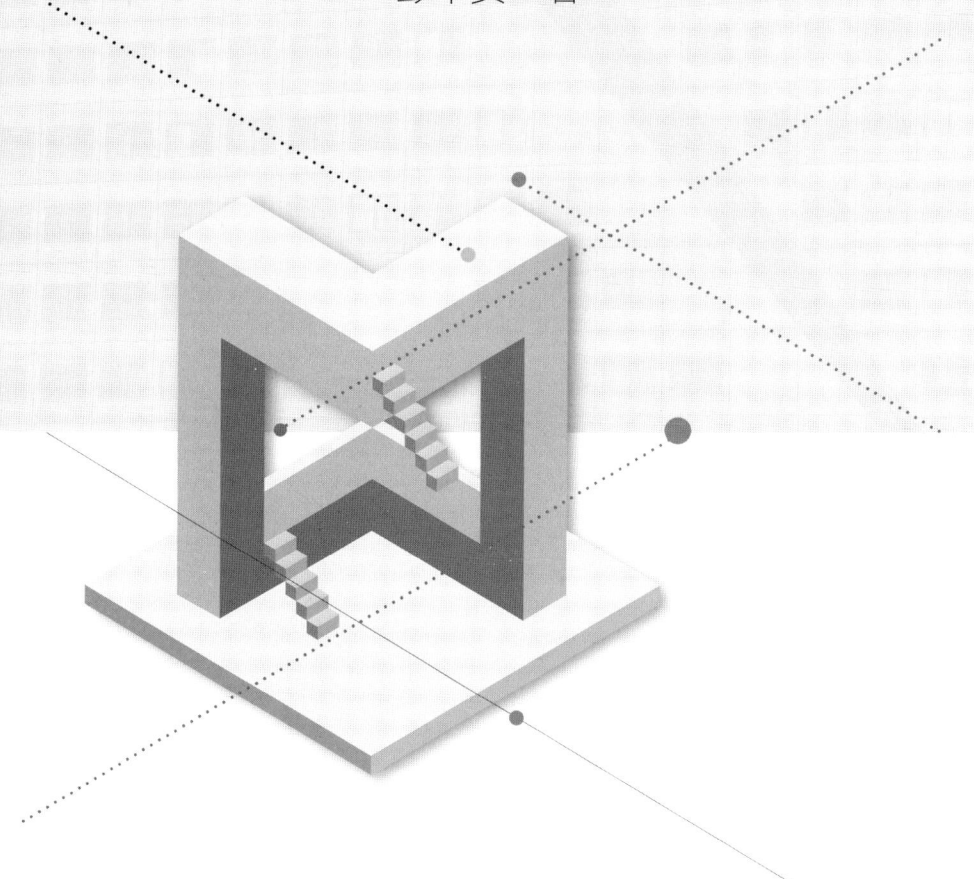

中国社会科学出版社

图书在版编目（CIP）数据

高等教育管理体制70年变迁研究/彭华安著.—北京：中国社会科学出版社，2019.12

ISBN 978-7-5203-5872-9

Ⅰ.①高… Ⅱ.①彭… Ⅲ.①高等教育—管理体制—发展—研究—中国 Ⅳ.①G649.21

中国版本图书馆CIP数据核字（2019）第294408号

出 版 人	赵剑英
责任编辑	陈雅慧
责任校对	王 斐
责任印制	戴 宽

出　　版	中国社会科学出版社
社　　址	北京鼓楼西大街甲158号
邮　　编	100720
网　　址	http://www.csspw.cn
发 行 部	010-84083685
门 市 部	010-84029450
经　　销	新华书店及其他书店
印　　刷	北京明恒达印务有限公司
装　　订	廊坊市广阳区广增装订厂
版　　次	2019年12月第1版
印　　次	2019年12月第1次印刷
开　　本	710×1000　1/16
印　　张	16.25
插　　页	2
字　　数	251千字
定　　价	89.00元

凡购买中国社会科学出版社图书，如有质量问题请与本社营销中心联系调换
电话：010-84083683
版权所有　侵权必究

序

高等教育管理体制改革是当前现代大学制度和高等教育强国建设中一个极其关键的重大问题,并且在相当长一段时期内还会处于核心位置。高等教育管理体制改革的复杂性及其演变路径的多变性,都反映出中国高等教育改革经验的典型特征。对新中国成立70年高等教育管理体制变迁过程的追溯和总结,不仅可以帮助我们从经验上理解新中国成立70年高等教育管理体制变迁的内在逻辑和因果机制,而且对于我们理解长周期重大制度变迁的理论命题具有重要的学术价值。

本人是彭华安的博士后合作导师,曾在南京师范大学工作多年,后在江苏省教育厅任副厅长分管全省高等教育16年,对于高等教育管理体制,特别是政府与高校关系有着亲身经历的体会与思考。从本质上讲,高等教育管理体制改革是对权力和利益重新调整的制度变迁过程。改革涉及的主体关系极其繁复、利益博弈交织极其复杂、受制于影响因素极其多元。因此,对如此复杂、艰巨的课题开展研究确实需要很大的学术勇气和责任担当。可喜的是,彭华安接受了这种挑战并克服种种困难高质量完成了这一研究。本书以权力结构为切入点,从中央政府、地方政府和高校三个核心行动者之间关系入手对新中国成立70年来高等教育管理体制变迁过程进行了系统而深入的梳理和分析,以"政策价值—政策目标—政策对象—政策工具"框架客观而详实地研究了新中国成立70年高等教育管理体制变迁机理和逻辑。具体而言,本书的创新之处体现在以下三个方面:

一是研究视角的创新。本书从政治学的权力视角切入,致力于解释中央政府、地方政府和高校三者权力结构在新中国成立70年高等教育管理体制改革中的演进过程，更好地呈现了高等教育管理体制改革的动态性、丰富性和多变性。

二是分析框架的创新。本书以政策文本为研究对象，构建了一个"政策价值－政策目标－政策对象－政策工具"的分析框架，从纷繁复杂的历史片段中抽离出塑造和制约高等教育管理体制变迁的变量，并探讨变量的因果机制，为理解和解释新中国成立70年高等教育管理体制变迁提供了一个新的理论模式。

三是理论应用的创新。本书以历史制度主义和国家与社会关系为理论基础，从历史维度分析中央政府、地方政府和高校是如何通过策略行动引导高等教育管理体制70年变迁过程，可以更加清晰地了解"黑盒子"内错综复杂的关系，透视了"黑盒子"内各种利益团体在既定政策框架内互相行动、互相作用，最终协调平衡建立稳定的政策结构性关系。

作为一名年轻学者，彭华安能够推出这样一本有分量的学术力作，是一件特别值得鼓励的事。这本书无论是对于制定高等教育政策的政府官员来说，还是对于从事高等教育研究的学者来说，都有相当意义的参考价值。衷心希望彭华安在今后的学习和研究中，不断凝练研究方向、紧跟学术前沿、服务社会需求，在普通而平凡的工作中取得更大的成就。

丁晓昌
江苏省教育厅原党组副书记、副厅长
江苏省教育科学研究院原院长
江苏省政协教育文化委员会副主任
南京师范大学教授、博士生导师
江苏省高等教育学会会长
2019年10月于南京

目 录

第一章 绪 论 …………………………………………………… (1)
  第一节 问题提出与研究意义 ……………………………… (1)
  第二节 文献述评与概念界定 ……………………………… (6)
  第三节 理论基础与研究方法 ……………………………… (18)
  第四节 研究思路与分析框架 ……………………………… (28)

第二章 全能型体制（1949—1977）：央地校利益共同体的建立与强化 ……………………………………………… (37)
  第一节 全能型体制构造与央地校利益共同体的建立（1949—1956） ………………………………… (38)
  第二节 全能型体制波动与央地校利益共同体短暂松动和调整（1957—1965） …………………………… (60)
  第三节 全能型体制极致和央地校利益共同体的强化（1966—1977） ………………………………… (72)
  第四节 全能型高等教育管理体制的政策特征 …………… (78)

第三章 发展型体制（1978—1997）：央地校利益共同体的松动与瓦解 ……………………………………………… (85)
  第一节 全能型体制向发展型体制的过渡阶段（1978—1984） ………………………………… (86)

第二节 发展型体制的建立：央地校利益共同体的
松动（1985—1991） …………………………（95）
第三节 市场经济体制的建立和央地校利益共同体的
瓦解（1992—1997） …………………………（108）
第四节 发展型高等教育管理体制的政策特征 …………（123）

**第四章 服务型体制（1998年至今）：央地校利益关系的重构
与制度化** ……………………………………………（129）
第一节 发展型体制向服务型体制的过渡阶段和央地校利益
关系的重构（1998—2002） …………………（130）
第二节 服务型体制的建立和央地校利益关系的
制度化（2003年至今） ………………………（141）
第三节 服务型高等教育管理体制的政策特征 …………（162）

第五章 新中国70年高等教育管理体制变迁的制度逻辑 ………（168）
第一节 新中国成立初期高等教育管理体制的生成 ……（168）
第二节 新中国70年高等教育管理体制的变迁 …………（172）
第三节 新中国70年高等教育管理体制变迁的路径依赖 …（177）
第四节 新中国70年高等教育管理体制变迁的动力机制 …（185）

**第六章 新中国70年高等教育管理体制变迁的
反思与前瞻** …………………………………………（193）
第一节 国家与社会关系视角下高等教育管理体制
变迁分析 …………………………………………（193）
第二节 新中国70年高等教育管理体制变迁特征 ………（199）
第三节 新中国70年高等教育管理体制变迁的政策问题 …（206）
第四节 新时代高等教育管理体制优化的政策路径 ……（219）
第五节 可能的贡献与不足 ………………………………（229）

参考文献 …………………………………………………（233）

后　　记 …………………………………………………（248）

第一章

绪　论

第一节　问题提出与研究意义

关于高等教育管理体制问题的研究文献浩如烟海，但尚缺乏系统地展现和解释新中国 70 年高等教育管理体制变迁历史逻辑的研究，更缺乏从政策变迁视角对高等教育管理体制的经验研究。探索新中国 70 年高等教育管理体制变迁历史的全貌，不仅可以从经验上帮助我们理解新中国成立之后"央地校利益共同体"（中央政府、地方政府和高校）如何一体化，以及在改革开放之后"央地校利益共同体"解构与重构的过程，而且对于我们理解长周期重大制度变迁的理论命题具有重要的学术价值。

一　问题提出

新中国高等教育管理体制 70 年变迁史是一个很有吸引力的研究领域，也是一个极具理论价值的研究问题。之所以将"新中国 70 年高等教育管理体制变迁的政策考察"作为研究主题，主要是基于以下 3 个因素的考虑。

首先，高等教育管理体制改革是高等教育体制改革的根本问题。新中国成立 70 年来，中国的高等教育始终与国家政治经济发展紧密相连，取得了显著成就：一是规模不断扩大。2017 年，各种形式高等教育在学总规模达到 3779 万人，高等教育毛入学率达 45.7%，在校大学生数世界第一，高等教育快速进入大众化后期。二是保障机制不断健全。在财政投入方面，国家支持力度不断提升，2012 年教育财政拨款达到 4% 并持续保持增长,高校生均拨款基本实现了1.2万元。与教育质量高度相关的教学科研仪器设备、信息化设备及上网课程资源等配置水平提高较快。2017年,全国普通高校每百名学生拥有教学用计算机26.7台。[1] 三是教育公平性不断增强。高等教育机会公平程度不断提升,录取率最低省份与全国平均水平差距缩小至4个百分点,2012年以来累计37万名农村和贫困地区的学生通过专项计划实现了重点大学梦。[2]

回顾70年历程,高等教育改革发展的成就与问题同时存在。"从近期看,成就是主要的,但从长远看,存在的问题也不容乐观。客观而言,我国高等教育发展成就的取得,主要得益于中央政府和地方政府的持续加大投入以及重点建设,高等教育体制本身的优越性尚不明显。"[3] 高等教育管理体制的核心机制并没有真正改变,在许多方面依然执行的是中央政府计划经济体制的功能,这正成为影响我国高等教育更公平更有质量发展的一个制约性因素。"相比之下,教育管理体制的障碍却是30多年来一直严重制约我国教育改革进程的一个重要因素,在今天甚至可以说已成为一个要害性制约因素,一个必须动真格解决的瓶颈性问题。"[4] 从这个意义上讲,高等教育管理体制改革是高等教育体制改革的根本问题,是高等教育发展中的重大问题。在建设"双一流"和高等教育强国过程中,高等教育管理体制改革显得更加重要,也更为迫切。

其次,从政策的视角,对新中国70年高等教育管理体制变迁过程展开系统、全面研究,为丰富和发展有中国特色的教育政策研究而努力。高等教育管理体制改革不仅是高等教育的问题,还是政策问题,甚至可以说,它首先是政策问题。因为,高等教育改革大部分都是政策驱动的,有了特定的政策,才有相关的教育改革。高等教育管理体制所存在的许多问题,不但与当时整个社会的政治、经济、文化等外部因素有关,更多的是受当时政府的政策设计影响。"历史昭示,中国大学的治理及其变

---

[1] 教育部发展规划司编:《2017全国教育事业发展简明统计分析》,2018年,第134页。
[2] 余宇、单大圣:《中国教育体制改革及其未来发展趋势》,《管理世界》2018年第10期。
[3] 王建华:《重申高等教育体制改革》,《教育发展研究》2018年第1期。
[4] 吴康宁:《政府部门超强控制:制约教育改革深入推进的一个要害性问题》,《南京师大学报》(社会科学版)2012年第5期。

革始终与中国的高等教育政策变迁内在地关联在一起,几乎没有离开过国家出台的各种政策法规的指导和引领。"①

在这种情况下,研究高等教育管理体制改革离不开对政策文本的研究。作为相对稳定的观念和表达体系,政策文本为我们了解和测绘变化中的历史事件和政治目的提供了必要的支点。正如格雷斯(Grace)所说的,"当前教育中的许多问题和危机都只是特定教育政策在深层历史结构上和意识形态上所存在的矛盾的外在表现而已"②。由此可见,如果要对高等教育管理体制改革有一个充分而合理的认识,必须对当时政府出台的高等教育管理政策文本进行分析。本书通过对新中国70年高等教育管理体制变革做系统回顾与反思,从政策层面揭示70年高等教育管理体制的变迁轨迹和特点,用"政策价值—政策目标—政策对象—政策工具"四维分析框架阐释不同阶段高等教育管理体制的基本特征。在此基础上,概括70年高等教育管理体制变迁的制度逻辑和政策问题,提出新时代高等教育管理体制优化的政策思考,期望能够进一步深化中国的教育政策研究。

再次,期待从高等教育管理体制历史变迁的经验研究中,辨明变迁的内在逻辑和价值取向,探寻具有中国特色的高等教育治理理论。中国高等教育管理体制是凝结了历史的体制,不理清历史的脉络,现实的困难难以真正解决。"通过历史的角度考察教育,我们不仅将有能力更好地理解现在,还有机会重新回到过去本身,将那些我们很有必要予以认识的失误揭示出来,因为继承这些失误的正是我们自己。"③ 因此,反思和研究高等教育管理体制,不仅要立足当今现实的高等教育管理体制改革实践,也要依托于新中国70年高等教育管理体制演进的历史进程。新中国70年高等教育管理体制变迁的曲折性和复杂性,在一定程度上映射了

---

① 张德祥:《1949年以来中国大学治理的历史变迁——基于政策变迁的思考》,《中国高教研究》2016年第2期。

② 柯政:《理解困境:课程改革实施行为的新制度主义分析》,教育科学出版社2011年版,第53页。

③ [法]爱弥尔·涂尔干:《教育思想的演进》,李康等译,上海人民出版社2006年版,第22页。

中国传统社会向现代社会转型的艰难。

"了解历史的主要目的不在于了解曾经发生过什么，而在于了解人们的言行。……困难并不在于发现曾经发生过什么，而在于发现人们在事件背后的所作所为和所思所想。但是探究某一问题的历史，无疑会有助于我们更透彻地了解诸如我们自己究竟身处何处、究竟欲往何处和究竟怎样才能到达彼处这样一系列问题。"① 基于此，本书以高等教育管理体制变革的主要政策文本为对象，对中国高等教育管理体制变迁历程进行系统梳理，从纷繁复杂的历史片段中抽离出塑造和制约高等教育管理体制变迁的关键变量，以更好地理解高等教育管理体制变迁的因果机制，为理解和解释中国高等教育管理体制变迁提供一个新的解释视角。

二 研究意义

新中国成立以来，为适应国家建构和不同时期社会发展需要，政府不断调整自身制定政策的方式与变革高等教育管理体制，提高了政府的适应性，促进了高等教育持续健康发展。70年来，高等教育管理体制的建立与运行已形成独具特色的"中国经验"，彰显着政策成效，也显现出政策问题。这种政策经验与"中国特色"需要研究与分析。本书将通过梳理新中国70年来高等教育管理体制变迁的政策文本和典型事件，较为系统地讨论70年来高等教育管理体制变迁的动因、内容、机制和逻辑等，从而展现国家建构与高等教育管理体制的互动关系，挖掘和总结高等教育管理体制变迁的内在规定性和作用机制，为完善高等教育管理体制提供理论基础和实践依据。因此，对新中国70年高等教育管理体制进行系统、综合研究有一定的创新性与独到性，具有重要的理论和实践应用价值，而且对于我们理解长周期重大制度（政策）变迁的理论命题具有重要的学术价值。

（一）理论价值

"经典的历史学家常常偏爱历史数据和证据的考证以及事件故事本身

---

① ［美］罗杰·J. 沃恩、特里·E. 巴斯：《科学决策方法——从社会科学研究到政策分析》，沈崇麟译，重庆大学出版社2006年版，第36页。

的描述，但对于非历史学家的学者而言，显然其从事历史问题研究的兴趣并不在于历史考据的准确性或新的历史证据的获得等问题，而是对历史现象的理论解释含义。"①本书关注如何从中国高等教育管理体制70年的长期变迁中发掘其背后隐含的解释模式，或者说如何运用和汲取最新社会科学的理论研究成果去重新解释制度（政策）变迁史，以增加对高等教育管理体制变革的理解。

首先，有助于进一步丰富高等教育管理理论。本书基于新中国高等教育管理体制演进的历史过程，聚焦于中央政府、地方政府、业务主管部门与高校等政策行动者围绕资源、规则、利益、权力等展开的冲突、协商、妥协与共谋过程，揭示高等教育管理体制演进的内在逻辑。对于丰富和发展中国特色社会主义高等教育理论体系和话语体系，坚定中国特色社会主义高等教育道路自信具有重要的价值和意义。

其次，有助于进一步深化教育政策研究。回顾新中国70年高等教育管理体制改革的历史进程，尝试运用"政策价值—政策目标—政策对象—政策工具"四维分析框架解释高等教育管理体制变迁的因果机制，可以进一步推进我国借鉴国际政策理论但又尊重本土实践经验的教育政策理论研究，丰富教育政策研究的领域和内容，在一定程度上改变教育政策研究中的西方中心主义倾向，有助于创新教育政策研究的视角和方法论。同时，观察高等教育管理体制变迁的过程和方式，对于深刻理解和发现教育政策制定过程中不同利益群体的权力关系及其行动逻辑和行动策略，对于认识中国教育政策利益整合机制和变迁的内在逻辑，对于理解中国政府与政治制度的变化、揭示国家政治制度的特点与本质，具有十分重要的理论价值。

（二）实践价值

在建设高等教育强国和现代大学制度的过程中，我们不仅缺乏经费和经验，更缺乏反思的行动和能力。研究新中国70年高等教育管理体制变迁的意义不仅在于描述和解释一段历史，更是当前中国高等教育持续健康发展的需要。正如哈罗德·珀金所说："真正的历史学并不是一味按

---

① 赵德余：《中国粮食政策史：1949—2008》，上海人民出版社2017年版，第2页。

照年代顺序挖掘整理史实材料的一门学科，而是一门解决问题的学科，它向现实（或一度是现实的）世界提出种种问题，并努力探寻问题的答案。"① 从这个意义上讲，本书通过对新中国 70 年高等教育管理体制变迁的系统回顾与反思，试图重新并完整地解释中国高等教育管理体制变迁的历史逻辑，揭示高等教育管理体制变迁的轨迹与特点，总结高等教育管理体制发展中的政策经验与政策问题，并探讨政策调整模式转变的关键约束条件，有助于深化对高等教育管理体制和政策变迁史的经验研究，并为高等教育管理体制改革和创新以及政策制定系统的改进提供理论依据和历史经验。

第二节 文献述评与概念界定

一 文献述评

1949 年新中国成立以来，中国高等教育管理体制变迁历经 70 年。全面回顾和总结高等教育管理体制变迁历史对于重新认识和完整解释政府与高校、中央政府与地方政府关系具有重要的理论价值和实践意义。有关中国高等教育管理体制改革的文章层出不穷，而且也出现了十分出色的研究成果。根据研究对象、研究方法和研究重点，现有的研究文献可以划分为 4 类。

（一）政府与大学关系研究

政府与大学关系的研究者首推德国的洪堡。他强烈反对国家和政府干预大学，强调应该使大学具有相对独立性。② 随后，克拉克·克尔[3]、约翰·S. 布鲁贝克[4]与德里克·博克[5]等学者认为政府力量必然要介入大

---

① [美]伯顿·克拉克：《高等教育系统——多学科的研究》，王承绪等译，浙江教育出版社 2001 年版。

② [德]威廉·冯·洪堡：《论国家的作用》，林荣远等译，中国社会科学出版社 1998 年版。

③ [美]克拉克·克尔：《大学之用》，高铦、高戈、汐汐译，北京大学出版社 2008 年版。

④ [美]约翰·S. 布鲁贝克：《高等教育哲学》，王承绪等译，浙江教育出版社 2002 年版。

⑤ [美]德里克·博克：《走出象牙塔——现代大学的社会责任》，王承绪等译，浙江教育出版社 2002 年版。

学的发展，但需要将政府力量控制在一个适当的范围之内，尽可能尊重和维护大学自治。盖·利夫（G. Neave）是西方国家研究国家与大学关系最多、最深入、最系统的学者之一，他提出了国家与高校的三种关系模式：康德模式、洪堡模式、盎格鲁—撒克逊大学模式，并对大学发展中的国家干预及国家与大学的"边界"进行了深入研究。[1] 伯顿·克拉克在1983年的著作中首次提出并建构了高等教育发展过程中政府、大学和市场的"三角协调模式"，该模式被尊称为分析政府与大学关系的经典框架，它强调宏观层面的分析，对微观具体层面有一定的局限。[2] 弗兰斯·F. 范富格特在对11国政府与大学关系进行"国际高等教育政策比较"的基础上，对克拉克的"三角协调模式"进行拓展，建构了由政府、大学、市场与中介组织构成的"三角四块模式"。[3] 金子元久等认为，在现代国家与古典大学传统的冲突中，形成了现代大学的"国家设施""公民法人""政府委托"三种模式，不同的模式体现了不同的政府与大学关系。[4]

　　在中国，政府与大学关系问题一直是高等教育研究界的热点话题。朱新梅从公共行政学的角度分析了政府干预大学的合法性、范围、方式及效果，从而试图对政府与大学关系、政府干预大学的边界和方式等问题进行回答。[5] 陈超运用新制度主义社会学理论的观点和假设，对重点大学准入制度、运行制度、退出制度中的政府干预行为和角色扮演进行了深入分析，最后对政府干预重点大学的合法性进行考问。[6] 曾小军基于政府干预理论，从政府管制和政府资助两个维度，对政府干预民办高等教育的理论依据与现实动因、政府干预目标定位与手段运用存在的"应然"

---

[1]　G. Neave, "The Changing Boundary Between the State and Higher Education", *European Journal of Education*, Vol. 3, 1982, pp. 231–241.

[2]　［美］伯顿·克拉克：《高等教育系统——学术组织的跨国研究》，王承绪等译，杭州大学出版社1994年版。

[3]　［荷］弗兰斯·F. 范富格特：《国际高等教育政策比较研究》，王承绪等译，杭州大学出版社1994年版。

[4]　［日］金子元久、刘文君、钟周：《高等教育市场化：趋势、问题与前景》，《清华大学教育研究》2006年第3期。

[5]　朱新梅：《政府干预与大学公共性的实现：中国大学的公共性研究》，教育科学出版社2008年版。

[6]　陈超：《中国重点大学制度建设中的政府干预研究》，广东高等教育出版社2009年版。

和"实然"的差异及政府干预民办高等教育的路径选择进行了系统分析，着力回答政府为什么干预、如何干预和该如何干预民办高等教育等问题。① 此外，还有一些学者围绕政府与高校间关系进行多视角研究。如史静寰在吸收社会科学领域研究的整体论方法基础上，提出了政府与大学关系由国家、知识、市场和社会构成"四要素环绕互动型"框架。② 盛冰从治理视角出发，要求改变政府公共权力对大学超强控制局面，重构政府、社会与市场关系。③ 王春梅从权力视角出发，以南方科技大学中政府与大学关系为案例，认为通过分权提高地方政府的话语权，从集权的社会主义模式的治理走向分权的市场模式的治理，是高等教育改革的必然方向。④

（二）大学自主权研究

泰特（Tight）认为："大学自治是指这样一种信念，如果高等教育机构旨在最好地服务于社会整体，那么它们就应该独立地决定它们自己的目标和优先顺序，并将之付诸实施……如果要使高等教育机构持续地成功实现其探索、拓展、应用和传递知识的基本功能，大学自治具有至关重要的意义。"⑤ E. 阿什比则将大学自治归纳为6个方面的内容：大学的管理上免于非学术的干预；以大学看来合适的方式自由分配资金；自由招收教职员并决定其工作条件；自由选择学生；自由设计和传授课程；自由设置标准和决定评价方式。⑥ 美国卡内基高等教育委员会的一份报告认为大学自治主要包括：(1) 制定资金使用于特殊目的的制度；(2) 支出费用仅受审计上的监督；(3) 决定大学雇员的分配、工作负担、薪金

---

① 曾小军：《民办高等教育政府干预研究》，中国社会科学出版社2014年版。
② 史静寰：《构建解释高等教育变迁的整体框架》，《清华大学教育研究》2006年第3期。
③ 盛冰：《高等教育的治理：重构政府、高校、社会之间的关系》，《高等教育研究》2003年第2期。
④ 王春梅：《权力视野中政府与大学的关系研究——基于南方科技大学的案例》，《复旦教育论坛》2012年第3期。
⑤ M. Tight, "Institutional Autonomy", in Clark, Burton R. and Neave, Guy (ed.), *The International Encyclopedia of Higher Education*, Pergamum Press, 1992.
⑥ Ashby, E. and Anderson, M., *Universities: British, Indian, African, A Study in the Ecology of Higher Education*, London: Weidenfeld & Nicolson, 1966, p. 296.

升迁；（4）选择教师、行政人员及学生；（5）建立有关等级、学位授予、开设课程及发展计划的学术政策；（6）研修有关学术自由、成长比率及研究和服务活动的行政之政策等。[①] 克拉克·科尔（Clark Kerr）和爱德华·希尔斯（Edward Shills）认为，大学自由作为一种制度应强调工具性、制度性、手段性。大学自治指大学应当独立决定自身的发展目标和计划，并将其付诸实施，不受政府、教会或者其他任何社会法人机构的控制和干预。[②]

茹宁和闫广芬从知识的视角探讨了大学自治的条件与形态，认为知识生产内蕴的个体性与社会性、合理性与合法性矛盾是大学自治制度存在的必要前提。大学自治的历史形态是从特权自治到制度自治再到责任自治。[③] 肖起清以社会体制演变为基础，详细论述了我国不同时期办学权在大学与政府之间出现的剥离、飘移和回归四种样态。[④] 周光礼认为中国大学自主权的演变经历了新中国成立17年、改革开放初期、社会转型期三个阶段。政策变迁经历了集权—放权—集权—放权的多次反复，但始终没有跳出"一收就死，一放就乱"的循环，主要缘于宏观制度环境的制约、行动者认知方式的制约及制度的历史累积效应的影响。[⑤] 杨聚鹏、苏君阳认为高校办学自主权的实质是权力在高等学校和管理部门之间的分配，不同部门之间的权力分配将对高校办学自主权的实现和高校办学产生重要影响。前者主要通过权力在管理部门之间、教育行政部门之间、教育行政部门与高校之间的分配表现出来，后者主要通过提供主体、提供方式、提供机构和提供管理等四个方面表现出来。[⑥] 和震认为，大学自治是西方大学制度的核心问题。从中世纪开始，大学这一独特机构经过

[①] 周志宏：《学术自由与大学法》，台北：蔚理法律出版社1989年版，第121页。

[②] Clark Kerr, *The Use of University*, Harvard University Press, 1998.

[③] 茹宁、闫广芬：《大学自治的条件与形态：知识的视角》，《清华大学教育研究》2007年第3期。

[④] 肖起清：《论我国大学办学权的演变》，《清华大学教育研究》2008年第12期。

[⑤] 周光礼：《中国大学办学自主权（1952—2012）：政策变迁的制度解释》，《中国地质大学学报》（社会科学版）2012年第5期。

[⑥] 杨聚鹏、苏君阳：《制度学视野中我国高校办学自主权的演变和发展研究——基于权力分配的视角》，《现代大学教育》2012年第2期。

长期的传播、模仿和流变，在不同时代、不同的国家或地区形成了千差万别的高等教育组织形式，大学自治的传统信念也在不同程度上被保存和延续。① 许杰运用政策分析、历史制度主义和比较研究的方法追寻了大学自主权演进的历史轨迹，探讨了"治理"理论的内涵，建构了政府分权与大学自主的制度安排与政策设计。②

（三）中央政府与地方政府关系研究

相对于政府与高校关系研究，国内对于中央政府与地方政府在高等教育管理体制中的关系讨论较少，只是在相关的专著或论文中有所涉及。王东杰较早关注中央政府与地方政府在高等教育过程中的互动权力关系，他在《国家与学术的地方互动——四川大学国立化进程（1925—1939）》一书中，集中考察了中央和地方围绕四川大学"国立化"产生的权力关系及演变过程，颇具意义地对国家与大学在地方的互动关系进行了详细讨论。③ 林荣日在《制度变迁中的权力博弈——以转型期中国高等教育制度为研究重点》一书中对改革开放前中央与地方高教权力关系的演变过程及特征进行了分析，着重对转型期中央与地方高教权力博弈的方式、特点及性质进行探究，并在此基础上提出了中央与地方高教权力博弈模型。④ 蒋华林在博士学位论文《从"条块分割"到"块块分割"——我国高等教育发展转型中的地方政府竞争研究》中对中央政府与地方政府在管理体制中的集权与分权过程进行了一定的梳理，但其论文研究的重点落在"块块分割"的成因及表现，特别强调了地方政府的作用。⑤

（四）高等教育管理体制研究

伯顿·克拉克在《高等教育系统：学术组织的跨国研究》一书中从大学、政府、市场的关系出发，把各国高等教育管理体制概括成三种各

---

① 和震：《大学自治研究的基本问题》，《清华大学教育研究》2005年第12期。
② 许杰：《政府分权与大学自主》，广东高等教育出版社2008年版。
③ 王东杰：《国家与学术的地方互动——四川大学国立化进程（1925—1939）》，生活·读书·新知三联书店2005年版。
④ 林荣日：《制度变迁中的权力博弈——以转型期中国高等教育制度为研究重点》，复旦大学出版社2007年版。
⑤ 蒋华林：《从"条块分割"到"块块分割"——我国高等教育发展转型中的地方政府竞争研究》，博士学位论文，华中科技大学，2015年。

具特色的高等教育管理模式：（1）欧洲模式，主要强调国家权威的力量；（2）美国模式，主要强调市场权威的力量；（3）英国模式，主要强调学术权威的力量。① 约翰·范德格拉夫编著的《学术权力——七国高等教育管理体制比较》以权力为视角，运用组织社会学、比较政治学和公共管理学等众多社会科学领域特有的分析方法，对德国、意大利、法国、瑞典、英国、美国和日本的系、学部、大学、联合大学、州政府和中央政府之间的权力关系进行比较研究。② 莫利斯·科根（Maurice Kogan）从权威和目的两个维度，将各国的教育体制划为四种类型：（1）洪堡的国家模式；（2）纽曼的自由模式；（3）贝尔纳的社会主义模式；（4）市场模式。③ 佩珀（Suzanne Pepper）运用比较法和访谈法分析了改革开放后高等教育地方自主权的范围和高等学校管理权限等问题，探讨高等教育管理体制中政府与高校权力问题。④

中国关于高等教育管理体制研究的专著较少，相关研究论文较多。研究者分别从政策文本、制度、权力和历史变迁等视角对新中国成立以来特别是改革开放以来的高等教育管理体制进行研究。周川以改革开放以来高等教育管理政策文本为对象，运用政策研究的方法对政策内容进行研究，认为政策本身存在改革目标偏移、改革对象模糊、改革主体缺位、改革路径不明等缺陷，并以此为基础探讨了我国高等教育管理体制改革、高等学校办学落实的出路问题。⑤ 陈学飞从制度视角对20世纪90年代以来高等教育管理体制的重大变革进行了深入解读，认为合理有效的制度对高等教育管理体制发展具有根本性意义，应由"政府直接办学"转向"政府引导和监督办学"，"高等教育由中央政府统筹管理为主转向

---

① Burton R. Clark, *The Higher Education System: academic organization in the cross-National perspective*, University of California Press, 1983.

② ［加］约翰·范德格拉夫编著：《学术权力——七国高等教育管理体制比较》，王承绪等译，浙江教育出版社2006年版。

③ Maurice Kogan, *Transforming Higher Education: A Comparative Study*, Jessica Kingsley Publishers, 2000, p.99.

④ Suzanne Pepper, "China's University: New Experiments in Socialist Democracy and Administrative Reform—A Research Report", *Modern China*, No.2, 1982.

⑤ 周川：《中国高等教育管理体制改革的政策分析》，《高等教育研究》2009年第8期。

由省级政府统筹管理为主"，"调整中央政府教育主管部门与业务部门的关系，改造部门办学体制"，"由政府独家办学到社会力量参与办学"。①涂端午以权力结构为着眼点，从宏观、微观、纵向、横向四个维度，通过政策文本分析，对我国高等教育管理体制变迁中的权力结构演化进行了探讨。认为我国高等教育管理权力结构演化具有非线性和非均衡性特点，鲜明体现了一种强制性制度变迁，四维权力结构在演化中具有显著相关性。②鲍威等学者认为高等教育管理体制改革经历了"高度集权"—"三级办学"—"中央与省分级管理、分级负责"—"共建和联合办学"—"中央与省两级管理、以省为主"分分合合的五个阶段。③

应该指出，以上研究文献对于理解中国高等教育管理体制变迁及其存在的政策问题是富有启发性的，许多研究收集和展现了大量相关的资料和证据，也为后续研究打下了良好的基础。但是，已有研究成果也存在明显的不足。

其一，忽视整体性研究。新中国成立以来，高等教育管理体制在理念、机制和功能等方面都发生了极其深刻的变化。因此，要理解高等教育管理体制的现状和趋势，必不可少的途径之一就是全面研究高等教育管理体制的历史过程及其逻辑。但在以往，很少有人专门研究这段历史。虽然也有一些研究，要么只是编年记事写法，理论建构不是其核心关切；要么虽有理论关切，但只限于高等教育管理体制的某一方面或某一时期。与这些研究不同，本书将对高等教育管理体制变迁的历史规律做一个整体性考察。

其二，方法论方面的局限性。在现有文献中，当前研究多基于委托代理理论、利益相关者理论和法人理论等框架对高等教育管理体制改革困境进行分析，进而提出相关政策建议。应该说，这些从不同视角进行

---

① 陈学飞：《高等教育系统的重构及其前景——1990年代以来中国高等教育管理制度的改革》，《高等教育研究》2003年第4期。

② 涂端午：《我国高等教育管理体制变迁中的权力结构演化》，《现代大学教育》2006年第1期。

③ 鲍威、刘艳辉：《高等教育管理体制：中央与地方职责的分分合合》，《中国社会科学报》2009年7月7日。

的分析都具有一定的洞察力,但缺乏对体制变迁的背景与变量的考察,没有真正从政策过程的视角对体制变迁过程提供一个多变量交叉互动的因果解释模型。高等教育管理体制变迁的核心是权力结构的调整,以政策文本为分析工具,以权力结构为视角,对政策行动者围绕资源、利益与权力等展开的冲突、妥协与共谋现象建立一个动态演进模型,更能洞察高等教育管理体制变迁的深层原因。

其三,忽视高等教育管理体制变迁中的国家建构主导作用。当前高等教育管理体制研究有一个显著倾向,即依据社会的某种功能需要或价值需要去讨论高等教育管理体制改革,似乎高等教育管理体制改革只不过是对社会需要的机械反应。事实上,从世界高等教育发展历史和中国高等教育发展现实看,高等教育管理体制改革不仅仅是一个教育问题,隐藏其背后的是深层次的复杂的政治、经济、社会和文化问题,现代高等教育改革和发展无不深深地嵌入或整合于现代国家的建构框架之中。从这个意义上讲,高等教育管理体制变迁更多是对当时国家建构的功能需要或价值需要的某种反应,高等教育管理体制的选择以及演变更多地受到国家主导因素的影响,社会因素必须通过国家这个中介才能发挥作用。

通过文献回顾,本书认为,对高等教育管理体制变迁的研究应在以下方面进行新的尝试:

其一,在总体性结构和制度变迁的历史中研究高等教育管理体制变迁问题。从一定意义上讲,高等教育管理体制是中央与地方、政府与高校等权力关系问题的一种综合性表达。因而,宏观体制、结构和制度的每一次变动都会引起高等教育管理体制权力主体关系的变化,引起它们对总体性问题做出反应。所以,这需要我们对新中国 70 年高等教育管理体制中的权力主体关系、权力结构如何在国家总体性制度变迁中演变及其演变的动因、路径和结果等进行机会结构和互动机制的分析,并注意到路径依赖向更纵深历史的延展。

其二,将政府行为的制度特征纳入高等教育管理体制变迁的分析主轴。无论研究者运用什么视角来透视 70 年高等教育管理体制变迁的历史过程,强大的国家机器都是驱动这一进程的主导力量。如何认识和解释国家推动和政府行为的长远影响，正是我们破解高等教育管理体制中权力关系难题背后的一条主要线索。新中国成立 70 年以来的制度线索，主要是国家建设和政府行为的体现，如集权体制、计划体制、单位制和取消私立大学等。这些制度的陆续出台使国家行政权力渗透进高等教育管理体制的各个方面和层次，在这一过程中，高等教育管理体制中主体权力关系和结构也走向了一个高度集权控制化的组织体系。国家主导的比较优势在高等教育管理体制变迁的各个阶段都有持续，一方面其问题不断暴露，另一方面也给下一阶段的改革提供契机。因此，分析国家建构之于高等教育管理体制变迁影响的关键之一，在于深入理解政府行为策略，发现其深蕴其中的动力机制及其转变。

其三，从历史和政策"红利"讨论高等教育管理体制完善之策。如果从高等教育管理体制变迁的阶段划分，可以基本认定，某一阶段出台的政策是上一阶段宏观制度和政策布局所决定的，那么下一阶段的趋势，就可以从这一阶段的政策布局找到预测的线索。这种"路径依赖"不仅可以减少政策成本，而且还会从政策历史的延续中产生一定的"红利"。从 70 年高等教育管理体制变迁的历史经验看，虽然具有路径依赖特点的政策文本不断出台，但"国家政策文本"和"实际执行实践"之间存在很大的差距，国家政策与政策实践、总体政策与具体政策，都存在很大矛盾。注意政策文本和政策实践之间的差距，是研究高等教育管理体制变迁的立论基础，挖掘出其中起关键作用的制度机制和行动策略，是完善高等教育管理体制的钥匙。

二 概念界定

（一）高等教育管理体制

高等教育管理体制，外延很广，涵盖了高等教育管理的各个方面，既指高等教育管理体制，也指高等教育内部管理体制。对于本书的研究目的而言，主要是以国家（政府）与社会关系视角探索新中国 70 年高等教育管理体制变迁的路径与动力学机制。从这个意义上讲，高等教育管理体制所要处理的复杂关系实际上可以归纳为一系列基本结构关系，主要包括中央政府（教育行政机关）和地方政府（教育行政机关）的结构关系、政府与社会的结构关系、教育行政部门与高校的结构关系、教育行政部门与其他教育行政组织的结构关系。这些结构关系从深层次决定了高等教育管理活动在组织安排、权力结构和运行方式等方面的特点。

高等教育管理体制在纵向上主要表现为从中央政府到地方政府的职能划分与关系状况，在横向上则主要表现为政府与高校的关系状况。其中横向关系起着更根本的决定性作用。由此可见，高等教育管理体制主要涉及中央政府与地方政府、政府与高校、教育行政部门与其他业务部门的关系。其中，理顺中央与地方以及政府与高校这两层关系，既是理顺其他各层关系的核心，也是高等教育管理体制改革的难点和重点。因此，本书将主要从中央政府与地方政府[①]、政府与高校这两个维度来展现高等教育管理体制变迁的历程与动力机制。

（二）高等教育管理政策

制定和实施教育政策是政府管理高等教育的基本方式，中央政府与地方政府、政府与高校权力关系的任何调整和变化往往都会通过政策的调整和变化表现出来。因此，通过分析政府颁布的高等教育管理政策文本，可以观察相关主体权力的变化，揭示高等教育管理过程中政府职能的演进历程。

不同的研究者对教育政策的理解大致可以分为三类：一是从动态的角度看，如教育政策"是一种有目的、有组织的动态发展过程，是政党政府等政治实体在一定历史时期，为实现一定的教育目标和任务而协调教育的内外关系所规定的行动依据和准则"[②]；二是从静态的角度看，如教育政策"是一个政党或国家为实现一定时期的任务而制定的行为准则"[③]；三是从动态与静态相结合的角度看，如"政策既是过程，也是产品。政策包括了文本的生产、文本自身以及正在发生的文本的修订和文

[①] 本书不对"地方政府"做出某种规范性定义，而是考察它在与中央政府关系中的角色变化。本书认为，高等教育管理体制中的中央政府与地方政府之间的权力关系，主要表现在中央政府与省一级政府之间的权力关系上。因此，对"地方政府"的讨论把侧重点放在省级政府上。

[②] 孙绵涛主编：《教育政策学》，武汉工业大学出版社1997年版，第10页。

[③] 袁振国主编：《教育政策学》，江苏教育出版社1996年版，第115页。

本执行过程的更改"①。不论是从动态、静态还是动静相合的角度看，政策概念都含有三个关键词：政府、价值与分配。为此，本书将教育政策界定为政府对教育领域中价值的权威分配。高等教育管理政策指政府颁布的对高等教育管理中价值的权威分配。高等教育管理政策演进就是重新设计和调整高等教育管理各要素主体、各层次主体间的权力配置。

作为国家教育主管部门的教育部所颁布的相关文件通常是高等教育管理政策的主要来源。然而，"政策作为一种政治系统的产出，不仅表现为部门规章，同时也常以条例、法律、法令、法庭裁决、行政决议以及其他形式出现"②。所以，本书的高等教育管理政策在范围上包括国家颁布的高等教育相关法律、法规和规章，主要指由全国人大及其常委会、中共中央、国务院及相关各业务部门、教育部颁发的与高等教育相关的法律、法规和规章的静态文本。

（三）高等教育管理体制权力结构

从政治学视角看，高等教育管理体制实质上是一种政治关系，要处理的是中央政府与地方政府的关系和政府与高校的关系。"'政治'是一种近乎'无处不在'的社会现象，因为'政治'的基本问题是权力的分配和运作问题，而权力的分配与运作存在于大部分人类群体的过程之中。"③正如政治学家斯盖茨·斯奈德所说，"那些决定政治是什么的人操控着这个国家，因为在互相冲突的几个选择中进行选择就是分配权力"④。因此，教育体制的决策和选择过程，充满着权力分配和权力关系的互动，从根本上决定了谁来选择、选择什么、为何选择、如何选择和为谁选择等实质性的政策问题。基于此，高等教育管理体制中也充满着权力的斗争和妥协，高等教育管理体制变迁也就体现出各主体间权力的调整过程。因此，从权力视角可以深入探究高等教育管理体制变迁的轨迹及内在机

---

① Sandra Taylor, *Educational Policy and the Politics of Change*, London, New York: Routledge, 1997, p. 25.

② [美] E. R. 克鲁斯克 & B. M. 杰克逊：《公共政策词典》，唐理斌等译，上海远东出版社1992年版，第97页。

③ 吴康宁：《教育社会学》，人民教育出版社1998年版，第75页。

④ [美] 托马斯·戴伊：《理解公共政策》，彭勃等译，华夏出版社2004年版，第32页。

制，有效把握高等教育管理体制变迁的本质。

"权力结构"是相对于某个特定的"对象"而言的。"对象"可以是群体，也可以是家庭、企业、学校、社区、国家、社会、世界等一切社会组织及集合。[①] 一般来说，对象包含多元权力主体。权力在多元权力主体间的分布状况构成了"权力结构"的状态。从中国高等教育发展现实看，高等教育管理体制主要表现为两种典型的二元权力结构模式：一个垂直维度的中央政府权力和地方政府权力；另一个是水平维度的政府权力和高校权力的二元结构。前者体现的是管理权力在垂直结构中的配置，后者体现的是办学权力在水平结构中的配置。

1. 垂直结构的二元权力结构：中央政府权力和地方政府权力

一般而言，高等教育权力从低到高分布于六个层次：第一层次为系或讲座、研究所，它们是主要的运行单位；第二层次为学院或学部，它们由几个运行单位结合而成；第三层次为大学或作为独立实体机构的学院；第四层次为多校区的学术管理组织，如多校区大学；第五层次为州、省一级政府；第六层次为中央政府，包括行政、立法和司法机构。在拥有高等教育权力的六个层次的组织中，第四至第六级层次为各种行政管理实体，被称为学术权力的"上层结构"。[②] 针对中国高等教育管理体制，系或讲座、学院或学部与大学或学院间的权力结构主要指大学内部治理的权力结构，高等教育管理体制指管理权在中央政府与地方政府间的权力配置结构。这样，高等教育管理体制的垂直维度就形成了中央政府和地方政府的二元权力结构。中央政府权力和地方政府权力在高等教育管理体制权力结构中并不是完全均衡的，在不同时期的政治、经济和文化背景中会形成不同的权力模式，主要表现为集权模式、分权模式和复合型模式三种。

2. 水平结构的二元权力结构：政府权力和高校权力

在高等教育管理体制中，政府和高校是其权力结构中的两个核心要

---

① 康晓光：《权力的转移——转型时期中国权力格局的变迁》，浙江人民出版社1999年版，第52页。

② [加]约翰·范德格拉夫编著：《学术权力——七国高等教育管理体制比较》，王承绪等译，浙江教育出版社2001年版，第4—7页。

素。相应地，高等教育管理体制存在两种并行的权力系统：一种是以科层制和官僚制为代表的政府权力系统；另一种是以教授、专家、学者为核心的，以学术组织为主体的高校权力系统。政府权力和高校权力虽然组织来源不同、性质不同，也存在一定的矛盾和冲突，但没有层次上的区别，构成了高等教育管理体制水平向度的二元权力结构。由于文化传统和政治体制的差异，不同国家政府与高校权力关系模式存在较大差别，一般存在政府控制模式和政府监督模式两种。

第三节　理论基础与研究方法

一　理论基础

从文献回顾中可以看出，当前高等教育管理体制研究的成果非常丰富，但大多数偏向对策性的应用研究，基础性研究并不多。而且，尽管大多数高等教育管理体制研究都不是以理论阐发为目标的基础研究，却在理论上表现出两个共同倾向：一是非历史主义，二是社会中心论。在这两种倾向影响下，高等教育管理体制作为一种国家建构而形成和演变的历史过程及国家在其中扮演的角色，在很大程度上被忽视了。即使为数不多的基础性研究，也是把"社会"作为理论分析的中心，主要关注社会运作对高等教育管理体制的影响，很少关注国家政权建构高等教育管理体制的历史过程本身，很少从社会学角度去分析和总结高等教育管理体制作为国家政权建构的演变规律。作为对以往研究的补充，本书拟采用历史制度主义和国家与社会关系的理论视角，探索新中国70年高等教育管理体制变迁的制度逻辑和国家视角。

国家建构中的高等教育管理体制的历史过程及其逻辑将成为本书研究的焦点。相对于以往关于高等教育管理体制的诸多研究，本书的研究强调两点：一是历史制度主义。从历史演变的脉络中，而不是从片断的经验事实或某种先验的政治价值出发去理解高等教育管理体制的现状和走向。二是国家与社会关系。摆脱"国家中心主义"和"社会中心主义"的理论偏好，把国家与社会的互动作为高等教育管理体制变迁的动力机制。

(一) 历史制度主义

20世纪80年代以来,当代西方政治科学研究中最为突出的一个现象就是新制度主义政治学的诞生和发展。在新制度主义政治学的各大流派中,真正从政治科学的传统中生发出来,最早成为方法论意义上的新制度主义并产生重大影响的就是历史制度主义。① 历史制度主义综合了理性选择制度主义的"理性算计"的分析思路和社会学制度主义的"文化认知"路径,并结合了制度变迁的历时性这一维度,尤其适合于对中观层面的制度起源和变迁的考察。随着研究领域和研究框架不断成熟,一些历史制度主义学者开始对历史制度主义的学术成果进行整理和总结,明确了历史制度主义的研究视角、研究对象与研究内容。

1. 历史制度主义的研究视角

历史制度主义的兴起和发展是对行为主义,尤其是对六七十年代盛行的集团理论和结构功能主义的一种继承和超越。② 新制度主义接受了集团理论认为各个集团间围绕稀缺资源发生冲突是政治活动的中心的观点。不同于集团理论的是,历史制度主义寻求导致这种冲突在不同国家差异性表现的背后逻辑。历史制度主义接受了结构功能主义的概念把政体看成相互作用的各个部分所构成的一个整体。但不同于结构功能主义,历史制度主义强调制度组织或经济结构是构造集体行为并产生差异性的重要因素。就研究视角而言,历史制度主义批评了国家中心论和社会中心论,认为分析国家与社会之间关系,仅仅从单方面入手是行不通的,要从联结国家与社会的制度关系和制度网络来研究国家与社会的互动及其在制度框架下的政策后果,建立起了一套以制度为中心的中层分析框架。因此,从制度视角出发来研究政治现象的历史制度主义在两个层面确定了自己的研究框架:一方面可以向下探求既定的制度对公共政策的影响;另一方面也可以向上探索既定制度对某种观念的吸纳和加工,最后通过这两个方面总结出制度变迁的自身规律。

---

① 何俊志:《结构、历史与行为——历史制度主义对政治科学的重构》,复旦大学出版社2004年版,第1页。

② Peter A. Hall, Rosemary C. R. Taylor, "Political Science and the Three New Institutionalisms", *Political Studies*, Vol. 44, 1996, pp. 936–957.

2. 历史制度主义的研究对象

在研究对象上，历史制度主义认为行为主义和理性选择理论局限于微观层面上的"围绕着真空的材料堆积"，忽视了政治科学中的一些迫切需要研究的重大现实问题。因此，历史制度主义将自己的使命确立为对历史和现实之中的重大事件、重大问题和重大决策进行研究。这些重大问题和谜团包括：公共政策的制定和执行模式、社会运动的产生与发展、现代国家的建立与发展、政治经济制度的起源与动力、民主政体之下公民参与的沉浮、福利国家的出现与分化以及政治转型和革命等。[①]

3. 历史制度主义的研究内容

作为新制度主义流派之一的历史制度主义，在批判国家中心论和社会中心论的基础上建构了制度中心论视角，考察既定制度是如何为个体和政治活动设置限度，并在两者之间发挥联结和纽带作用的。"即制度作为自变量如何影响个体的生活和政治过程；同时关注个体的行为以及个体在政治生活中的互动关系如何形塑制度并影响制度变迁，即制度作为因变量如何发展变化。"[②] 回答这两个问题的前提要求是历史制度主义者对制度的内涵和制度的生成与变迁做出自己的解释。

（1）制度观

第一，实体意义上的制度观。不同于理性选择制度主义遵循新制度主义经济学将制度界定为"一系列被制定出来的约束追求主体福利或效用最大化利益的规则、程序和道德伦理规范"[③] 及社会学制度主义将制度等同于特定的文化模式，为人的行动提供"意义框架的符号、规范、典则、象征系统、认知模式和道德模板"[④]，历史制度主义借鉴公共行政学的概念"标准的操作程序"（standard operating procedures）或"工作规

---

① 何俊志：《结构、历史与行为——历史制度主义对政治科学的重构》，复旦大学出版社2004年版，第145页。

② 魏峰：《历史制度主义视野下的教育政策研究——以"转制学校"的变迁为例》，《教育科学研究》2015年第7期。

③ [美] 道格拉斯·C. 诺斯：《经济史中的结构与变迁》，陈郁、罗华平等译，上海三联书店、上海人民出版社1994年版，第225—226页。

④ Petet A. Hall, Rosemary C. R. Taylor, "Political Science and the Three New Institutionlisms", *Political Studies*, Vol. 44, 1996, p. 947.

程"（work rule）或"起作用的规则"（rules-in-use）[1] 来弥补仅将制度定义为正式规则的不足，将制度界定为"对行为起构造作用的正式组织、非正式规则及与之相关的程序"[2]。从中可以看出，历史制度主义的制度定义不仅包括了正式规则和非正式规程、一定的组织和机构、程序，而且还强调了制度的层次性，具有明确的内涵和较强的可操作性。

第二，结构关系意义的制度观。历史制度主义者虽然强调制度在政治生活中的重要作用，但是并不意味着他们认为制度是造成政治后果的唯一因素，他们尤其倾向于将制度和其他因素一道定位于因果链之中，特别强调变量之间的排列方式对政治后果的重大影响。"在他们看来，从制度、利益和观念之间的结构性互动来分析变量之间的相互关系，才是历史制度主义分析框架的真谛所在。"[3]在这里，历史制度主义者在结构意义上使用制度所强调的影响政治后果的各政治变量之间的结构关系或者说变量之间的排列方式。从这个意义上讲，历史制度主义非常重视从历史过程中去寻找结构性因素的排列情况，即政治结果具有偶然性的特征，变量序列的任何改变都可能产生不同的政治后果。

（2）制度变迁

"制度变迁是把制度当作因变量，分析制度在什么客观条件和情境下将会发生再生、转型、替换和终止的过程。制度变迁大致可以分为制度生成和制度转变两大类型。"[4] 在历史制度主义者看来，制度生成和变迁虽然受到环境影响，但并不是环境变迁的单纯反映物，制度的生成和转变仍然具有自己独具特色的解释。

第一，制度生成。不同于理性选择制度主义的"效率逻辑"或"工具逻辑"（Logic of Instrumentality）及社会学制度主义的"社会适应逻辑"

---

[1] 何俊志：《结构、历史与行为——历史制度主义对政治科学的重构》，复旦大学出版社2004年版，第169—170页。

[2] 何俊志、任军锋、朱德米：《新制度主义政治学译文精选》，天津人民出版社2007年版，第142—143页。

[3] Petet A. Hall, Rosemary C. R. Taylor, "Political Science and the Three New Institutionlisms", *Political Studies*, Vol. 44, 1996, pp. 946–947.

[4] 刘圣中：《历史制度主义：制度变迁的比较历史研究》，上海人民出版社2010年版，第123页。

(Logic of Social Appropriateness)，巴林顿·摩尔（Barrington Moore）、西达·斯考切波（Theda Skocpol）和布莱恩·唐宁（Brain M. Downign）等历史制度主义者在解释制度起源时，不仅倾向于"从整体上关注作为一个解释过程的意义、模板和象征框架的出现方式，而且还将其作为一个由有关参与其中的行动者的争论斗争和冲突的过程"[1]。由此可见，历史制度主义者在很大程度上认为制度起源于行动者面临旧制度与新环境的冲突，有三种制度生成模式：第一种模式是，当旧制度面临新的外在压力时，在旧制度内部可能产生新冲突。第二种模式是，旧制度本身可能在激励着某种冲突的产生。第三种模式是，新观念的输入可能会使旧制度下的某些集团去重新思考它们的利益，并引起政治力量的重新组合和原有制度的新改变。[2]

第二，制度转变。不同于其他的制度变迁理论流派，历史制度主义区分了三种制度变迁类型。第一种类型是制度的功能变化。由于社会经济环境或政治背景发生变化、出现了一个新的政治行动者、旧制度框架内某些行动者追求新目标等原因，原有制度功能发生扭曲乃至出现危机。第二种类型是制度的演进。由于制度设计的理性限制、新信息和新观念的输入及制度的设计者和实施者分离等原因，即使在制度处于路径依赖的正常时期内，某项制度也可能出现调整和修补。第三种类型是制度的断裂。由于国际国内重大战争或严重的社会经济变迁等剧烈变化引发重大危机（"关键节点"），而原有的制度缺乏调适功能不能容纳这种危机，当危机达到一定的"裂口"或"阀值"时，制度里的行动者就会在如何改变制度存在的问题上发生冲突，原有的制度就会出现断裂。

第三，路径依赖。历史制度主义对历史要素的考虑和运用有独特的时间理论，即从时间角色来分析制度演变的过程，分析时间要素对制度变迁和政策差异的影响及其结果。[3] 历史制度主义的时间不仅可指长时段

---

[1] 何俊志：《结构、历史与行为——历史制度主义对政治科学的重构》，复旦大学出版社2004年版，第223页。

[2] 何俊志：《结构、历史与行为——历史制度主义对政治科学的重构》，第228—232页。

[3] 刘圣中：《历史制度主义：制度变迁的比较历史研究》，上海人民出版社2010年版，第149页。

的时期，也可指短时间的某个重要节点和某事件发生的时刻。对历史时间顺序的强调产生了历史制度主义的"路径依赖"理论。历史制度主义所强调的路径依赖不仅仅是指日常存在的历史延续性，更指历史要素对制度变迁的重大的依赖作用。"路径依赖就是指制度的一种自我强化机制，即一旦某种制度被选择之后，制度本身就将会产生出一种自我捍卫和强化的机制，使得扭转和退出这种制度的成本将随着时间的推移而越来越困难。"① 不同于阿瑟认为在社会经济生活和技术领域的路径依赖缘于高昂的建构成本或固定成本、学习效应、合作效应和适应性预期等，皮尔森认为政治生活中的路径依赖由以下四个因素导致：集体行动的核心地位、政治制度的高度密度、政治权威和权力的非对称性、政治过程的复杂性和不透明性。② 路径依赖理论对于理解长时段历史进程中的"无效率"制度存在现象和制度的稳定性具有重要意义，有助于我们在历史的必然性和偶然性之间寻找必要的张力。

4. 历史制度主义之于高等教育管理体制变迁的适切性

从历史制度主义的发展过程和学术实践来看，其通常对某一国家某一中观层次的长时段变迁进行历史考察和对不同国别的制度变迁进行比较，在此基础上提出关于制度生成和变迁的理论命题。对新中国70年高等教育管理体制这样中观层次的制度问题，采用历史制度主义探究体制变迁的内在逻辑与动力机制是非常适当的，在方法论和认识论上具有重要的意义和价值。

第一，历史制度主义的时间序列分析法的运用能有助于更好解释整个高等教育管理体制变迁的过程与方式，帮助我们更好地了解历史过程中关键事件在整个历史链条中的重要地位和作用。"历史的最大特性是变，历史分期的目的是找出'变点'，观察历史的'质变'与'量变'，从而了解各时代的特性。"③ "分期的关键在于分期的标准，根据标准找到

---

① 何俊志：《结构、历史与行为——历史制度主义对政治科学的重构》，复旦大学出版社2004年版，第236页。
② 何俊志：《结构、历史与行为——历史制度主义对政治科学的重构》，第238—240页。
③ 张玉法：《现代史的分期问题》，台南：久洋出版社1985年版，第1页。

变点。"① 本书纵观新中国 70 年高等教育管理体制，按照时间序列和关键节点，以重大政策的文本和权力主体为标准，发现高等教育管理体制变迁经历了"全能型体制"（1949—1977）、"发展型体制"（1978—1997）和"服务型体制"（1998 年至今）三个大的阶段。

第二，援引历史制度主义的时间观，将路径依赖、关键节点、序列、事件和意外后果等概念引入对高等教育管理体制变迁历史的追溯中，既注重分析高等教育管理政策演变基于路径依赖所呈现的稳定性和连续性，又强调高等教育管理政策在特定阶段和时间受到偶然事件和事序影响所表现出来的断裂性和波动性，有助于更生动形象地呈现高等教育管理体制改革的政策演进历程。

第三，在长时段的高等教育管理体制变迁研究中，注重引入"制度背景""观念""社会结构""行动者"等概念，努力探明影响高等教育管理体制变迁的多种变量及变量间的关系，有助于明晰高等教育管理体制变迁的动力机制和内在逻辑，有助于我们更好地认识高等教育管理体制的生成和变迁，进而提升对高等教育管理体制变迁研究的解释力和现实价值。

（二）国家与社会关系

高等教育管理体制涉及中央政府、地方政府和高校三个核心利益相关者。不论是政府的政策偏好，还是高校治理，一个共同的研究视角和理论基础就是国家与社会的关系。政府管理与高校自主的互动与关联，本质上就是现代化进程中国家与社会关系的一种具体演绎和实践。也就是说，研究高等教育管理体制变迁的实质就是在国家与社会理论平台基础上讨论国家（中央政府和地方政府）与高校之间的互动和博弈。

国家与社会关系是西方政治哲学领域的核心主题和主流工具。"'国家—社会'作为一种新兴的分析范式，由于倡导一种空间式的、力量对应的、横向的水平关系结构，可以更多更深地触及国家权力与社会自治逻辑的内在机理、功能结构和发展变迁，为越来越多的人关注，并日益

---

① 杜成宪：《20 世纪关于中国教育史分期问题的探索》，《华东师范大学学报》（教育科学版）2000 年第 3 期。

成为政治分析的主流。"①

根据国家和社会在资源汲取、制度构建和秩序塑造等方面的"强""弱"区分，可以形成四种基本的理论模型："强国家—强社会""强国家—弱社会""弱国家—强社会""弱国家—弱社会"（见表1—1）。

表1—1　　　　　　　　国家与社会的四种关系

国家 （强—弱）	社会（强—弱）	
	强国家—强社会	强国家—弱社会
	弱国家—强社会	弱国家—弱社会

1. "弱国家—强社会"模式

这一模式是西方社会自由主义所推崇的，以洛克、亚当·斯密、杰斐逊、洪堡、巴斯夏为代表。其基本观点是，国家被视为"守夜人"和"必要的恶"，强烈反对国家的干预，要求把国家的干预限制在最低的权力限度，主张以社会权利制约国家权力，通过市场这只"看不见的手"来调节社会经济活动。

2. "强国家—弱社会"模式

这一模式体现的是西方社会保守主义的典型观点。其基本观点是，国家全面管控社会经济活动的一切领域，主张以强有力的政党维护政治的稳定，个人做什么、如何做、何时做、何地做、怎么做等，都受到国家的强力控制，表现为"全能主义"和"新权威主义"。"强国家—弱社会"在高等教育管理体制中的典型表现就是国家对高校办学的强力管控，高校毫无办学自主权，完全沦为政府的附属机制，失去了大学自治和学术自由的本质属性。

3. "弱国家—弱社会"模式

这是国家与社会关系极端失败的形式。国家既无法有效提供公共服务与维护公共秩序，社会也极端混乱无序，国家与社会陷入"双弱"的局面，整个社会处于崩溃的边缘。1939—1945年的中国和1910—1920年

---

① 庞金发：《现代西方国家与社会关系理论》，中国政法大学出版社2006年版，第2页。

的墨西哥就是"弱国家—弱社会"共存的典型国家。①

4."强国家—强社会"模式

无论是"弱国家—强社会""强国家—弱社会",还是"弱国家—弱社会",都是从国家—社会二分法来看待问题,认为国家与社会是一种此消彼长、非此即彼的零和博弈关系。20世纪90年代以来,以乔尔·S.米格代尔和彼得·埃文斯为代表的学者提出了"社会中的国家"和"国家与社会共治"等理论,认为国家与社会存在相互制约、相互合作、相互形塑的互动关系。

"国家—社会"分析框架已经成为当前中国社会组织研究中普遍采用的理论工具。正如康晓光所说,"随着经济改革的推进和社会问题的凸显,国家与社会关系研究越来越受到学术界的重视。新范式的倡导者不再'盯住上层',而是'眼睛向下',关注国家之外的社会领域"②。综观当前多数社会组织研究,都在有意无意地探讨协调国家与社会关系的各种机制。从管理的视角来看,"国家—社会"分析框架的提出与运用对于改变传统的以"国家本位""政府本位"为中心的自上而下的管理思路,并将关注点转向高校组织提供了一个新的观察视角。自国家提出治理体系和治理能力现代化以来,中国高等教育管理体制及运行机制的改革进入一个崭新的阶段。而改革所必须面对的深层次的问题就是国家与社会(政府与高校组织)关系的调整,改革国家管控的方式,探索高校自主办学的现实路径。

考察高等教育管理体制的变迁历程,需要将之放置于整个国家与社会的整体变迁及互动的框架下进行。以国家与社会关系的分析框架审视中国高等教育管理体制的变迁历程,可以发现它是中国国家治理体系变迁与经济社会结构深刻变革的逻辑延伸与结果,它深刻反映了我国政府与高校以及中央与地方之间力量消长的过程。

---

① [美]乔尔·S.米格代尔:《强社会与弱国家——第三世界的国家社会主义及国家能力》,张长东等译,凤凰出版传媒集团2009年版,第37页(译者的话)。

② 康晓光、韩恒:《分类控制:当前中国大陆国家与社会关系研究》,《社会学研究》2005年第6期。

二 研究方法

探讨新中国70年高等教育管理体制变迁,从研究性质上看属于典型的历史研究。一般而言,研究历史可以从三个方面切入:一是重新鉴定资料的可信度或真实性;二是重新解释史料或史实;三是将原有的史料或史实重新安排,以产生新的意义、概念或理论。① 本书主要着眼于重新解释和安排史料来研究高等教育管理体制变迁。同时,本书将借鉴相关的理论概念和研究范式来弥补历史研究的不足,以求探讨高等教育管理体制变迁的内在机制和制度逻辑。具体而言,本书所运用的研究方法包括以下三种:

(一) 文献研究法

文献研究法指收集、鉴别、整理文献,并通过对文献的研究,形成对事实科学认识的方法。本书主要指系统查阅和梳理新中国成立以来高等教育管理的政策文献和对教育政策进行研究的文献。文献梳理既包括国家层面的政策,也包括地方层面的政策。本书依据的主要政策文献是历年的《中国教育年鉴》、何东昌主编的《中华人民共和国重要教育文献》(海南出版社)、相关高等教育政策文献汇编或选编等。

(二) 历史研究法

历史研究法指运用历史资料,按照历史发展的顺序对过去事件进行研究的方法。亦称纵向研究法。本书依据的文献大多是历史文献。对新中国70年高等教育管理体制的研究也主要按照历史发展的顺序即时间的顺序进行。

(三) 博弈分析法

博弈指一些个人或组织,在一定的制度环境中,采取一定的行动和策略以取得相应结果的过程。本书主要揭示政策行为主体(中央与地方、政府与高校)围绕资源、利益、权力等展开的冲突、协商、妥协与共谋等动态博弈过程。

---

① 文崇一:《历史社会学——从历史中寻找模式》,台北:三民书局1995年版,第46页。

第四节 研究思路与分析框架

一 研究思路

本书是对新中国 70 年高等教育管理体制进行的一种整体性研究，主要将政策文本作为基本分析工具，以权力结构为视角，考察高等教育管理体制权力结构的演进。本书的基本分析步骤和基本逻辑主要包括以下五个环节：确定被解释项、找出主要行动者、探讨行动者之间的制度性关系、评估这些制度性联系对于被解释项的影响、提出政策建议。

（一）确定被解释项

本书所关注的最核心问题是中国高等教育管理体制经历了怎样的变迁过程。从体制变迁来看，1949 年以来的中国高等教育管理体制为什么会经历一个从全能型体制到分权式发展型体制，再到服务型体制的变迁过程？这种治理模式的体制变迁，正是本书所关注的被解释项。本书主要从政策价值、政策目标、政策对象以及政策工具四个指标来区分中国高等教育管理体制的变迁阶段，以便清楚地理解和认识被解释项的时序变化。

（二）找出主要行动者

即对体制变迁过程中所涉及的基本主体进行区别和辨析。从中国高等教育管理体制变迁过程看，涉及的行动者包括管理者和管理对象两部分，其中管理者包括中央政府及各部委和地方政府及相关政府部门。管理对象主要是指公立高等学校。从这个意义上讲，高等教育管理体制的变迁就是中央政府、地方政府和高校之间利益关系和权力结构关系调整的结果。

（三）探讨行动者之间的制度联系

即分析各个行动者在一定资源条件基础之上的行为对体制变迁的影响。从实证研究的分析来看，1949—1977 年全能型管控体制下，中央政府通过行政强制手段直接控制高校一切办学行为，从根本上消灭高校作为市场主体的利益产业机制。同时，地方政府只是作为中央政府的下属行政单位存在，严格受到中央政府的管控。因此，这一时期，中央政府、地方政府和高校利益结构是高度一致的。然而央地校利益的高度一致是以高等教育发展的滞后为代价的，直接导致1978年后高等教育管理体制的改革。1978—1997年发展型体制下，推动高等教育快速发展，使高等教育成为推动经济增长和满足人民群众需求的重要平台，逐渐压倒质量管控而成为政府更加优先考虑的政策目标。在这种发展型体制下，中央政府通过地方分权、放权让利及高等教育市场化等方式，来激发地方政府和高校的积极性，客观上使中央政府、地方政府和高校之间的利益高度合一的情况发生了改变，央地校利益共同体关系逐渐瓦解。1998年之后，服务型体制的确立和教育部设置的调整导致央地校利益关系的重构和制度化。随着科学发展观的确立和全球化向纵深发展，政府开始进一步转变职能，从大包大揽的"全能型"向分工精细的"服务型""监管型"转变，多元共同治理局面开始确立，形成了"加强中央政府宏观指导和管理、扩大省级政府教育统筹权、高校依法自主办学"新型关系。由此可见，正是这种中央政府、地方政府和高校之间的利益关系和权力结构动态调整，成为高等教育管理体制中各种行动者之间的制度联系，推动高等教育管理体制变迁。

(四) 评估制度性联系对于被解释项的影响

评估各个行为体之间的制度性联系能够解释研究过程中因变量变化的能力。在1949—1977年的中国高等教育管理体制中，由于中央政府、地方政府和高校的目标和利益追求高度合一，政府通过接管公立大学、接办私立大学与接收教会大学，使得国家主导下的央地校共同体得以建立和强化，这种管理模式以行政管控和群众运动等方式实行管控，以政治稳定为政策目标，带有强烈的"强管控、弱发展"的色彩。

1978—1997年的中国高等教育管理体制中，由于高等教育引入市场机制和对地方政府的分权改革，中央政府、地方政府与高校的目标和利益追求发生了较大的改变，使得央地校利益共同体关系处于逐步瓦解的过程中，进而导致高等教育人才培养质量危机。政府运用法律禁止及经济处罚等工具发展高等教育，群众运动与行政管控方面出现弱化趋势，具有鲜明的"强发展、弱管控"的特征。

为了应对高等教育培养质量下降的危机,从1998年至今,政府通过立法将政府与高校从正式体制上予以分离,同时将高等教育管理部门由三级体制转变为中央与省两级管理,政府在高等教育管理中的角色逐步由高等教育发展的主导者变为市场竞争和质量控制的监管者,迫使中央政府、地方政府和高校之间的利益关系重新构建和制度化。这一阶段,政府将通过"简、扩、促"等方针来平衡高等教育规模和质量作为政策目标。同时,政府开始运用法律法规、信息提供、专业监管等政策工具来实现政策目标,从而表现出"强发展、强监管"的特征。

(五) 政策建议

根据高等教育管理体制变迁的历程和运行所存在的政策问题,提出具有操作性的政策建议。

二 分析框架

当前高等教育管理体制变迁的研究文献多基于历史学和政治学的理论,尚缺乏对体制变迁的背景与变量的考察,没有真正从政策过程的视角对体制变迁过程提供一个多变量交叉互动的因果解释模型。基于此,本书将以高等教育管理体制变革的主要政策文本为对象,对新中国70年高等教育管理体制变迁过程进行系统梳理,从纷繁复杂的历史片段中抽离出塑造和制约高等教育管理体制变迁的变量,并探讨变量之间的关系,为理解和解释中国高等教育管理体制变迁提供一个新的解释视角。

迄今为止,对教育政策并不存在一个公认的或标准的定义。哈罗德·拉斯韦尔和亚伯拉罕·卡普兰认为,"政策是关于目标、价值和实践的可预测的计划"[①]。威廉·詹金斯把公共政策定义为"由政治行动主体或行动主体团体在特定的情境中制定的一组相关联的决策,包括目标选

---

① Harold D. Lasswell and A. Kaplan, *Power and Society: A Framework for Political Inquiry*, New Haven: Yale University Press, 1950, p. 71.

择、实现目标的手段,这些政策原则上是行动主体力所能及的"[1]。加拿大华裔学者梁鹤年认为,"政策规划主要包括四个步骤:(1)确定事项,确立价值;(2)价值转化为政策目标;(3)确定手段并调动资源以实现目标;(4)按照政策目标去评估政策实施的结果"[2]。陈庆云认为,"政策的形成过程,从本质上讲就是各种利益群体把自己的利益要求投入到政策制定系统中,由政策主体依据自身利益的需求,对复杂的利益关系进行调整的过程"[3]。从相关论述可以看出,政策指一系列为达到特定目标的行动或决定,是主流价值观念的具体表达,涉及政府行动者间资源和权力的配置和重组。从政策构成要素来看,任何一个政策都包含政策价值、政策目标、政策对象和政策工具四个相互联系、相互影响的核心要素,它们从根本上决定着政策文本的内容和质量。作为公共政策的一种基本类型或某一个领域,教育政策的构成要素与公共政策之间并不存在明显的区别,也可以从政策价值、政策目标、政策对象、政策工具四个核心要素来探究教育政策的本质属性和变迁机制。为此,本书以新中国 70 年高等教育管理体制改革的政策文本为分析素材,构建一个"政策价值—政策目标—政策对象—政策工具"四维分析框架对高等教育管理体制变迁进行政策分析。

(一)政策价值

教育政策制定是一种价值负载的国家活动。"政策文本中每一个政策问题都有一个基本的价值矛盾,而对这些问题的处理自然成为权威在复杂的政策过程中的一种价值选择。"[4] 从这个意义来讲,教育政策是一种价值观或观念框架,价值构成了教育政策,价值取向是教育政策最核心的要素,决定了政策目标的优先序及具体政策工具的选择。

(二)政策目标

政策目标指政策决策者通过一定手段所要达成的目的,是政策价值

---

[1] [加]迈克尔·豪利特、M·拉米什:《公共政策研究:政策循环与政策子系统》,庞诗等译,生活·读书·新知三联书店 2006 年版,第 8 页。

[2] [加]梁鹤年:《政策规划与评估方法》,丁进锋译,中国人民大学出版社 2009 年版,第 27 页。

[3] 陈庆云:《公共政策分析》,北京大学出版社 2008 年版,第 7 页。

[4] 涂端午:《高等教育政策生产》,北京大学出版社 2012 年版,第 73 页。

取向的具体化。一般情况下，政策目标指示着政府和政策行动的方向。如何设置政策目标和设置哪些政策目标直接反映了政策行动者在政策制定中的权力结构关系，更能凸显政府行动的着眼点和立足点。"教育政策指政策决策者与政策利益相关者通过协商和沟通方式对某一政策问题达至共识形成的规则。由于不同的政策利益相关者的利益诉求与制度逻辑不同，从而对某一政策问题的需求也不同。从这个角度上讲，教育政策所要实现的目标往往是多重的。"① 通过检索相关政策文本发现，高等教育管理体制所体现的多重目标分别为维护政权稳定、为经济发展提供人才支撑和培养全面发展的人才，每一时段的政策目标优先序由政府根据当时具体的政策情境和主流价值观念来确立。

（三）政策对象

高等教育管理体制变迁涉及利益格局的调整，对利益关系的把握有助于理解中国高等教育管理体制的变迁及阻力所在。在高等教育管理体制中，重要的政策对象包括中央政府及教育行政部门和地方政府及教育行政部门、公立高校、社会民众和市场力量。当然，对于众多的政策对象而言，政策资源和力量并不能被"等量齐观"，中央政府、地方政府和高校在高等教育管理体制中处于重要地位。从一定意义上讲，高等教育管理体制的变迁就是对中央政府、地方政府和高校等政策对象间利益关系和权力结构关系调整的结果。

（四）政策工具

政策工具是联结政策目标和政策结果的中介，是政府推行政策的手段，也是政府在部署和贯彻政策（目标）时拥有的实际方法和手段。② 恰当的工具的选择对于公共政策的成功有重要作用。在某种程度上，高等教育管理体制可以被视作由一系列工具组合所建构出来的，并反映政策目标和政策价值状态。

事实上，政策价值—政策目标—政策对象—政策工具的政策解释系

---

① 彭华安：《独立学院"独立"困境的政策归因及建议》，《中国高教研究》2013年第6期。

② ［加］迈克尔·豪利特、M.拉米什：《公共政策研究——政策循环与政策子系统》，庞诗等译，生活·读书·新知三联书店2006年版，第144页。

统具有很强的系统动力学的特征，四个变量之间互为因果关系并交互发生作用，共同推动高等教育管理体制变迁。政策价值是确定政策目标和政策工具的前提和依据，政策对象是政策价值、政策目标和政策工具作用的客体，政策目标的实现离不开合适的政策工具，政策目标和政策工具反过来又体现出相应的政策价值。从这个意义上讲，"政策价值—政策目标—政策对象—政策工具"的结构性解释框架可以从时间纵向动态探讨塑造和制约高等教育管理体制变迁的深层机理，揭示出高等教育管理体制变迁的动力学，更好地或更动态地展现高等教育管理体制变迁的历程和因果逻辑。

三 章节安排

根据以上所论述的理论基础和分析步骤，本书总体框架主要聚焦于新中国70年高等教育管理体制变迁过程（变迁路径和政策特征）、历史制度主义逻辑、政策建议三个层面的内容。全书在章节框架上可以分为六章。

第一章为全书的绪论。首先，提出问题和介绍研究意义；其次，对国内外文献和核心概念进行分析；再次，对历史制度主义和国家与社会关系理论进行论述，对其运用于高等教育管理体制变迁研究的适用性进行检视；最后，对分析步骤进行重点说明，确定分析框架，以此作为本书研究进程的内在逻辑。

随后，从第二章开始，本书用三章的篇幅分别对新中国70年高等教育管理体制变迁的三个历史阶段——全能型体制（1949—1977）、发展型体制（1978—1997）和服务型体制（1998年至今）进行实证分析，并以本书的核心分析概念——"央地校利益共同体"作为三个阶段转换的线索贯穿全过程，以高等教育管理体制中的中央政府、地方政府和高校作为分析主体，对三个阶段中各主体间的利益关系、权力结构和利益博弈进行分析，并对每一阶段高等教育管理体制的政策特征（政策价值、政策目标、政策对象和政策工具）进行解读，意图展现新中国70年高等教育管理体制完整的变迁历程（见表1—2）。

表1—2　　不同时期高等教育管理体制的政策特征（1949年至今）

历史阶段	全能型体制 （1949—1977）	发展型体制 （1978—1997）	服务型体制 （1998年至今）
政策价值	服务国家政治建构	服务社会主义现代化建设	服务个人全面发展
政策目标	集权型高等教育管理 秩序、统治 "强管控，弱发展"	分权型高等教育管理 产业发展与市场化 "强发展，弱管控"	服务型高等教育管理 公平与质量 "强发展，强监管"
政策对象	央地校利益共同体的同构 （高度封闭的系统）	央地校利益共同体的瓦解 （相对封闭的系统）	央地校利益共同体的重构 （开放的系统）
政策工具	计划控制	市场调节	多元治理

所谓"央地校利益共同体的同构（1949—1977）"是社会主义公有制和全能型体制完全占主导地位背景下的中央政府、地方政府和高校独特关系特征的一种概括。在这种体系下，中央政府意图通过各种政治和经济手段对地方政府和高校的管理行为和办学行为进行严格管控，尽力扼制其游离于中央政府管控模式之外的利益追求，使之成为国家管理体系中的末梢组织，为社会主义政治建构服务，"强管控，弱发展"是其基本特征。

所谓"央地校利益共同体的瓦解（1978—1997）"是发展型体制完全占主导地位背景下的中央政府、地方政府和高校独特关系特征的一种概括。在这种体系下，放权让利和分权改革使地方政府在一定程度上失去了财政软预算约束的保护，具有相对的自主性和独立性，在高等教育发展的财务、人事、管理等具体方面开始拥有相对的自主权，表现出强大的商业利益诉求，管理的逻辑和行为都带有鲜明的商业色彩，从而诱使其具有强烈的逃避政府质量管控的动机，中央政府与地方政府间的利益共同体开始瓦解。以市场化和民营化为导向的高等教育管理体制改革，同样赋予了高校相对较大的自主运营权，为了应对国家对教育事业投入减少带来的经费问题，高校也必须通过直接介入市场活动来获取商业收入，从而表现出渐强的商业逐利倾向，导致其同样产生出规避政府质量管控的意图，政府与高校之间的利益共同体也随之解构。

所谓"央地校利益共同体的重构（1998年至今）"是服务型体制完全占主导地位背景下的中央政府、地方政府和高校独特关系特征的一种概括。在这种体系下，通过省级统筹、简政放权和大学章程设计等方式加速高等教育治理体系和治理能力的现代化进程，使中央政府、地方政府和高校间权力关系得以重新建构，并使之制度化、法律化，重建了国家对高校发展的管控能力，改善了高等教育人才培养质量。

第五章从历史制度主义视角出发分析新中国70年高等教育管理体制变迁的制度逻辑。作为一种社会存在，制度塑造着政治行动者的利益界定，并构造着相关群体的权力结构关系，在政策过程中发挥着决定性的作用。"在历史制度主义者看来，制度的存续是以均衡状态为前提的，当这种均衡被打破或发生断裂时，制度就可能发生变迁。"[①] 从历史制度主义视角看，高等教育管理体制变迁的制度逻辑主要表现在制度生成、制度变迁、路径依赖和动力机制四个方面。

第六章是对新中国70年高等教育管理体制变迁的反思和前瞻。首先，基于国家与社会关系分析框架，本章认为1949年以来高等教育管理体制变迁历程是国家与高校复杂互动的过程，从本质上是一种国家意志与权力介入高校组织的过程，经历了中央集权和政府管控高校（1949—1956、1963—1966）、地方分权和政府管控高校（1957—1962、1967—1977）、中央集权和政府监管高校（1978—1997）、地方分权和政府监管高校（1998年至今）四个阶段。其次，论述了新中国70年高等教育管理体制变迁呈现出"中心"与"外围"的互动、强制性变迁与诱制性变迁的交织、工具理性与价值理性的转换、集权与分权的多重变奏、政府与市场的互动演变等基本特征。再次，分析了新中国70年高等教育管理体制变迁过程中存在的中央政府和碎片化部门主导、政策目标优先序的飘移、政策主体权责不清、权力转移的行政型分权、权力结构调整的选择性、政策实施的运动式等政策问题。复次，构建了新时代高等教育管理体制优化的政策路径：治理理论上，从"管控型"走向"服务型"；治理

---

① ［美］B. 盖伊·彼得斯：《政治科学中的制度理论："新制度主义"》（第三版），王向民、段红伟译，上海人民出版社2016年版，第79页。

主体上，从"单中心管控"走向"多中心共治"；治理结构上，从"赋权—限权"走向"简政放权"；治理方式上，从"文本治理"走向"国家制度能力治理"。最后，简单扼要地总结本书可能的贡献以及不足之处，并列出下一步应当继续深入研究的方向。

第 二 章

全能型体制（1949—1977）：
央地校利益共同体的建立与强化

1949 年中华人民共和国成立后，政党和国家权力全方位渗透到社会的全部细胞、全部组织、全部单位，建立了有效控制社会生活各个领域和各个层面的"全能体制国家"。①

在"全能体制国家"② 时期，国家高度统制着社会，社会组织的利益没有被确立起来。而最高层的意识形态强调国家利益和社会整体利益高于社会组织的利益。全能主义政治的形成，使与社会生活相关的一切因素，都将被组合进一个无所不包的意识形态体系之中。作为一个独立组织的高校，为有效支持重工业为重点的发展战略，确保有效集聚和动员

---

① 蒋达勇：《现代国家建构中的大学治理——基于中国经验的实证分析》，中国社会科学出版社 2014 年版，第 114—117 页。

② 关于什么是全能主义，邹谠教授对其进行了深入的研究和界定。邹谠教授认为，"全能主义"（totalism）的概念与 20 世纪 30 年代中国和西方一般理论家所用的"极权主义"（totalitarianism）一词不同。"全能主义政治"这一个专门名词是用来表达政治与社会关系的某一种特定的形式，而不涉及该社会中的政治制度或组织形式。"全能主义"仅仅指政治机构的权力可以随时无限制地侵入和控制社会每一个阶层和每一个领域的指导思想。"全能主义政治"指的是以这个指导思想为基础的政治社会。中国确立全能主义源于 20 世纪初期面临全面危机，当时国家在军阀混战中解体，社会中的各个领域的传统制度都在崩溃，日常生活中涌现出不少问题不能以传统的思想和常规的方法来解决。在国家生死存亡的时候，有些仁人志士认为只有社会革命才能从根本上解决整个国家、整个社会和各个领域中的危机。他们看到只有先建立一个强有力的政治机构或政党，然后用它的政治力量、组织方法，深入和控制每一阶层和每一领域，才能改造或重建社会国家和各领域中的组织与制度，才能解决问题，消除全面危机。因此社会革命一开始就蕴藏着全能主义政治的因素。具体参见 [美] 邹谠《二十世纪中国政治：从宏观历史与微观行动的角度看》，香港：牛津大学出版社 1994 年版，第 3—4 页。

高等教育资源培养社会主义接班人，毫无反抗地被卷入全能主义政治体系之中，变成了维护国家政治统治和宣传意识形态的工具。正如美国教育家卡扎米亚斯认为，"所有社会，在民族危机和重大事变时期之后都有过重大教育改组的尝试"①。中华人民共和国成立以来，为与高度集权的全能国家体制相适应，国家以"革命"话语和姿态对高等教育进行了组织和思想上的改造，建立了高度集权与管控的高等教育管理体制。高校作为政府的附属机构，按照行政级别和行政编制来管理高校人员，高校内、外部均是按行政思维、行政权威来治理，一切活动都纳入政府的管制之中，高校失去自主权，高校与政府形成了"政校同构"利益关系，体现出强烈的"强管控、弱发展"的取向。虽然这期间，高等教育管理权力也经历了集权与分权的交替，但这种权力结构调整主要发生在中央政府各部门之间或中央政府与地方政府上下层级之间，并没有触及政府与高校权力关系调整方面。

第一节　全能型体制构造与央地校利益共同体的建立(1949—1956)

1949年中华人民共和国成立后，由于缺乏治理国家的经验和方式，再加上当时的国际政治环境，发展的捷径就是借鉴苏联的管理模式和移植苏联的高等教育管理体制，大量培养社会经济发展所需要的人才，为国家社会和经济迅速恢复提供人才支持。正如苏珊娜·佩珀所说："结果是以其前辈已显示出的学习西方先进国家的热情去模仿另一个外国——尽管是兄弟般的社会主义国家。这样做的理论根据是，既然西方（即英国和美国）最好的科学和技术已被俄国人吸收，因此'最快最好的道路'就是直接从苏联接受提取出来的精华。既然教育和工业是应用科学技术的主要社会机构，它们的组织和管理也要按苏联的模式来改造。"②

尽管移植和模仿苏联模式在不同的领域和不同时期内有所不同，"党

---

① [美]卡扎米亚斯、马西亚拉斯：《教育的传统与变革》，福建师范大学教育系等译，文化教育出版社1981年版，第231—232页。

② [美]R. 麦克法夸尔、[美]费正清：《剑桥中华人民共和国史（上卷）：革命的中国的兴起（1949—1965）》，谢亮生等译，中国社会科学出版社1995年版，第205—206页。

在自己有能力的领域（如在农村政策方面），普遍采用有中国特色的方法——虽然甚至在这些领域中，苏联的模式依然有一定影响。相反，在中共没有经验的领域，它的创造性就有限了。对这个事实，毛泽东说：'在全国解放初期，我们全没有管理全国经济的经验，所以第一个五年计划期间，只能照抄苏联的办法'"①。总体而言，中国移植和模仿的是在20世纪30年代中期以后发展起来的斯大林体制。这一体制主要是以高度集权和国家对高等教育严密管控为主要特色，高等教育的中国化过程主要体现在三个方面：一是接管公立大学、接办私立大学与接收教会大学；二是院系调整；三是建立"一竿子插到底"中央政府高度集权的行政管理体制。经过高校的接管改造、1952年的院系调整和高度集中的行政管理体制改革，高校已经被完全整合进政府机构序列中，高校的学术组织属性逐渐消退，成为政府机构的一个"单位"，这个时候的高校完全处于政府的"统包"之中。

一　接管公立高等学校、接办私立高等学校与接收教会大学

1949年9月12日，中国人民政治协商会议在北京召开，通过了《中国人民政治协商会议共同纲领》（简称《共同纲领》），具体规定了新中国的教育方针和基本任务，即"中华人民共和国的文化教育为新民主主义的，即民族的、科学的、大众的文化教育。人民政府的文化教育工作，应以提高人民文化水平，培养国家建设人才，肃清封建的、买办的、法西斯主义的思想，发展为人民服务的思想为主要任务"。"中华人民共和国的教育方法为理论与实际一致。人民政府应有计划、有步骤地改革旧的教育制度、教育内容和教学方法。"② 这个方针被当作新中国成立初期教育改革的基本政策依据。根据《共同纲领》的精神，1949年12月23日，第一任教育部部长马叙伦在第一次全国教育工作会议上的开幕致辞中说道：

---

① ［美］R. 麦克法夸尔、［美］费正清：《剑桥中华人民共和国史（上卷）：革命的中国的兴起（1949—1965）》，谢亮生等译，中国社会科学出版社1995年版，第58页。
② 何东昌主编：《中华人民共和国重要教育文献（1949—1975）》，海南出版社1998年版，第1页。

中国的旧教育是帝国主义、封建主义和官僚资本主义统治下的产物，是旧政治旧经济的一种反映，是旧政治旧经济借以持续的一种工具。它提倡封建的、买办的、法西斯主义的思想，它是为帝国主义和封建买办的统治者服务的。现在，随着帝国主义和封建买办的统治在中国宣告终结，中国旧教育的政治经济基础是基本上被摧毁了。代替这种旧教育的应该是作为反映新的政治经济的新教育，作为巩固与发展人民民主专政的一种斗争工具的新教育。这种新教育就是新民主主义的，即民族的、科学的、大众的教育。我们中央和各级人民政府的教育工作，就是要推行这种教育，而以提高人民的文化水平，培养国家的建设人材，肃清封建的、买办的、法西斯主义的思想，发展为人民服务的思想为我们的主要任务，我们要实施的这种新教育和旧教育是性质上完全相反的东西，是势不两立的。因此，我们对于旧教育不能不作根本的改革，而这种改革正如我们的共同纲领所规定，必须是有计划有步骤地来进行……这就是摆在我们全国教育工作者面前极其复杂艰巨的任务。①

可见，新政府认为国民党时期的旧教育与新民主主义完全不相符，必须予以根本性的改革。同时，全国教育工作会议对旧教育提出了"我们采取的是坚决改造，逐步实现的方针"，"以老解放区新教育经验为基础，吸收旧教育有用经验，借助苏联经验，建设新民主主义教育"。在这种政策精神指导下，为培养新中国国家建设需要的人才，共产党开始接管旧的公立高校、接办私立高校并接收外国教会举办的高等学校。随着20世纪50年代的接管、接办与接收运动的展开，多样化办学格局被大一统、高度集权的公办体制所取代。

(一) 接管公立高等学校

1948年，解放战争转入战略反攻阶段后，如何接管好城市并使之尽

---

① 《中国教育年鉴》编辑部：《中国教育年鉴（1949—1981）》，中国大百科全书出版社1984年版，第683页。

快恢复生产支持战争成为当时党中央关心的中心议题。党中央在总结经验的基础上提出了接管城市时要"原封原样、原封不动"的指导思想。具体办法是"各按系统,自上而下,原封不动,先接后分,做到接收得快而完整;同时,抓紧解决有助于在政治上、经济上稳定人心的关键问题,恢复社会秩序。为了做好接收城市的工作,事先要有充分的准备和各方面称职的干部,组织好专门的接收班子"①。作为城市的一个部分,对原国统区公立高等学校的接管是接收城市工作中的一个重要方面。

据统计,1949年前,原国民党统治区共有高等学校205所,其中国立、省市立的学校124所,占总数的60.5%。② 由于国民党的溃败,这些公立高校实际上处于无政府状态,如何对这些公立高校进行管理成为当时接收城市的重要课题。为更好地保护与接收公立高等学校,毛泽东和朱德于1949年4月25日签署的《中国人民解放军布告》明确宣布,"保护一切公私学校、医院、文化教育机关、体育场所,和其他一切公益事业。凡在这些机关供职的人员,均望照常供职,人民解放军一律保护,不受侵犯"③。此布告的发布起到了安定人心的作用,公立高等学校的接管在中共的领导下有条不紊地进行。

一般而言,公立高等学校的接管由各地军事管制委员会下设的文化教育接管委员会负责,委员会向公立高等学校派驻干部,帮助建立民主管理组织和机构,宣传贯彻新解放区的教育政策,稳定师生情绪。同时,对公立高等学校作些必要的改造:"一是取消反动的政治课程;二是取缔国民党的训民制度;三是新开设'新民主主义论'、'中国革命与中国共产党'、'社会发展史'等思想政治教育课程;四是组成校务委员会,行使管理学校的权利,实行民主管理。教师、职员和工人,除极少数与人民为敌的反动分子外,一律继续工作。学校办学经费,照旧拨发。"④ 由

---

① 金一鸣:《中国社会主义教育的轨迹》,华东师范大学出版社2000年版,第54页。
② 郝维谦、龙正中、张晋峰:《中华人民共和国高等教育史》,新世界出版社2011年版,第32页。
③ 毛泽东:《毛泽东选集》(第4卷),人民出版社1991年版,第1458页。
④ 郝维谦、龙正中、张晋峰:《中华人民共和国高等教育史》,新世界出版社2011年版,第33页。

于采取了维持现状、迅速开学等有效办法,当时高校师生表达了热烈欢迎,接管工作进行得十分顺利。旧公立高等学校的接管不仅仅指名称上的变化,更表明一种体制机制的变化、一种新的思想意识的变化。

(二) 接办私立高等学校

根据统计资料,新中国成立初期,私立高等学校,包括大学、专门学院、专科学校等占的比重相当大。1949年全国共有高等学校205所,其中私立高等学校81所(包括外国教会所设学校),占全国总数的39.5%。除教会学校外,其他私立高校有60所,占高校总数的29.3%。在全国,华东地区的高校最多,有73所,其中私立37所,约占该地区大学总数的50.7%;其次为西南地区,有高等学校42所,其中私立25所,约占该地区大学总数的59.5%。这两个地区的私立高等学校共62所,约占全国私立高等学校总数的76.5%。① 有些省市私立高校多于公立高校。上海市有高校40所,其中私立的30所,占75%。南京市、武汉市的公私立高校各占一半。② 因此,大量存在的私立高校已成为高等教育系统中不可忽视的一个重要组成部分。如何对待私立高校,如何抓好对私立高校领导的管理,是当时高等教育事业改革发展中的一个政策性很强的问题。

当时私立高校办学存在诸如师资缺乏、经费不足、系科设置不当、教学设备匮乏等困难,与国家经济建设的需要不相适应。加上新中国成立后,私立高校的经济基础瓦解,加剧了私立高校的办学困难。周恩来在全国高等教育会议上讲:

> 今天私立学校处于困难的境地,以前它们的经济来源大都依靠军阀、官僚资产阶级,现在没有了,学田,土改时也分了。这些困难,政府应该照顾。……私立学校问题怎样解决,教育部要考虑。这也是学校自身的事。现在,国家经济处在恢复过程中,大家要多

---

① 刘英杰:《中国教育大事典(1949—1990)》,浙江教育出版社1993年版,第79页。
② 毛礼锐、沈灌群:《中国教育通史(第六卷)》,山东教育出版社1989年版,第24页。

想办法,度过这一二年。①

私立高校作为一种民办事业,不论资金来源于哪个阶级,校产都是社会财产。私立高校的存在可以满足人民群众受教育的需要,有利于国家建设。因此,私立高校不是国家接管的对象,但应与公立高校一起接受政府的领导、扶植与改造。1949年12月30日,教育部副部长钱俊瑞在第一次全国教育工作会议上提出:

> 在目前条件下,我们对中国人办的私立学校除极坏者应予取缔或接管外,一般的应采保护维持,加强领导,逐步改造的方针,没有必要而随便命令停办或接管,是不妥当的。我们对成绩优良的私立学校应予以奖励或补助;对纯粹为谋利而设的私立学校,要予以整顿和改造,使之逐渐地能够实行新民主主义教育,实行民主管理与经济公开;对经费困难而办理成绩不坏的私立学校应给以补助。②

在这一方针指导下,国家对私立高校逐渐采取"管"而"不接"的策略。1950年8月14日,教育部公布了经政务院第43次政务会议批准的《私立高等学校管理办法》。它确定了"加强领导并积极扶植与改造私立高等学校,以适应国家建设"的总原则。同时规定:

> 私立高等学校(大学、专门学校及专科学校)的方针、任务、学制、课程、教学及行政区域组织,均须遵照《高等学校暂行规程》及《专科学校暂行规程》办理。私立高等学校校(院)长及副校(院)长由校董会任免,其他主要人员由校(院)长任免,报经大行政区教育部核准转报中央教育部备案。私立高等学校的行政权、财政权及财产所有权,均应由中国人掌握。全国私立高校均需重新申

---

① 周恩来:《周恩来选集》(下卷),人民出版社1984年版,第20页。
② 《中国教育年鉴》编辑部:《中国教育年鉴(1949—1981)》,中国大百科全书出版社1984年版,第685页。

请立案。教学、行政、经费情况要按期报大行政区教育部审核后转报中央教育部备案。私立学校不得以宗教课目为必修课或强迫学生参加宗教仪式或活动。私立学校的停办、变更要经审查。办理不妥或违背法令时，教育行政部门可令其改组董事会、更换校长、改组或停办。①

通过该法规，国家把私立高校的管理正式推上法制化轨道，把私立高校建设纳入国家建设的范畴。由于政策明确、措施得当，私立高等学校在新中国成立的最初两三年内仍然保持着相应的地位并得到了国家的支持，从而能够逐步适应新的教育方针。

但是，随着时间的推移和形势的改变，这样的"温和政策"不久后就被打乱，整个私立高校整顿、改造工作一下子停滞。1952年初，中国大规模经济建设即将展开，需要大批建设人才。由于私立高校办学力量小、规模小、经费少，很难适应经济发展的形势，1952年底，政务院颁布文件对所有私立高等学校进行调整合并，私立学校或改为公立学校，或与公立学校合并，私立高等学校的设置被取消。

（三）接收教会大学

从新中国成立到抗美援朝，由于人才的严重匮乏，新政权对教会大学只是一般性地接管。1949年3月5—13日，毛泽东在中共中央七届二次会议上明确指出："剩下的帝国主义的经济事业和文化事业，可以让它们暂时存在，由我们加以监督和管制，以待我们在全国胜利以后再去解决。"② 这里所说的帝国主义的"文化事业"，其中最重要的部分就是教会大学。1950年8月19日，中共中央发布的《中共中央关于天主教、基督教问题的指示》规定："教会学校、医院及救济机关在遵守共同纲领及政府法令条件之下，应视为私营事业，政府本公私兼顾原则，一视同仁。教会学校应遵守政府法令设政治课为必修课，同时在教会办的高等学校中亦得设宗教课为选修课。教会学校内不举行宣传宗教的或反对宗教的

---

① 金一鸣：《中国社会主义教育的轨迹》，华东师范大学出版社2000年版，第58页。
② 毛泽东：《毛泽东选集》（第4卷），人民出版社1991年版，第1434页。

展览会、群众集会等。教徒学生与非教徒在信仰问题上不应该互相攻讦,甚至有侵犯人格之行为,应当团结起来,一致反对帝国主义和特务分子。"① 可以看出,当时政府对教会大学的政策是比较谨慎的,没有采用强制措施,而是着力通过政治教育来淡化宗教信仰问题和反对帝国主义以确保正常的教学秩序,更好地维护共产党的领导。

随着抗美援朝的进行,中美关系中断,美国成为中国的头号强敌,国家对教会大学的政策逐步转变,认为接受美国津贴的教会大学是帝国主义文化侵略的工具,逐渐把教会大学国有化。1950 年 12 月 29 日,郭沫若在《关于处理接受美国津贴的文化教育救济机关及宗教团体的方针的报告》中指出:

> 全国解放之初,百废待举,政府对上述这些文化教育救济机关和宗教团体,期望他们能恪守政府法令,所以未予处理,容许他们暂时接受美国津贴。但是美帝国主义却仍然不断地企图利用这些机关和团体暗中进行其反动的宣传和活动。一年以来已经我公安机关发现多次这类事件……尤其是在美帝侵略朝鲜、台湾以后,中国人民抗美援朝运动广泛展开之际,美帝国主义分子这种破坏活动更加活跃起来。
>
> ……兹特根据上述情况拟定处理方针如下:
>
> 一、政府应计划并协助人民使现有接受美国津贴的文化教育救济机关和宗教团体实行完全自办。
>
> 二、接受美国津贴之文化教育医疗机关,应分别情况或由政府予以接办改为国家事业,或由私人团体继续经营改为中国人民完全自办之事业,其改为中国人民完全自办而在经费上确有困难者,得由政府予以适当的补助。②

---

① 何东昌主编:《中华人民共和国重要教育文献(1949—1975)》,海南出版社 1998 年版,第 54 页。

② 中共中央文献研究室:《建国以来重要文献选编》(第一册),中央文献出版社 1992 年版,第 513—515 页。

1951年1月11日，教育部根据政务院的决定发出《关于处理接受美国津贴的教会学校及其他教育机关的指示》，其中规定教会高等学校"由中央教育部直接领导处理。于1月15日召集各大行政区教育部（或文教部）负责人及各接受美资津贴的高等学校校长及董事会开会，研究每个学校的具体情况。拟定每个学校的处理办法（包括收归自办后改为公立或私立，学校主要负责人人选，校董会名单，经费预算或补助费预算，接收时间等）报中央人民政府政务院批准，由中央教育部分别会同该大行政区教育部（文教部）组织工作组分赴各校。于四月底以前全部处理完毕"[①]。1951年1月16—22日，教育部在北京召开处理接受外国津贴的高等学校会议。会议确定了处理接受外国津贴高等学校的原则、办法和接收工作中的一些具体政策、措施。经过讨论，会议拟定了对每个学校的处理方案，大致分为三种类型：（1）立即接收改为公立；（2）暂时维持私立，准备条件改为公立；（3）继续由私人办理，改组董事会及学校行政领导层，使其成为完全由中国人自办的私立学校。会议要求调查研究、酝酿协商、拟订方案、分别情况、妥善处理。最后结果是：

一、接收后改为公办的十一所：燕京大学（原接受美国津贴，以下凡不注明者，均为接受美国津贴），津沽大学（原接受罗马天主教会津贴），协和医学院（接收后改称中国协和医学院），铭贤学院（接收后部分系科改为山西农学院、部分系科与山西大学工学院及西北工学院合并），金陵大学、金陵女子文理学院（接收后二校合并称金陵大学），协合大学、华南女子文理学院（接收后二校合并为福州大学，华中大学（接收后调整为华中师范大学），文华图书馆专科学校、华西协合大学（接收后改称为华西大学）。

二、接收后改为中国人民自办、维持私立、政府予以补助的九所：沪江大学，东吴大学，圣约翰大学，之江大学，齐鲁大学，岭南大学，求精商学院，震旦大学，震旦女子文理学院（后二校原接

[①] 中华人民共和国教育部办公厅编：《教育文献法令汇编（1949—1952）》，1958年，第64页。

受罗马天主教会津贴，接收后合并为震旦大学）。[1]

教会大学被接收后，尽管与西方国家没有直接的经济往来，但对美帝国主义的文化侵略本质改造得并不彻底，非常需要开展一次思想解放运动。此后，各教会大学纷纷掀起了肃清美帝国主义文化侵略的爱国思想教育运动，教会大学校长、教授纷纷撰文声讨美帝的文化侵略，为随后教会大学合并到新中国高等教育体制奠定了基础。1952年5月，教育部公布了关于全国高等学校院系调整方案，经过调整，教会大学与原来的公立、私立大学融合到一起，组建新的大学，而教会大学原有的校名均被取消，教会大学在中国高等教育序列中正式消失。

新中国成立初期通过对旧公立高等学校的接管、私立高等学校的接办和教会大学的接收，改造了旧中国留下的半封建、半殖民地的高等教育体制，社会化、多样化的教育格局被大一统的、高度集权的国家教育体制所取代，初步建立了中央集中统一管理高等教育的体制。

二 院系调整

新中国成立初期，通过接管公立高等学校、接办私立高等学校与接收教会大学，高等教育整体面貌发生了很大变化。1950年朝鲜战争爆发，国家安全面临严重威胁，国家经济迫切需要恢复和发展，党和政府确立了发展重工业的重大发展战略，急需大量的专业技术人才。但是，当时高等教育布局和结构仍存在较大问题。例如，高等学校大多数集中于沿海发达地区，边远地区较少，布局严重失衡。1949年，全国205所高校，位于北京、上海、江苏和广东4省市的就有79所。仅上海就有40所，在校生占全国学生总数的1/5，而西北地区只有8所。有些地区，如内蒙古、新疆、西藏、宁夏等竟无一所高校。[2] 同时，科类结构严重不合理，

---

[1] 中央教育科学研究所：《中华人民共和国教育大事记（1949—1982）》，教育科学出版社1983年版，第35—36页。

[2] 李均：《中国高等教育政策史（1949—2009）》，广东高等教育出版社2014年版，第44页。

国家急需的工程、师范、医药等专业培养的学生数量较少，教学质量难以保障。"1952年院系调整前，在全国211所高等学校中，工科院校仅33所，占全国高等学校总数的15%；农林院校仅17所，占8%。在校学生中，政法科类学生占学生总数的24.4%，财经类学生占11.4%，而工科学生仅占7.4%。"① 从社会主义经济建设需要看，全国高校的结构与质量远不能满足各项建设工作的需要。若不加以解决，势必对国家经济建设造成重大影响。正如周恩来在1951年所指出："人才缺乏，已成为我们各项建设中的一个最困难的问题。不论在经济建设，国防建设，还是在巩固政权方面，我们都需要人才"，"拿实施我们明年的工业建设计划来说，短缺的人才就不是几千几万，而是一二十万技术人员和熟练工人"，"这样大的国家，产业工人还不到三百万，技术人员更少，所以我们必须从各方面来大力培养建设人才"。②

面对这种现实情况，学习苏联经验，全面改造和整顿高等学校成为国家的重大战略选择。"50年代初，所有的高等院校都收归国有之后，高等教育系统按照前苏联的模式进行了重组和调整。之所以进行重组，是因为人们认为，作为国家上层建筑的一部分，高等教育系统应同其经济基础相一致。既然中国当时正在实行高度集中的社会主义计划经济，因而需要对其高等教育系统进行相应的调整。"③ 为了适应经济建设和国家治理需要，必须对旧的高等教育不合理体制作有计划的适当调整。1950年6月，第一次全国高教会议决定："我们要在统一的方针下，按照必要和可能，初步地调整全国公私立高等学校或其某些院系，以便更好地配合国家建设的需要。"④ 因此，随着国民经济的恢复和知识分子思想改造运动的开展，从1952年到1957年，全国高等院校开始实行以苏联高等院校为模板的"院系调整"。大规模的院系调整包括三个阶段。

---

① 蔡克勇：《20世纪的中国高等教育（体制卷）》，高等教育出版社2003年版，第56页。
② 周恩来：《周恩来教育文选》，教育科学出版社1984年版，第34—35页。
③ [美] 菲利普·G. 阿特巴赫、[日] 马越彻：《亚洲的大学：历史与未来》，邓红风主译，中国海洋大学出版社2006年版，第63页。
④ 何东昌主编：《中华人民共和国重要教育文献（1949—1975）》，海南出版社1998年版，第26页。

第一阶段是 1952 年的院系调整。院系调整的方针是"以培养工业建设人才和师资为重点，发展专门学院，整顿和加强综合大学"，取消大学中的学院，调整工、农、医、师范、政法、财经等科，或新建专门学院，或合并到已有同类学院中去。实际上，在大规模院系调整之前，各地区局部的院系调整已经陆续展开。如 1949 年底，北京大学、清华大学、华北大学三校的农学院合并成立北京农业大学。1950 年 9 月，复旦大学生物系海洋组并入山东大学。1951 年 5 月，北洋大学与河北工学院合并正式定名为天津大学，专为燃料工业、重工业、轻工业及水利等部门培养人才。[①] 1951 年 11 月，教育部制定了《全国工学院调整方案》，经过教育部和中央人民政府重工业部、燃料工业部及其他有关部门进行多次协商，并经政务院批准，最后拟定下列方案：

第一，1952 年全国工学院本科生及专修科与专科学校学生共招 29500 名（如不经调整，只能招 15000 名），其中 55% 为专修科与专科学校学生，45% 为本科生。

第二，以华北、华东、中南地区的工学院为重点作适当调整，其调整方案如下：

（1）将北京大学工学院、燕京大学工科方面各系并入清华大学。清华大学为多科性工业高等学校，校名不变，清华大学的文、理、法学院及燕京大学的文、理、法各系并入北京大学。北京大学成为综合性大学，燕京大学校名撤销。

（2）将南开大学的工学院及津沽大学的工学院合并于天津大学。

（3）将浙江大学改为多科性工业高等学校，校名不变。将之江大学的土木、机械两系并入浙江大学，浙江大学的文学院合并入之江大学。

（4）将南京大学的工学院划分出来，和金陵大学的电机工程系、化学工程系及之江大学的建筑系合并成为独立的工学院。

---

① 李均：《中国高等教育政策史（1949—2009）》，广东高等教育出版社 2014 年版，第 45 页。

(5）将南京大学、浙江大学两个航空工程系合并于交通大学，成立航空工程学院。

（6）将武汉大学的矿冶工程系、湖南大学的矿冶系、广西大学的矿冶系、南昌大学的采矿系调整出来，在湖南长沙成立独立的矿冶学院，以培养有色金属的采矿冶炼人才为主，并增设采煤系及钢铁冶炼系。

（7）将武汉大学的水利系、南昌大学的水利系、广西大学土木系的水利组合并，成立水利学院，仍设于武汉大学。

（8）将中山大学的工学院、华南联合大学的工学院、岭南大学工程方面的系科及广东工业专科学校合并成为独立的工学院。

第三，南北3个工学院暂不予变动，但须实行重点分工，具体方案由学校负责人作进一步的研究。西南工业专科学校航空工程专科则并入北京工业学院（即原华北大学工学院）。

第四，同一地区的工学院系实行分工，如交通大学、同济大学的各系已作出具体分工的方案。关于全国同样系的分工，得召开分系专业会议讨论。①

1952年，教育部在1951年全国工学院调整方案的基础上制定了《关于全国高等学校1952年的调整设置方案》，对全国院系调整做出全面部署。该方案提出院系调整的重点是"整顿与加强综合大学，发展专门学院，首先是工学院"，并要求"自1951年起，全国高等学校根据国家建设的整个计划和各地区的具体情况，有计划有步骤地开始进行全面或重点调整，预计两年内基本完成"②。1952年院系调整首先从京津开始，陆续在华东、西南、中南、东北及西北等大行政区展开，涉及原有的3/4的高等学校的院系和专业设置。调整后，211所高等学校减少为201所，其中综合大学及普通大学21所，工业院校43所，师范院校33所，农林

---

① 何东昌主编：《中华人民共和国重要教育文献（1949—1975）》，海南出版社1998年版，第131页。

② 何东昌主编：《中华人民共和国重要教育文献（1949—1975）》，第150页。

院校 28 所，医药院校 32 所，财经院校 13 所，政法院校 3 所，艺术、语言、体育及少数民族院校 28 所。① 调整后，与国民经济社会发展紧密相关的专门人才的培养效率大为提高，初步形成了比较齐全的学科专业体系。工科和师范是高等教育中发展最快的科目。工科院校由 18 所增到 36 所，工科学生由 1949 年的 3 万人，占在校生的 26.2%，上升为 1953 年的 8 万人，占在校生的 37.7%。1965 年工科学生占在校生的比值高达 43.8%。师范院校由 12 所增到 37 所，师范院校学生占在校生的比例由 1949 年的 10.3% 提高到 1953 年的 18.8%。②

第二阶段是 1953 年的院系调整。1953 年，国家成立高等教育部，进一步加强了中央对高等教育事业的控制，同时也是为了便于协调中央有关部门在高校管理中的作用，以便更好地为国家培养高级和中级建设干部。高等教育部认为 1952 年院系调整取得了很大成绩，但也存在要求过高过急、院校独立过早与摊子摆得太多等问题。为此，1953 年，政务院决定继续进行院系调整。此次调整坚持重改组旧的庞杂的大学、加强和增设工业高等学校并适当增设高等师范学校、对政法和财经院系采取适当集中与大力整顿及加强与改造师资的原则。调整后的高等院校由 1949 年的 205 所减为 182 所，其中综合大学 14 所，高等工业学校 38 所，高等师范院校 31 所，高等农林院校 29 所，高等医药院校 29 所，高等财经院校 6 所，高等政法院校 4 所，高等语言学院 8 所，高等艺术院校 15 所，高等体育学院 4 所，民族学院 3 所，其他 1 所。③

1952 年和 1953 年的调整，在一定程度上改变了院系设置庞杂与不合理的现状，基本上适应了当时国家经济建设与人才培养的需要。但是，高等学校的布局结构仍然集中于沿海地区和接近沿海地区的发达地区。1955 年，北京、上海等 17 个城市有高校 97 所，占全国高校数量的 50%，

---

① 金一鸣：《中国社会主义教育的轨迹》，华东师范大学出版社 2000 年版，第 68 页。
② 《中国教育年鉴》编辑部：《中国教育年鉴（1949—1981）》，中国大百科全书出版社 1984 年版，第 965 页。
③ 李国均、王炳照：《中国教育制度通史（第八卷）：中华人民共和国（公元 1949—1999 年）》，山东教育出版社 2000 年版，第 97—98 页。

学生占全国学生总数的61.9%。[1] 与此同时，全国也形成了"条块分割"的"部门办学"体制。据统计，1953年，全国148所高等院校中，由高等教育部管理的有8所，中央各业务部门管理的共30所，大区行政委员会管理的有72所，省、市、自治区管理的有38所。[2]

第三阶段是1955—1957年的院系调整。1955年在研究和修订国民经济第一个五年计划时，中央要求高等教育必须符合社会主义建设的需要，要求高校的规模不宜过大、高校设置不宜过分集中、高等工业学校要逐步与工业基地建设相结合。根据中央的要求，高等教育部决定以调整地区布局、缩小学校发展规模、逐步发展内地高校的原则再进行一次院系调整，逐步改变原有状况。1955—1957年调整的结果是：

> 全校或大部系科、专业内迁的，有华东航空学院、上海交通大学等；以两所以上学校的同类专业迁至内地为基础，新建或扩建的学校，有成都电讯工程学院、西安建筑工程学院、西安动力学院、重庆医学院、长春汽车拖拉机学院、武汉测绘学院、成都地质学院等；由有关学校抽调力量扶植的，有兰州大学、内蒙古大学等；由有关部门负责建立新校的，有内蒙古医学院、新疆医学院等；由于支援内地而撤销的学校，有青岛工学院、苏南工业专科学校等；由内地学校分离出来独立建校的，有四川农学院等。[3]

自1952年至1957年底，前后历时六年的院系调整基本结束，基本上实现了预期的目标。首先，基本实现了整顿与加强综合大学、发展专门学院的目的，工业学院与师范学院有所增加。1957年全国共有高校229所，其中综合大学17所、工业院校44所、师范院校58所、医药院校37

---

[1] 李均：《中国高等教育政策史（1949—2009）》，广东高等教育出版社2014年版，第49页。

[2] 林荣日：《制度变迁中的权力博弈——以转型期中国高等教育制度为研究重点》，复旦大学出版社2007年版，第117—118页。

[3] 李国均、王炳照：《中国教育制度通史（第八卷）：中华人民共和国（公元1949—1999年）》，山东教育出版社2000年版，第98—99页。

所、农林院校31所、语言院校8所、财经院校5所、政法院校5所、体育院校6所、艺术院校17所,其他院校1所。① 其次,高等院校在地区分布上的不均衡问题也有所改变。经过此次调整,内地高等学校由1951年的87所增至115所,在校学生数由1951年占全国高等学校在校学生总数的38.6%上升到44.1%。② 但是,院系调整严重削弱了文科教育和综合大学的师资力量,使高等教育的价值结构出现了"重理轻文"的偏差。1949年,学习文、法、商、教育等文科的学生占33.1%。1953年,文科学生的比例减少为14.9%。1957年第三次院系调整后,这一比例下降为9%。1962年文科学生比例仅为6.8%。③ 同时,院系调整的根本目的是实现高等教育为新中国的社会主义政治和经济建设服务,是一场政治运动,使得大学精神和传统文化丧失,调整所采取的急风暴雨式的运动战方式违背了高等教育发展的规律,造成了决策失误。

对于院系调整的结果,当时的高等教育部有过总结和评价:

> 院系调整工作是一项具有历史意义的高等教育改革工作。在党和中央人民政府的领导下,全国高等学校经一九五二、一九五三年两次调整后,可以说业已基本上完成了这项工作,结束了院系庞杂纷乱、设置分布不合理的状态,走上了适应国家建设需要培养专业人材的道路。
>
> ……
>
> 由于对条件的估计和准备仍不够,个别院校的调整未能及时完成。
>
> 虽然准备较早,但具体行动则较迟……影响到学校开学推迟(一般推迟五、六周,多者八周),教学计划难以循序完成,因而也

---

① 《中国教育年鉴》编辑部:《中国教育年鉴(1949—1981)》,中国大百科全书出版社1984年版,第965页。

② 李国均、王炳照:《中国教育制度通史(第八卷):中华人民共和国(公元1949—1999年)》,山东教育出版社2000年版,第99页。

③ 《中国教育年鉴》编辑部:《中国教育年鉴(1949—1981)》,中国大百科全书出版社1984年版,第966页。

就又发生了赶课现象,增加了师生的紧张忙乱。

对于有些学校情况了解还不够清楚,对有些调整工作中的问题研究还不够仔细,以致方案考虑得不够周密。

少数教师的调配还不够适当。①

随着"院系调整"的结束,一个中央高度集权管理的国家高等教育管理体制最终确立。正如许美德所言:"到 1955 年,一个结构严密的高等教育体系形成了。由高等教育部和中国共产党中央委员会联合管理的中国人民大学在这一体系中居其首,其次便是由高等教育部直接管辖的一些工业大学和综合性大学,再次是由国家其他一些部委管辖的高度专门化了的部属院校。这一体系几乎完全是由国家来进行统一管理的,并且,为了确保各类院校地区分布的合理性,并为在各个狭窄地限定了的专业内设立统一的教学标准和教学内容,国家做出了种种努力。"② "所有的高校都实行统一的教学计划,以保证绝对满足高度集中的计划经济条件的人才需求。20 世纪 50 年代,前苏联教育模式确实促进了中国高等教育的发展,有助于实现工业化并促进了高度集中的计划经济的发展。"③但是,高校由不同的政府部门管理,综合性院校按专业化分为专科院校,专业划分过细,教学与科研分家的僵化体制并不完全契合中国的高等教育国情,沿着苏联路线建立起来的新制度在很多方面是 1944 年以来曾为解放区的需要服务的延安模式的对立面。旨在借鉴苏联教育模式的院系调整政策,并没有将民国时期继承的传统和延安传统保存下来,导致在"文化大革命"期间发生了严重的冲突与斗争。

三　高度集中统一的管理体制形成

经过高等院校的接管、接办与接收及后续的院系调整,高等教育管

---

① 中央人民政府高等教育部办公厅编:《高等教育文献法令汇编(第一辑)》,1954 年,第 61—63 页。

② [加]许美德:《中国大学 1895—1995:一个文化冲突的世纪》,许洁英主译,教育科学出版社 2000 年版,第 113 页。

③ [美]菲利普·G. 阿特巴赫、[日]马越彻:《亚洲的大学:历史与未来》,邓红风主译,中国海洋大学出版社 2006 年版,第 53 页。

理体制改革主要强调集中统一的特征。高等教育成为一种国家事业，政府对高等院校实行统一管理，包揽了高等院校一切事务。

（一）从权力配置的水平结构看，体现了政府集中管制大学特征

1950年6月1日，教育部部长马叙伦在第一次全国高等教育会议的开幕词中指出："我们的高等教育应该随着国家建设的逐渐走上轨道，逐步走向计划化。……我们要逐步实现统一和集中的领导。中央人民政府教育部对全国公立的高等学校，在方针、制度设置、计划、负责人任免、课程教材和教学方法等方面，都应该负有领导责任。"① 政府统一管理和直接管制大学的后果之一就是大学的个性、学术自由和大学自治传统逐步消失。

1950年8月14日，政务院颁布《高等学校暂行规程》，明确了大学及大学内系科的设定权限，第4条至第6条规定："大学及专门学院的设立与停办，由中央人民政府教育部报请中央人民政府政务院决定之。""大学及专门学院设若干系，其设立或变更由中央教育部决定之。""大学如有必要，得设学院，并在学院内设若干系；学院及学系的设立或变更，由中央教育部决定之。"② 根据规程，无论是高等教育政策的制定，大学设立、变更或停办等大政方针，还是高校的经费管理、教师配置和日常行政等微观事务，都由中央教育部直接领导，中央政府其他有关部门、地方政府仅仅履行执行与积极协助的职责。

1951年6月，马寅初被任命为北京大学校长，在学校为他举办的欢迎会上，他说："同学们或许要听我的建校方针，这点不免使诸位失望。我认为建校方针是中央所定，一个大学校长只有工作任务，没有建校方针。一个大学校长应当以执行中央的政策，推动中央的方针为己任。"③ 1952年院系调整中，中央人民政府决定将高等教育管理职能从教育部中分离出来，设立高等教育部，以加强中央政府对大学的行政管理。通过颁布政策法规、发布行政指令等方式，国家和政府直接对高等院校的各

---

① 马叙伦：《五年来新中国的高等教育》，《人民教育》1954年第1期。
② 何东昌主编：《中华人民共和国重要教育文献（1949—1975）》，海南出版社1998年版，第45页。
③ 杨勋等：《马寅初传》，北京出版社1986年版，第171页。

项业务工作进行干预。

1953年9月,教育部副部长曾昭伦指出:"由教育行政部门有计划地确定全国专业的设置,这是苏联高等教育制度的一个主要环节,是社会主义国家的先进经验。"[1] 1953年10月11日,政务院颁布《关于修订高等学校领导关系的决定》,重申了中央人民政府高等教育部必须与中央人民政府各有关业务部门密切配合,有步骤地对全国高等学校实行统一与集中的领导。

> 中央高等教育部根据国家的教育方针、政策与学制,遵照中央人民政府政务院关于全国高等教育的各项决定与指示,对全国高等学校(军事学校除外,以下同)实施统一的领导。
> 凡中央高等教育部所颁布的有关全国高等教育的建设计划(包括高等学校的设立与停办、院系及专业设置、招生任务、基本建设任务)、财务计划、财务制度(包括预决算制度、经费开支标准、教师学生待遇等)、人事制度(包括人事任免、师资调配)、教学计划、教学大纲、生产实习教程,以及其他重要法规、指示及命令,全国高等学校均应执行。其有必要变通办理时,须经中央高等教育部或由中央高等教育部报请政务院批准。[2]

从这一决定可以看出,在20世纪50年代初建立的高等教育管理体制中,政府与高校的权力关系是行政上的上下隶属关系,政府对高校的干预深入到人事、财务和教学等各个领域。至此,中央政府把高校视为一个下属部门进行无微不至的管理,包揽了高等教育的办学权、举办权和管理权等一系列权力,"条条为主"的纵向集权式管制模式初步形成,高校办学自主权基本不复存在。

1957年担任教育部计划司司长的张宗麟曾指出:"这几年无论教学和

---

[1] 曾昭伦:《高等学校的专业设置问题》,《人民教育》1953年第9期。
[2] 中央教育科学研究所:《中华人民共和国教育大事记(1949—1982)》,教育科学出版社1983年版,第90页。

行政等方面，多是强调统一和集中，发挥广大教师学生在共同生活中的个性则不够，因而影响校长、院长和各级人员在一定范围内独立自主，影响了师生们的独立思考和创造精神，同时也增加了全校人员（特别是学生和教师）的负担。"① 至此，高校的办学自主权完全丧失，成为政府的附属物，专业的设置、招生分配、校院长任免，甚至教什么、如何教，都受教育行政科层机构的直接管理。

（二）从权力配置的垂直结构看，体现了中央政府集权特征

1950年5月5日，中央人民政府政务院发布的《各大行政区高等学校管理暂行办法》明确规定：

> 为了更好地管理全国高等学校，除华北区高等学校由中央教育部直接领导外，各大行政区高等学校暂由各大行政区教育部或文教部代表中央教育部领导。各大行政区高等学校的重要方针，除由中央教育部作一般性的统一规定外，各大行政区教育部或文教部亦得作适应地方性之规定，但须报中央教育部核准后始得实施。②

根据这一办法，各省、自治区、直辖市高等学校由各大行政区教育部直接领导管理。很显然，此时地方政府（块块）主要发挥着管理高等学校的作用，中央政府的集中领导并不太明显。

20世纪50年代，随着中央集权的行政管理体制逐步形成，中央政府主导高等教育体制（"条条专政"）浮出水面。1950年8月12日，《中央关于调整若干工作关系问题的指示（草案）》提出，中国革命已经取得了决定性的胜利，成立了统一的中央人民政府，过去在长期农村环境中所形成的农村观点和一揽子的工作方法必须彻底改变，而以集中统一的整体思想和分工合作的科学方法来代替。要求对国立大学的那种既属于中央各部门领导又属所在地方党委领导的双重领导关系进行调整。为了加

---

① 张宗麟：《关于高等教育的成就和几个问题的探讨》，《新华半月刊》1957年第24期。
② 何东昌主编：《中华人民共和国重要教育文献（1949—1975）》，海南出版社1998年版，第14页。

强对高等院校的直接领导，1953年10月11日，政务院颁布《关于修订高等学校领导关系的决定》，取消了大区的管理权限，上收行政管理权，只是提出在中央高教部及其他业务部认为直接管理有困难时，可以委托大区或省级政府管理，重申了中央人民政府高等教育部必须与中央人民政府各有关业务部门密切配合，有步骤地对全国高等学校实行统一与集中的领导。

> 综合性大学由中央高等教育部直接管理；与几个业务部门有关的多科性高等工业学校由中央高等教育部直接管理，但如中央高教部认为必要，得与某一中央有关业务部门协商，委托其管理；为某一业务部门或主要为某一业务部门培养干部的单科性高等学校，可以委托中央有关业务部门负责管理。但如有关业务部门因实际困难不能接受委托时，应由中央高教部管理；对某些高等学校，中央高等教育部及中央有关业务部门认为直接管理暂时有困难时，得委托学校所在地的大区行政委员会或省、市人民政府或民族自治区人民政府负责管理。①

相对于1950年的《关于高等学校领导关系的决定》，1953年修订之后的决定进一步细化和集中了中央政府对高等院校各项事务的管理权限。在处理各部门间权力关系时，1953年的《关于修订高等学校领导关系的决定》指出：

> 管理高等学校的中央业务部门和地方政府，应按照政务院及中央高教部有关高等教育的各项规定，管理所属高等学校的各项工作并向中央高等教育部提出建议和报告。管理高等学校的中央各业务部门应设专管机构，与中央高等教育部经常密切联系，并在其指导

---

① 何东昌主编：《中华人民共和国重要教育文献（1949—1975）》，海南出版社1998年版，第212—213页。

下，切实执行管理高等学校的工作。①

1953年11月13日，《关于全国各高等学校直接管理关系的具体规定的通知》规定了各高校由哪个部门直接管理。其中由高等教育部直接管理的高校仅为9所，占149所高校的6%，而由中央业务部门管理的高校为30所，大行政区管理72所，委托省、市、自治区管理38所。最终形成了国家办学、条块分割、部门办学的管理体制，这种管理体制使大学面对多重管理主体，大学的效率和工作质量下降。

1954年6月20日，《中央人民政府关于撤销大区一级行政机构和合并若干省、市建制的决定》发布，进一步强化中央政府行政管理高校的体制。

> 现在，国家进入了有计划的经济建设的时期。国家计划经济的建设，要求进一步加强中央集中统一的领导。为了中央直接领导省市以便于更能切实地了解下面的情况，减少组织层次，增加工作效率，克服官僚主义，为了节约干部加强中央和供给厂矿企业的需要，并适当地加强省、市的领导，撤销大区一级的行政机构，是完全必要的和适时的。②

大行政区的体制被撤销，原来由大行政区领导的72所高校绝大多数改为由中央高教部和中央业务部门管辖。到1954年底，全国共有高校188所，由中央教育行政部门和其他业务部门管辖的有171所，由省级人民政府代管的只有17所。③

围绕着迅速实现工业化的赶超战略，形成了国家高度集中的计划管理体制。国家直接掌控教育资源，实行集中计划管理，高校具有明显的

---

① 何东昌主编：《中华人民共和国重要教育文献（1949—1975）》，海南出版社1998年版，第213页。
② 中央人民政府：《中央人民政府关于撤销大区一级行政机构和合并若干省、市建制的决定》，《山西政报》1954年5月1日。
③ 郝克明、汪永铨：《中国高等教育结构研究》，人民教育出版社1987年版，第233页。

行政化、部门化、官本位等价值特征。当然，不可否认的是，这一高度集中的管理体制在当时制度环境下具有历史的必然性与合理性，培养了大量专门技术人才，对当时的社会经济发展起到了重要的促进作用。

第二节　全能型体制波动与央地校利益共同体短暂松动和调整（1957—1965）

20世纪50年代中期，苏联国内政治环境的改变和国民经济存在的问题，使中共领导人对苏联模式产生了怀疑，再加上中苏关系在50年末期的恶化，更促使中国共产党从"全面学苏"转向"以苏为鉴"，思考如何走自己的道路。面对苏联模式在中国不适应的现实，中国共产党人对苏联模式、延安模式、民国时期遗产在50年代中后期的冲突进行了调适，"试图通过大规模的社会动员，利用社会主义制度的优势，在社会主义总体制度框架内进行自主创新，以便在短时间内实现中国一个多世纪以来梦寐以求的现代性"[①]。经历了院系调整和思想改造的高等教育，成为中国总体性制度框架下的一个"单位"，同样在进行本土化尝试。完全控制高等教育发展的全能型国家体制处于波动调整之中，央地校利益共同体则短暂松动和重新强化调整。

为了能够在较短时间内实现高等教育大发展，让更多的工农群众接受高等教育，中央政府必须将一部分权力赋予各地方政府和各部门，以充分和持续地调动它们举办高等教育的积极性和主动性。而地方政府和一些部门也获得了一定的行政管理自主权和办学权，以及一定的独立的利益空间，它们的组织目标和运行诱因也与中央政府产生了局部的分歧。这种央地校利益共同体的短暂松动直接导致一些地方政府为了追求高校的数量而片面牺牲质量，给高等教育事业发展造成严重损失。"大跃进"中的"十五年普及高等教育"的赶超型发展战略，严重违背了高等教育发展规律，造成了一系列比例失调。高等学校数量虽然增加迅速，但培

[①] 朴雪涛：《现代性与大学——社会转型期中国大学制度的变迁》，人民出版社2012年版，第34页。

养质量急剧下降。为摆脱高等教育发展的困境，1961年中共中央在高等教育领域进行了大调整。"教育革命"之后的一系列整顿工作，客观上对"大跃进"以来逐渐松动的央地校利益共同体关系进行了重新调整，全能型体制下一些强有力的质量管控政策得以恢复和提升。按照权力纵向调控的变化来看，1957—1965年高等教育行政管理权力结构配置主要表现为三种形式：高等教育管理权下放、省属大学创办和高等教育管理权再度上收。

一　高等教育管理权下放

新中国成立初期，中央政府直接控制高等教育活动，以行政手段管理高等教育，特别强调自上而下的垂直领导，"条条"管理日渐突出。这种高度集权的体制相当成功地实现了培养新一代的精英，并使他们直接服务于国家的目标。但是这种中央政府集中领导和管理的体制也带来许多负面效应，偏离中国传统文化，严重压抑了地方政府的办学积极性，对于短期内实现"十五年普及高等教育"的战略目标十分不利，这种"苏联模式"体制的弊端日益暴露。

在政治经济领域对"苏联模式"进行反思和大规模行政性放权的同时，高等教育领域也开始对模仿苏联建立的中央高度集权的管理体制进行反思，最为突出的是批判"大一统"模式和开始以扩大地方政府教育管理权限为核心对高等教育管理体制进行放权改革。格拉斯曼认为："'大跃进'时期的教育改革的一个重要特征就是教育计划和教育行政管理上的去中心化。"[①] 1956年6月20日，高教部部长杨秀峰在第一届全国人民代表大会第三次会议上指出：

> 为了顺利实现今后高等教育艰巨的发展任务，还必须充分发挥各方面的积极性来共同办好学校。现有的高等学校的事业体制、计划体制、财政体制、领导关系以及毕业生全部统一分配的制度等等，

---

① CF. Joel Glassman, "Education Reform and Manpower Policy in China: 1955 – 1958", *Modern China*, Vol. 3, 1977, pp. 259 – 290.

过多地强调了集中统一，影响和限制了各业务部门和地方上办理高等教育事业的积极性，应该适当加以改变。我们认为，高等教育领导关系应该按学校性质划分为：主要为地方建设事业培养干部的高等学校，由地方负责直接领导；主要为中央各业务部门所属事业或全国性的某项建设事业培养干部的高等学校，其中除综合大学、与几个业务部门有关的多科性专门学院和个别专门学院由高等教育部直接领导外，其余应分别由有关中央业务部门直接领导。①

从杨部长的讲话中可以看出，当时高等教育部已经形成了在管理上要改变过于集中统一的弊端，发挥各部门和地方的积极性的政策思路。

1958年初开始，中共中央、国务院、教育部本着"中央集权与地方分权相结合的原则"颁发了多个文件，尝试对高等教育管理体制进行改革，主要内容是将大部分高等教育管理权力下放到省、市、自治区。1958年4月4日，中共中央颁发《关于高等学校和中等技术学校下放问题的意见》，明确指出：

为了切实加强党对高等学校和中等技术学校的领导，为了使这些学校培养出来的人才更加适合各地社会主义建设发展的需要，除少数综合大学、某些专业学院和某些中等技术学院仍旧由中央教育部或者中央有关部门直接领导以外，其他的高等学校和中等技术学校都可以下放，归各省、市、自治区领导。中等技术学校（包括技工学校）可以比高等学校更多地下放，地方性较大的学校（例如农学院、医学院、师范学院等）可以比统一性较大的学校（例如综合大学、工业学院等）更多地下放。②

1958年4月15日召开的全国教育工作会议上，各省市委确定了高等

---

① 杨秀峰：《杨秀峰文集》，北京师范大学出版社1987年版，第77页。
② 何东昌主编：《中华人民共和国重要教育文献（1949—1975）》，海南出版社1998年版，第812页。

教育下放的原则：一是下放与新建同时考虑；二是普及与提高都要考虑。随后，陆定一赞同各省市委提出的高校下放两原则，并对学校下放后中央和地方职权划分问题做了规定："第一，权力必须下放；第二，中央必须有权。中央有了权可以用，也可以备而不用，可以十年八年不用，但这个权一定要有。"① 1958 年 6 月，陆定一在全国教育工作会议上提出，全国 227 所高等学校，下放了 192 所，中央各部只留了 35 所。统统下放是不行的，保留这 15% 的高等学校不下放是为了提高的需要。② 为了更好贯彻落实中央有关下放高校管理权的政策精神，1958 年 7 月 28 日，教育部颁布《关于交接下放高等学校的通知》，提出把教育部和中央各部委所属的高等学校下放或旁交给地方管理或代管。

> 凡是过去已经委托各地高教厅（局）或教育厅（局）代管的高等学校，均请高教厅（局）或教育厅（局）代表我部向省、市人民委员会办理移交；没有委托地方代管的学校，在省、市高教厅（局）或教育厅（局）指导下由校（院）长代表我部向省、市人民委员会办理移交。关于交接办法，可请示省、市人民委员会决定。中央各部下放归省、市领导的高等学校的交接问题，请各主管部门与有关省、市人民委员会商洽办理。各有关高等学校在下放或旁交后，关于教学、行政工作或其他问题的请示报告，均直接报送当地高教厅（局）或教育厅（局）或中央主管部门，但有关反映情况的专题报告、综合报告，仍同时抄报我部三份。③

1958 年 8 月 4 日，中共中央、国务院发布《关于教育事业管理权力下放问题的规定》，下放给地方政府较大的行政管理权。

> 为了充分地发挥各省、市、自治区举办教育事业的主动性和积

---

① 何东昌主编：《中华人民共和国重要教育文献（1949—1975）》，海南出版社 1998 年版，第 838 页。
② 何东昌主编：《中华人民共和国重要教育文献（1949—1975）》，第 838 页。
③ 何东昌主编：《中华人民共和国重要教育文献（1949—1975）》，第 850 页。

极性,并且加强协作区的工作,实行全党、全民办学,加速实现文化革命和技术革命,今后对教育事业的领导,必须改变过去条条为主的管理体制,根据中央集权和地方分权相结合的原则,加强地方对教育事业的领导管理。

各地方根据因地制宜、因校制宜的原则,可以对教育部和中央各主管部门颁发的各级各类学校的指导性教学计划、教学大纲和通用的教材、教科书,领导学校进行修订补充,也可自编教材和教科书。

过去国务院或教育部颁布的全国通用的教育规章、制度,地方可以结合当前工作发展情况,因地制宜、因事制宜地决定存、废、修订,或者另行制定适合于地方情况的制度。①

该规定不仅表明中央将教育管理权下放给地方,而且明确将教育政策制定权下放给地方政府,足以说明中央政府对地方政府在教育事业上发挥主导作用的高度重视。此外,高校招生、教材、教学计划、干部和教师的人事、科研等方面的权力都下放给地方政府。1958年9月19日,中共中央、国务院发布《关于教育工作的指示》,再次提出实行全面规划与地方分权相结合的原则,提出将中央部属院校下放给地方。

为了在教育工作中既能发挥中央人民政府各部门的积极性,又能发挥地方的积极性,全部的小学中学和大部分的高等学校、中等专业学校、技工学校,已经下放给省、市、自治区管理;仍属中央各部的中等专业学校和技工学校,也应当由各部下放给各部所直接领导的厂矿、企业、农场管理。②

根据相关政策规定,中央政府的行政管理权力主要被限定为制定教

---

① 何东昌主编:《中华人民共和国重要教育文献(1949—1975)》,海南出版社1998年版,第850—851页。

② 何东昌主编:《中华人民共和国重要教育文献(1949—1975)》,第860页。

育规划和控制教育事业意识形态,高等学校的办学权和管理权被下放给地方,极大地调动了地方政府办学的积极性。1957年,由中央有关业务部门管理的229所高校中的187所(约占总数的81.7%)下放给地方管理,[1] 到1961年9月,教育部直属高等学校仅26所,高等教育管理体制重心由"条条"为主转变为以"块块"为主,新中国成立以来地方政府第一次成为发展高等教育的主导力量。

二 省属大学创办

新中国成立初期,高等教育的管理权完全掌握在中央手中,地方没有什么自主权,地方设置的高校比较少,根本无法满足广大人民群众日益增长的文化需要。从办学实际情况看,仿照苏联模式建立起来的新制度在很多方面是1944年以来曾经服务共产党解放区需要的延安模式的对立面。随着院系调整工作的推进,逐步建立起来的苏联模式开始体现出对基层民众接受高等教育的排斥。"在大专院校一级,1954—1955学年93785名新生中,有80%直接来自高中,只有3700人毕业于工农干部的速成中学。"[2] 苏联模式对延安模式的取代,直接导致"农村青年仍然被拒之于由旧知识分子阶层和新政治精英阶层的孩子所垄断的高等院校的大门之外"[3]。通过模仿苏联模式建立起来的新教育秩序直接损害了基层人民群众受教育的权利,同时也没有得到新型知识精英的认同,地方对这种新教育秩序的不满与日俱增。

1954年,虽然大行政区被撤销,但大行政区行政委员会管理的高校大多收归中央高等教育部和中央有关业务部门管理,地方的高等教育力量并没有得到加强,省级政府直接管理的高校依然较少。1958年2月11日,在一届人大五次会议上教育部副部长董纯才指出:"提倡群众办学、

---

[1] 苏渭昌、雷克啸:《中国教育制度通史》(第八卷),山东教育出版社2000年版,第212页。

[2] [美]R.麦克法夸尔、[美]费正清:《剑桥中华人民共和国史(上卷):革命的中国的兴起(1949—1965)》,谢亮生等译,中国社会科学出版社1995年版,第191页。

[3] [加]许美德:《中国大学1895—1995:一个文化冲突的世纪》,许洁英主译,教育科学出版社2000年版,第121—122页。

勤俭办学，不能一切都由国家包下来"，"除了国家办学以外，还有群众办学和勤俭办学、勤工俭学两条途径"。1958年中共中央、国务院发布的《关于教育工作的指示》指出：

  为了多快好省地发展教育事业，必须动员一切积极因素，既要有中央的积极性，又要有地方的积极性和厂矿、企业、农业合作社、学校和广大群众的积极性。①

  各大协作区应该根据自己的实际情况和需要，建立起一个完整的教育体系。各省、市、自治区也应该逐渐建立起这种比较完整的教育体系。然后，每个专区，每个县也应该这样做。②

从《关于教育工作的指示》的政策内容看，在全面下放教育事业管理权的同时，要求各省、市、自治区逐步建立完整的教育体系。它所具有的重大政策意义在于，这是中央第一次明确提出建立地方完整教育体系，是对"院系调整"时期集中管辖体制的一种"否定"，新中国成立以来，地方第一次成为发展高等教育的主导力量。随着高等教育管理权力的下放和高等教育部的取消，中国高等教育开始走向非集权化，省、市、自治区获得了一定程度的高等学校的办学权和管理权。中共中央在1958年颁布的《关于高等学校和中等技术学校下放问题的意见》中明确指出：

  没有设立综合大学的省和自治区，可以新办或者以现有的专业学校为基础办一所综合大学。③

高校管理权下放，地方政府成为推动高等教育"大跃进"的重要主体，不仅获得高校办学的领导权，还获得兴建高校的审核批准权。

---

  ① 何东昌主编：《中华人民共和国重要教育文献（1949—1975）》，海南出版社1998年版，第859页。
  ② 何东昌主编：《中华人民共和国重要教育文献（1949—1975）》，第860页。
  ③ 何东昌主编：《中华人民共和国重要教育文献（1949—1975）》，第812页。

地方政府正是在这种建立完整的教育体系的名义下，充分发挥自己的创新性，掀起了建设"小而全"的高等学校的高潮，以建立自主控制的高等教育体系为本省提供人力资源供给与知识生产。在此期间，中国新建了一批部属高校和地方高校，如上海铁道学院、上海对外贸易学院等。北京、上海等一些大城市还依靠地方力量新办了一些大学，如北京工业大学、上海科学技术大学、上海工业大学等。包括中国科学技术大学、中国医科大学在内的全国重点高校中有 13 所就是在 1958 年至 1960 年新建或改建的。① 其中最有代表性的就是 1958 年省属大学的创办。

1958 年创办的省属大学既包括体现地方特色的院校，也包括整合基础学科和应用技术学科的新型大学及综合大学。一是建立一批体现地方特色的院校。为坚持中国传统医学，1956—1960 年，几乎每个省（直辖市）和自治区都建立了一所中医学院。② 例如，内蒙古建立了内蒙古医学院等。这些中医学院的课程内容包括中国医学和欧洲医学，形成了一套适合中国本土需要的医疗卫生体制。二是建立了基础学科和应用技术学科相互融合的新型大学。在北京建立了中国科技大学，隶属于中国科学院，在上海也建立了类似的大学，如上海科学技术大学、上海工业大学等。在这些新型大学中，基础学科与应用学科都被归划进新的课程设置中，在新型大学中从事科学研究工作也得到鼓励，高等院校与中国科学院之间建立了新的联系。三是新建立了综合大学。这种大学有些是以专科学校或学院为基础建立的，有些则是新建的。新建立的综合大学是以省（直辖市）、自治区为中心的。例如，在武汉，建立了以中南财经学院和中南政法学院为基础的省级综合性大学——湖北大学；在辽宁，以东北财经学院为基础，通过合并辽宁师范学院和一所俄语专科学校建立了省级综合大学——辽宁大学；在哈尔滨，以一所前俄语学院为基础建立了黑龙江大学。③

---

① 蔡克勇：《20 世纪的中国高等教育（体制卷）》，高等教育出版社 2003 年版，第 130 页。
② ［加］许美德：《中国大学 1895—1995：一个文化冲突的世纪》，许洁英主译，教育科学出版社 2000 年版，第 127 页。
③ ［加］许美德：《中国大学 1895—1995：一个文化冲突的世纪》，第 128 页。

省属大学开设的专业范围广,且综合化程度较高,在地方取代了完全受控于中央的专门学校。同时,这些省属大学开始探索、开发更为地方化的课程内容。地方政府也积极鼓励省属大学建立小型的校办工厂,并积极介入当地的生产建设。可以说,这些省属大学的创建很大程度上是以当地政府的行政权力为基础的,各省、市、自治区政府做出了巨大的努力,先前没有或仅有个别高等学校的地方像青海、内蒙古、宁夏和新疆等省和自治区都建立了自己的高等学校。据不完全统计,仅1958年4月到5月底,江苏、广东、吉林、湖南等17个省市,新举办的大学、专科学校就达130多所,成为中国教育史上划时代的"伟大创举"。[①]

这种促进高等教育地区均衡发展的努力在很大程度上依靠的是地方群众的积极性,完全不同于新中国建立初期集中管制政策推动的"院系调整",反映了各地基层强烈反对通过宏观计划将高等教育统得过死,体现了高等教育管理政策的非集权化特征。

三 高等教育管理权再度上收

高等教育管理权力的下放,虽然在一定程度上调动了地方政府发展高等教育的积极性和主动性,但是,在权力下放过程中,1959年中共中央制订了"我们将以十五年左右的时间来普及高等教育"的政策目标,致使管理权力下放的高等教育改革演变成一场失控的政治运动。由于缺乏相应的思想准备和有效管理高等教育事务的能力,更由于缺乏必要的法律法规和行政规章制度规范约束,各地方政府为追求政绩,随意增改计划指标,"多"和"快"压倒了"好"和"省",导致中央政府无法完全控制高等教育发展的规模和速度,各省、市、自治区,各厂矿、企业、人民公社盲目大办高等教育。例如,"高等教育从1957年229所猛增到1960年的1289所,仅1958年的1月至8月,全国就新建高等学校800所,3年间增长了4.6倍;在校学生数从1957年的441181人,猛增到

[①] 贾瑞:《中国科学技术大学的创建与发展(1958—1966)》,博士学位论文,中国科学技术大学,2009年。

1960 年的 961623 人，3 年共增加了 1.2 倍"[1]。

这种高等教育的发展速度，不仅违背了教育自身的发展规律，而且在一定程度上超出了当时国民经济的承受能力，高等教育发展处于一种失控的状态，要求集中整顿的呼声开始高涨，这不得不促使中央重新审视地方分权的政策。面对这种混乱状况，中央在下放高等教育行政管理权力问题上开始转向，决定调整高等教育管理体制，规定行政管理大权应当更多地集中到中央和中央局，实行"全国一盘棋""上下一本账"，地方不得层层加码，要改变过去一段时间权力下放过多、过散的状况，实行高度集中统一的领导。康生在 1959 年 1 月召开的中央教育工作会议上指出："学校下放后发动了大家的积极性。但是看到有些现象，需要统一规划管理。"[2] 陆定一在 1959 年 3 月 1 日召开的全国教育工作会议上指出："过去有些无政府状态，万马奔腾、积极性高、有创造性都是非常好的。但是我们也就不知道从何领导起。今天要将统一领导和发挥积极性结合起来，下面做了什么事情总要报告一下，使我们知道有这么一回事。你们不统一，我们这里也就很难统一。你们抓起来，我们然后也抓起来。要使统一领导和创造性相结合。创造性也不能完全抹煞。试验也不要紧，我们可以总结一些经验。"[3] 1959 年 6 月 29 日和 7 月 2 日，毛泽东在中央政治局扩大会议（庐山会议）前的谈话中，就体制问题说过："'四权'下放多了一些，快了一些，造成混乱，有些半无政府主义。要强调一下统一领导、集权问题。下放的权力，要适当收回，收回来归中央、省市两级。对下放要适当控制。"[4] 1960 年 10 月 22 日，教育部发布《关于全国重点高校暂行管理办法》，对全国重点高校的行政管理体制作了如下规定：

---

[1] 林荣日：《制度变迁中的权力博弈——以转型期中国高等教育制度为研究重点》，复旦大学出版社 2007 年版，第 119 页。
[2] 何东昌主编：《中华人民共和国重要教育文献（1949—1975）》，海南出版社 1998 年版，第 875 页。
[3] 何东昌主编：《中华人民共和国重要教育文献（1949—1975）》，第 884 页。
[4] 毛泽东：《毛泽东文集》（第八卷），人民出版社 1999 年版，第 80 页。

（1）全国重点高校的领导和管理，由中央教育部、中央各主管部门与地方分工负责，实行双重领导（教育部主管的学校）或三重领导（中央各部门主管的学校），上下结合，各负专责。军委所属的学校由军委负责领导。（2）全国重点高校的专业设置、修业年限、招生名额、学校发展规模、学校主要领导干部的配备，由中央教育部、中央各主管部门和地方共同商定，作出规划，报中央批准。（3）全国重点高校的经费和基本建设投资，按照学校的领导关系分别列入中央或中央主管部门的预算，由各部直接划拨给学校，或交于地方转发各校。①

1961年9月15日，中共中央发出《关于讨论和试行教育部直属高等学校暂行工作条例（草案）的指示》，在管理中重新强调集中和统一，退回到"教育大革命"前的状态，是"部分地向苏联教育模式的回归"②。例如，条例规定："专业的设置、变更和取消"，"课程和学科体系的重大改变"，都必须经教育部批准。"学校必须按照教育部制订或者批准的教学方案、教学计划组织教学工作。""教育部直属高等学校，行政上受教育部领导，党的工作受省、市、自治区党委领导。省、市、自治区党委和学校党委对这些学校的领导，应该根据中共中央、国务院的方针、政策和教育部的各项有关规定办事。""教育部直属高等学校规定的确定和改变，学制的改变和改革，都必须经过教育部批准。"③

1963年6月26日，中共中央、国务院发布《关于加强高等学校统一领导、分级管理的决定（试行草案）》，明确提出："为了加强对高等学校的领导和管理，中共中央、国务院决定对高等学校实行中央统一领导，中央和省、市、自治区两级管理的制度。""在高等教育工作中，各地区、各部门、各学校都要贯彻执行中央统一的方针政策；都要遵守中央统一

---

① 《中国教育年鉴》编辑部：《中国教育年鉴（1949—1981）》，中国大百科全书出版社1984年版，第333页。

② 姚启和：《艰难的选择：突破苏联教育模式》，《高等教育研究》1994年第2期。

③ 何东昌主编：《中华人民共和国重要教育文献（1949—1975）》，海南出版社1998年版，第1061页。

规定的教学制度和其他重要的规章制度;都要按照全国统一的高等教育事业规划和计划办事。"该决定对中央教育部、中央各业务部门和省级人民政府管理高等学校的责任和权限进行了界定。

中央教育部主要的职责如下:(1)审核高等学校的设置、停办和领导管理关系的改变,提出高等学校的发展规模和修业年限的方案,报国务院批准。(2)规定高等学校教学计划和教学大纲的制定原则。(3)审核高等学校科学研究机构的设置、调整和撤销的方案。(4)确定招收研究生的高等学校名单、专业和招生计划。(5)组织高等学校的招生工作。(6)提出任免直接管理的高等学校正、副校院长的建议,报国务院批准;审批高等学校教授、副教授的名单。(7)对高等学校的思想政治工作、教学工作、科学研究工作和学生的生产劳动,进行督促和检查。

中央各业务部门主要的职责如下:(1)拟定直接管理的高等学校中的实施办法。(2)对高等教育的发展规划、事业计划和直接管理的高等学校的发展规模、专业设置和修业年限提出建议。(3)根据中央教育部规定的原则和分工办法,制定指导性的教学计划和教学大纲。(4)对直接管理的高等学校的思想政治工作、教学工作、科学研究工作、培养研究生工作、师资培养工作、总务工作和学生的生产劳动,进行督促和检查。(5)提出任免直接管理的高等学校正、副校院长的建议,经中央教育部转报国务院批准。

省、市、自治区人民委员会对本地区内高等学校进行下列工作:(1)督促检查高等学校贯彻执行中央的方针政策、各项计划和规章制度。(2)对本地区高等学校的设置、撤销和调整,学校的发展规模,专业设置和修业年限提出建议。(3)协助中央教育部和中央各业务部门,检查高等学校教学工作的情况,交流教学经验,提高教学质量。(4)加强高等学校的思想政治工作。(5)负责领导直接管理的高等学校的各项工作;提出任免直接管理的高等学校正、副校院长的建议，经中央教育部转报国务院批准。①

从该决定可以看出，中央教育部和中央业务部门的高等教育管理权力重新得到加强，省、市、自治区委员会在中央教育部和中央业务部门的指导下开展工作和提出工作建议，重新恢复了集权式的高等教育管理模式，高等教育进入了全面整顿和调整阶段，甚至又回到了 1958 年前的格局。"统一领导，分级管理"政策的出台，不仅意味着中央政府的重新集权，而且表明党内的革命派和务实派在发展高等教育问题上达成一致，代表西方文化的苏联教育模式和中国传统教育模式开始由对峙走向融合。

与此同时，地方的高等教育却又得到较大的发展。如从 1957 年到 1963 年，北京高校从 31 所增加到 50 所，山西从 4 所增加到 9 所，辽宁从 14 所增加到 25 所，江苏从 15 所增加到 27 所，河南从 7 所增加到 12 所，广东从 7 所增加到 19 所，陕西从 12 所增加到 20 所。② 为了适应高等教育管理权力重新收回的局面，1964 年 3 月中央重新设立高等教育部。经过调整，全国高校由 1960 年的 1289 所下降至 1963 年的 407 所。随后，高校数量逐渐上升，1964 年 419 所，1965 年 434 所，其中，中央教育行政部门直接管理 34 所，中央业务部门管理 149 所，省级人民政府管理 251 所。③

第三节　全能型体制极致和央地校利益共同体的强化(1966—1977)

"大跃进"之后的整顿和调整，使高等教育发展速度和质量都有所提高，但却损害了地方政府的利益，在 1966 年"五·七指示"和"七·二一指示"的影响下，原有的高等教育管理模式被当作"资产阶级在高

---

① 《中国教育年鉴》编辑部：《中国教育年鉴（1949—1981）》，中国大百科全书出版社 1984 年版，第 93 页。

② 《中国教育年鉴》编辑部：《中国教育年鉴（1949—1981）》，第 965—966 页。

③ 朴雪涛：《现代性与大学——社会转型期中国大学制度的变迁》，人民出版社 2012 年版，第 97 页。

等教育领域的白专路线"而受到批判。在阶级斗争背景下的高等学校和高等教育,必须服从政治斗争的需要,高等教育管理体制受到了极"左"改造,形成了具有颠覆性的新模式,其总体特征是革命化和分权化。

一 革命化的高等教育管理体制

1966年5月7日,毛泽东在《五·七指示》中指出:"学生也是这样,以学为主,兼学别样,即不但学文,也要学工、学农、学军,也要批判资产阶级。学制要缩短,教育要革命,资产阶级知识分子统治我们学校的现象,再也不能继续下去了。"① 这个指示为以后军队接管高校建立军宣队留了伏笔。1966年8月,中共八届十一中全会通过的《中国共产党中央委员会关于无产阶级文化大革命的决定》中关于教育的指示更规范更明确。"改革旧的教育制度,改革旧的教学方针和方法,是这场无产阶级文化大革命的一个极其重要的任务。""在这场文化大革命中,必须彻底改变资产阶级知识分子统治我们学校的现象。""学制要缩短。课程设置要精简。教材要彻底改革,有的首先删繁就简。学生以学为主,兼学别样。也就是不但要学文,也要学工、学农、学军,也要随时参加批判资产阶级的文化革命的斗争。"② 在这个阶段,中央完全否定了新中国成立17年以来的教育事业成就,要求与知识分子争夺学校的领导权,并彻底改革教育制度、教育方针和方法。在这个政策文件指导下,高等教育领域中的"文化大革命"全面展开。

"文化大革命"开始后,中央高等教育管理部门——教育部和高等教育部陷入瘫痪和半瘫痪状态,制定全国教育方针政策和管理全国高校的基本职能开始由中央"文化革命小组"接管。在这期间,高等教育部、教育部的一些副部长、司长、局长陆续被批斗。高等教育部、教育部及其所属单位的业务工作,及各地教育行政机关的工作都先后停顿。一大批高等学校的党委书记、校长和省级教育行政部门领导,或被撤销党内外职务,或被停职反省。

---

① 毛泽东:《毛主席论教育革命》,人民出版社1967年版,第27页。
② 毛泽东:《毛主席论教育革命》,第29页。

1967年3月7日，中共中央在《关于大专院校当前无产阶级文化大革命的规定（草案）》中规定："大专院校必须由革命学生、教职员工和革命领导干部组成临时权力机构，领导文化大革命，行使本校的权力，建立'三结合'的领导体制。"

1968年7月27日，首都工农毛泽东思想宣传队（简称"工宣队"）在人民解放军的配合下进驻清华大学。8月29日，工宣队进驻了北京地区的全部大专院校。工宣队进驻学校后，领导开展"革命大批判"，清理阶级队伍，重新组建"工宣队、革命师生及领导干部"三结合的领导体制，成为高校教育革命的领导核心。根据毛泽东"革命委员会好"的指示，工宣队、军宣队、贫宣队陆续进驻学校并领导管理学校，搞"革命大联合"，建立"三结合"革命委员会，取消了校长设置，实现党的"一元化"领导。

"三结合"的革命委员会制是"文化大革命"时期的高等教育管理范式，由工宣队、军宣队、贫宣队等外行管理和领导高校，将广大知识分子排斥在工人阶级和高校管理之外。这种工农管理高等教育的范式对现代中国高等教育产生了极大的消极影响。一是剥夺了高校的办学自主权。工宣队进驻高校，实现党的"一元化"领导，以政治代替高等教育内在的发展规律，违反了高校自治的原则。二是损害了学术自由和教育自由原则。

二 分权化的高等教育管理体制

（一）高等教育管理权的再次"下放"

继1958年"教育大跃进"后，"文化大革命"期间再次下放高等教育管理权限，强调高等教育面向农村、面向基层，充分发挥地方的积极性，使中央与地方关系呈现一种新面貌。这一次管理权限的下放是从农业院校开始的。中共中央下发了《关于改进农、林大专院校教育的指示》，要求全国农林院校师生都要下放农村劳动锻炼两年，并做出了"所有现在大、中城市举办的农、林大专院校，一律迁往农村或林区举办"的决定。

但是，由于各种因素的影响，当时的地方政府并没有按照指示和决定的要求去真正落实。除了当时山东农学院根据省委指示从济南洪家楼搬至泰安,并与山东林学院、山东畜牧兽医学院、泰安农业学校、济南水利学校合并成立山东农业大学外,其他的农业院校没有一所搬到乡下去,也没有一所林业院校搬到林区去。农林类院校同其他院校一样,唯一不同的仅仅在于师生要下放劳动锻炼而已。但是,这一指示在"文化大革命"中得到了落实。例如,东北农业大学和东北林业大学分别迁至香兰农场和伊春市带岭区,河南农业大学迁往许昌、中国农业大学迁至河北省涿县、北京林业大学迁至云南等。1971年后,全国52所农业院校,撤销17所,搬迁23所。①

1969年3月29日,《人民日报》发表《社会主义大学应当如何办》,要求高等学校实行党的一元化领导,废除原有的中央和地方双重领导体制,由省、市、自治区革命委员会直接负责领导和管理。1969年10月26日,中共中央在《关于高等院校下放问题的通知》中规定:"为了认真搞好斗、批、改,加强对中央各部门所属高等院校的无产阶级文化大革命和教育革命的领导,要求国务院各部门所属的高等院校,设在北京市的,仍归各有关部门领导;如果搬到外地,可交由当地省、市、自治区革命委员会领导;与厂矿结合办校的,交由厂矿领导;设在其他地方的,交由当地省、市、自治区革命委员会领导。教育部所属的高等院校,全部交由所在省、市、自治区革命委员会领导。"② 这种中央向地方放权的政策措施在1958年"高等教育大跃进"时也实行过,不过这一次下放部属院校的管理权改革更加彻底。根据通知精神,全国高等院校管理权逐步下放到地方,各地区、各部门开始办理交接手续,原中央各部委所属高等院校,包括清华大学、北京大学等重点大学全部都被下放给地方管理。在高等教育行政管理权被分散到省级行政部门的同时,全国不再统一课程、教材和教学参考资料,学制和教学计划改由各个省自行规定,全国统一性的入学考试也被取消。

---

① 杨东平:《艰难的日出——中国现代教育的20世纪》,文汇出版社2003年版,第192页。

② http://cpc.people.com.cn/GB/64162/64165/70486/70531/4866785.html。

以江苏省为例，1970年1月，根据中共中央《关于高等院校下放问题的通知》，国务院各部委所属设立在江苏的高等院校先后交由江苏省革命委员会领导，这些中央部属院校包括：南京大学、南京工学院、南京农学院、南京林学院、南京气象学院、南京邮电学院、南京铁道学院、南京药学院、华东水利学院等。1971年11月28日，江苏省革命委员会发布《关于高等院校管理体制问题的通知》，决定把南京地区以外的部属高等院校下放给所在地区的革命委员会领导。这些院校包括：无锡轻工业学院、镇江农业机械学院、苏州医学院、苏州丝绸工学院、江苏师范学院、苏州蚕丝专科学校、江苏农学院、扬州师范学院、南通医学院、徐州医学院、徐州师范学院等。

1971年8月13日，中共中央在《全国教育工作会议纪要》中指出："多数院校由地方领导；部分院校由地方和中央部门双重领导，以地方为主；少数院校由中央部门直接领导。原部属院校下放后，在中央统一计划下，实行以'块块为主'的管理体制。地方党委应加强对学校的一元化领导，中央有关部门应积极协助地方把学校办好，既要反对"条条专政"，又不要撒手不管。充分发挥两个积极性。"① 到1971年7月，原中央部属院校176所，保留131所，其中除第二至第六机械工业部所属军工院校实行部门与地方双重领导、地方为主的管理体制外，仍由中央有关部委领导的高等院校只有6所，其余的绝大多数都下放给地方，实行地方领导的管理体制。这种层层下放管理权限的做法在一定程度上影响了高校准确定位与发展，导致高校发展的空间越来越窄，一些高校成为被遗弃的高等教育机构。

（二）高等学校的"撤改迁并"

1968年9月7日，《人民日报》、《红旗》杂志在庆祝全国省市革命委员会全部成立的社论中指出："全国山河一片红"，"标志着整个运动已在全国范围内进入了斗、批、改的阶段"。② "斗、批、改"重点在"改"

---

① 何东昌主编：《中华人民共和国重要教育文献（1949—1975）》，海南出版社1998年版，第1481—1482页。

② 郑谦：《文革中知青上山下乡运动五题》，《中共党史研究》2013年第9期。

上，而"教育革命"则是"改"的重要内容和主要方面。在"教育革命"中，除了毕业生上山下乡进行"再教育"之外，就是"大学要不要办"的问题。在这个问题上，没有依据以前苏联的正规化办学模式，而是根据毛泽东的"七·二一指示"来设计大学的模式，对高等学校进行撤销、合并与搬迁。

1969年10月，一些高等学校被裁并；一批设在北京、上海、广州、长春、郑州等大中城市的高等学校被外迁；更多的高等学校则以办五七干校、试验农场、分校、进行教育革命实践等名义，在农村建立"战备疏散点"，大批师生员工及部分家属下放到农村。①

在极"左"思想影响下，高校成为无产阶级继续革命的对象，高等教育管理体制也随之进行重大调整。1971年1月21日至22日，国务院科教组邀请参加全国计划会议的各省、市、自治区和中央22个有关部门的负责人座谈全国高等学校调整问题。1月31日，根据会议讨论的意见，国家计委、国务院科教组汇总了29个省、市、自治区的调整方案，向国务院提出《关于高等院校调整问题的报告》。根据报告，这次院校调整体现的原则还是重工轻文，工科院校一般拟予保留；农科、医科、师范院校多数拟保留中，少数拟改为中等专业学校或合并；综合大学一般拟先保留下来；政法、财经、民族院校拟多撤销一些。②

根据这一报告，经全国教育工作会议讨论，确定将全国原有的417所高等学校，保留309所，合并43所；撤销中国人民大学、中国医科大学、北京政法学院、北京对外贸易学院、上海财经学院、暨南大学、华侨大学、中南民族学院等45所；17所改为中等专业学校；3所改为工厂；增设河北地质学院、湖北化工石油学院、广东化工学院、西北石油学院等7所；从北京、上海、河北三省迁出院校共16所。③

---

① 《中国教育年鉴》编辑部：《中国教育年鉴（1949—1981）》，中国大百科全书出版社1984年版，第235页。
② 中央教育科学研究所：《中华人民共和国教育大事记（1949—1982）》，教育科学出版社1983年版，第437页。
③ 《中国教育年鉴》编辑部：《中国教育年鉴（1949—1981）》，中国大百科全书出版社1984年版，第235页。

在整个"文化大革命"时期，大规模的撤、并、迁、散等对高等学校的正常发展造成了严重的破坏。1965年，全国共有高校434所，到1971年减为328所，共砍掉了106所高等学校。原有的6所政法院校全部被撤销，原有的18所财经院校被撤销16所，艺术院校全部停办，大部分体育院校被合并撤销。被搬迁合并的高校64所，特别是47所农林院校，其中有23所被搬迁45次。1965年，北京地区的高等院校共有55所，"文化大革命"中撤销停办18所，迁往外地15所，合并7所，到1972年，仅剩18所。上海市原有24所高校，1972年减少为16所。江西省原有13所高校，撤并成5所。福建省原有19所高校，撤并后仅剩3所。①

但是毫无疑问的是，这次高校调整在扩大高等教育规模和改变区域高等教育资源的布局结构方面是一项有力的举措。尽管当时确实存在"急躁冒进"的趋势，但的确改变了新中国成立初期高等教育主要集中于东部沿海少数地区、仅有少数人有机会获得高等教育机会的局面，在各省、市、自治区基本建立了包括综合大学、专科学校、地方特色学校在内的高等教育体系，这一点在高等教育基础薄弱的西部省份表现得尤其明显，极大地改善了高等教育供给不足的状况。例如，1970年建立的西北轻工业学院的前身是创建于北京的北京轻工业学院、1973年新建的陕西工程学院是由北京机械工程学院与陕西科技大学合并的。一些高校的"内迁"使得西北地区高校的数量和质量明显超过当地基于自身经济能够发展的水平。从某种意义上讲，这是社会主义计划体制的胜利成果。②

第四节　全能型高等教育管理体制的政策特征

作为一种兼具教育属性和产业属性的特殊事业，高等教育的行政管

---

① 杨东平：《艰难的日出——中国现代教育的20世纪》，文汇出版社2003年版，第192页。

② [加]许美德：《中国大学1895—1995：一个文化冲突的世纪》，许洁英主译，教育科学出版社2000年版，第244页。

理远远超出了教育领域，而与一个社会总体的政治、经济和文化环境有着紧密的联系。从1949年新中国成立到1977年"文化大革命"结束，中国的高等教育管理体制虽然经历了反复和调整，但从整体上看，在近30年的时间里，这种基于传统的社会主义计划经济体制的高等教育管理体制，基本上形成了一些独特的政策特征，这些特征又是那个时代特定的政治、经济和文化环境的必然产物。

一 政策价值：服务于国家政治建构

在社会主义国家，高等教育被视为一种意识形态和上层建筑，具有极其重要的作用。"通过意识形态斗争以及武装革命夺取政权的社会主义国家的政府，对上层建筑的控制是非常谨慎的。"[1] 1949年新中国成立初期，面对西方国家实行"禁运"和国内经济社会事业百废待兴，政权的维护和巩固是当时国家面临的重要政治任务，在国家决策层主流观念中占据主导地位。而实现这一目标的关键在于集中国家权力，建立国家权力全方位渗透到社会全部细胞和全部单位的"全能型国家体制"。高等教育作为社会的一个子系统和意识形态斗争的重要阵地，也深深地卷入这一全能国家的建构进程之中。为维护国家政权和破除帝国主义对中国的政治经济封锁，高等教育被国家赋予了特殊的政治性任务和社会主义建设功能，被要求培养全心全意为人民、为新民主主义服务的高级专门人才，体现出明显的政治和国家取向。1949年10月1日颁布的《中国人民政治协商会议共同纲领》第五章规定："人民政府的文化教育工作，应以提高人民文化水平、培养国家建设人才、肃清封建的、买办的、法西斯主义的思想、发展为人民服务的思想为主要任务。"[2] 这一政策表明政府要求高等教育事业既具有政治属性，也具有经济建设属性。1950年6月第一次全国高等教育会议通过的《高等学校暂行规程》《私立高等学校管理办法》《关于高

---

[1] 朱新梅：《政府干预与大学公共性的实现：中国大学的公共性研究》，教育科学出版社2007年版，第150页。

[2] 何东昌主编：《中华人民共和国重要教育文献（1949—1975）》，海南出版社1998年版，第1页。

等学校领导关系的决定》等都体现了"为工农服务，为生产建设服务"的教育方针，政治取向很强。1950年8月14日颁布的《高等学校暂行规程》要求"高等学校培养具有高级文化水平、掌握现代科学技术成就、全心全意为人民服务的高级建设人才"[①]。

随着"反右运动"的开展，高等教育的政治价值取向更加突出。1958年，中共中央、国务院在《关于教育工作的指示》中直接提出"教育必须为无产阶级政治服务，教育必须同生产劳动相结合"的教育方针。"虽然也强调'教育与生产劳动相结合'，但这种结合并不是为了发展生产力，促进经济建设，而是要达到改造人的思想、消灭'三大差别'的政治目的。"[②] 1961年中共中央颁布的《高教六十条》规定高等学校的基本任务是"贯彻执行教育为无产阶级的政治服务、教育与生产劳动相结合的方针，培养为社会主义建设所需要的各种专门人才"，特别强调了高等教育的政治性。"文化大革命"期间，林彪、江青反革命集团将高等教育为无产阶级政治服务的要求推向了极端，高等教育彻底政治化，高等学校成为无产阶级专政的工具，提出"宁愿要没有文化的劳动者，而不要有文化的精神贵族"，从根本上抹杀了高等教育的基本属性。1970年6月，中共中央转批《北京大学、清华大学关于招生（试点）的请示报告》，把"培养高举毛泽东思想伟大红旗，无限忠于毛主席，无限忠于毛泽东思想，无限忠于毛主席革命路线的、全心全意为社会主义革命和社会主义建设服务的、有文化科学理论、又有实践经验的劳动者"[③]作为高等学校的培养目标。

二 政策目标：集权型高等教育管理体制

为保证高等教育服务国家政治建构需求，国家权力必须全面进入大学，全面控制大学的各项活动，建立中央政府高度集权的高等教育管理

[①] 何东昌主编：《中华人民共和国重要教育文献（1949—1975）》，第45页。

[②] 阮成武：《新中国60年教育定位变迁及价值转向》，《华中师范大学学报》（人文社会科学版）2011年第3期。

[③] 中央教育科学研究所：《中华人民共和国教育大事记（1949—1982）》，教育科学出版社1984年版，第439页。

体制。1953年10月11日,政务院颁布的《关于修订高等学校领导关系的决定》规定:"凡中央高等教育部所颁布的有关全国高等教育的建设计划、财务计划、财务制度、人事制度、教学计划、教学大纲、生产实习教程,以及其他重要法规、指示及命令,全国高等学校均应执行。"1956年高等教育部颁布的《中华人民共和国高等学校章程草案》第五条规定:"高等学校的系、专业、教研组、函授部、夜校部、夜分校和函授教学辅导站的设立和变更,由中华人民共和国高等教育部决定。"1958年中共中央、国务院发布的《关于教育工作的指示》提出:"为了实现这个方针,教育工作必须由党来领导。"1961年《高教六十条》提出:"凡中央教育部所颁布的关于全国高等教育的方针、政策与制度、高等学校法规、关于教育原则方面的指示,以及对于高等学校的设置变更或停办,大学校长、专门学院院长以及专科学校校长的任免,教师学生的待遇,经费开支的标准等决定,全国高等学校均应执行","专业设置、教学方案、教学计划、教学大纲和教材要力求稳定,不得轻易变动。课程和学科体系的重大改变,必须经过教育部批准"。[①] 上述规定表明,大学的教育教学活动完全被纳入政府的计划指令框架中,大学没有独立办学的权力,成为政府的附属机构。

三 政策对象:央地校利益共同体

为了在积贫积弱和"一盘散沙"的基础上迅速聚集和整合社会资源建设强大的社会主义国家,国家对高等教育进行了社会主义改造。随着20世纪50年代接管公立大学、接办私立大学和接收教会大学运动的开展,新中国建立了一套消灭市场机制、完全依靠国有化大学和政府集中计划控制的全能型高等教育管理体制,成功实现了对高校行政管理权和经营权的控制,一种独具特色的中央政府、地方政府和高校利益共同体由此建立。

所谓"央地校利益共同体",是对社会主义公有制和全能型体制完

[①] 何东昌主编:《中华人民共和国重要教育文献(1949—1975)》,海南出版社1998年版,第1061页。

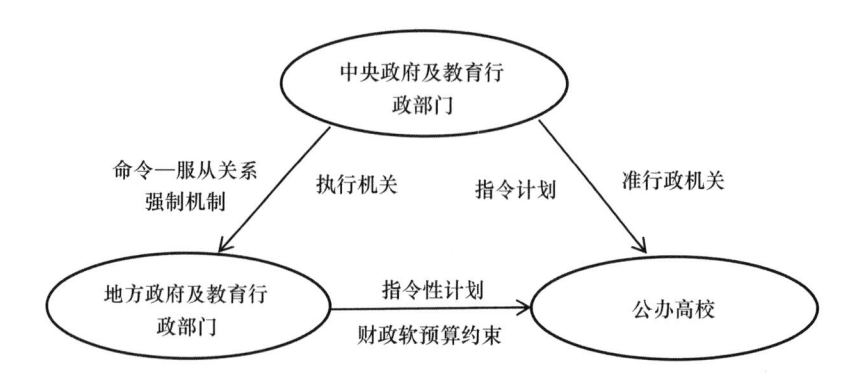

图 2—1　全能型体制下央地校利益共同体特征示意图

占主导地位下的中央政府、地方政府和高校利益高度合一的关系状态的一种概括（见图2—1）。这种体系的核心特征在于承担培养人才重任的公办高校在体制上高度服从政府部门的指令性计划，高校教师、生产资料由国家委派和计划供给，所需基本建设投资、固定资产更新和技术改造的费用，由国家财政拨款解决。而且由于在财务、人事、专业设置、课程、教育宗旨和目标等具体方面的办学行为都受政府部门的严格管控，高校无法产生相对独立的商业利益诉求。在计划体制下，地方政府基本上是作为中央政府一个下属行政单位存在，是中央计划政策的执行者，缺乏行动的自主性和利益诉求。虽然在"大跃进"和"文化大革命"期间为调动地方政府积极性和主动性而扩大了地方政府的权力，但这种看似地方高度分权的调整实际是在高度集权和国家对社会资源全面控制的基础上进行的。也就是说，全面的高度集权和控制才是地方分权得以实行的最重要条件，即在保持国家全能型体制不变的前提下适当扩大地方政府的管理权和经营权，有限度地引入利益刺激机制，央地校利益高度合一的特征没有发生根本性的改变。

因此，在1949—1977年全能型国家体制下，中央政府与地方政府、政府与高校之间是一种等级命令机制。纵向权力集中于中央政府，地方政府仅仅作为一个下属行政机构存在。中央政府发出命令，地方政府应当无条件遵守。横向权力集中于政府系统，政府的权力居于主导地位，甚至出现高校组织国家化的现象，政府发出行政命令，高校应当无条件遵守。中央政府通过自上而下的行政强制计划主导和控制高等教育发展，地方政府和高校几乎没有任何管理权和经营权，异化为高度集中管理体制的末梢，市场机制几乎完全被消灭。

四 政策工具：单一化的计划控制

中央政府高度集权的高等教育管理体制体现出"强国家"的特征，政策子系统的复杂程度较低，政府倾向通过行政指令，自上而下地对高校进行全面而深入的计划控制，经济手段的作用较弱，市场的自发调节作用被摒弃。

一是卡理斯玛权威。在卡理斯玛权威中，权力的来源是民众因统治者个人超凡魅力、品格和能力而自愿服从，无须经过任何程序与规章制度。"因此，国家与民众的关系既不是代表与被代表的关系，也不是统治与被统治的关系，而是领导与被领导的关系。"[①] 在 1949—1977 年，由于毛泽东个人的特殊贡献及巨大威望，卡理斯玛权威突出表现为毛泽东个人对高等教育频繁的干预。例如，1958 年 8 月 13 日，毛泽东在视察天津大学时指出："高等学校应抓住三个东西：一是党委领导；二是群众路线；三是把教育和生产劳动结合起来。"[②] 1958 年教育革命正是从这三个方面展开的，是按照毛泽东的教育理想探索中国自己高等教育体系的一次重要尝试。

二是直接提供。新中国成立之初，政府模仿苏联建立了高度集中的高等教育管理体制，接管和改造了所有的私立大学和教会大学，所有大学均由国家举办，办学经费全部由国家提供。表现为统一管理、统一教学大纲、统一教材、统一入学考试等，即高等教育服务的生产、资源的筹措和活动的管理全部由国家垄断。

三是计划控制。大学内部的人事、教学、财务、专业设置和毕业生分配等一切事务均受国家的指令性计划控制，大学没有独立的法人地位，

[①] 冯仕政：《中国国家运动的形成与变异：基于政体的整体性解释》，《开放时代》2011 年第 1 期。

[②] 毛泽东：《毛泽东同志论教育工作》，人民教育出版社 1958 年版，第 67 页。

不具备独立办学的权利。

四是行政命令。在高度集权的高等教育管理体制下，政府可以随时依据自身的政治权威通过发布命令、指示，控制大学的办学方向和办学行为。政府对高等教育的管理通常以决定、指示、通知和规定等行政命令形式进行。

五是革命运动。用革命运动的方式或办法管理高等教育。"一方面国家宏观上通过政策设计的'革命运动'或'政治运动'必然影响甚或支配着教育的发展，另一方面教育事业又有其自身特有的通过政策设计的'运动式'，即是在教育中兴起与推进的'运动'。"[①] 1949—1977年高等教育发展鲜明体现出"革命运动式"发展。如50年代的"院系调整"和知识分子思想改造、高等教育的"大跃进"及调整，60年代的知识青年"上山下乡"，70年代的"七·二一指示"等。

[①] 张乐天：《对新中国"前十七年"农村教育发展的政策考察》，《社会科学战线》2010年第3期。

第三章

发展型体制（1978—1997）：央地校利益共同体的松动与瓦解

1978年前，中国高等教育管理体制表现为高度集权于中央政府。虽然也曾经有过两次中央政府向地方政府分权的尝试，主要发生在"大跃进"和"文化大革命"的"教育革命"时期，但这两次分权的目的是为了削弱中央的官僚机构，把地方高等教育建设成为具有自给自足特点的教育体系，特别注重防止在分权过程中出现地方力量对中央权威的挑战。在制度设计中，地方政府并没有在中央高等教育管理决策过程中说话的位置和权利。作为一种权力集中的体制，全能型国家体制下的高等教育管理体制在调动高校办学积极性上，是低效的甚至是毫无效率的。在这一政策安排中，国家主导和评价成为唯一的标准，对高校缺乏合理且有效的利益激励机制，政策的运行是以行政指令、行政约束、集中管制、强制服从和政治动员等机制为基础的。全能型政府管理模式的实质是为了实现统制而行使权力。在这种官本位、权力本位的政策设计中，政府的行政管理是一种强制性的居高临下的"恩赐"过程，高校和地方政府其实都是被统制的对象。

这种以中央高度集权为基本特征的计划管理体制严重地制约了人才培养的质量和数量，致使改革前的中国面临日趋严重的人才危机。一是人才供应不足，难以满足人民群众接受高等教育的愿望。"1978年，我国工业部门工程技术人员只占职工总数的3%，经过专业训练的农业技术人员只占农业劳动力总数的0.05%。"① 二是高等教育结构畸形发展，比例很不合理，文、法、商比重太小。因此，培养现代化建设所需要的各类、各层次人才成为当时高等教育面临的突出政策问题。

改革开放后，在当时逐步由"以阶级斗争为纲"过渡到"以经济建设为中心"的政策环境下，推动高等教育快速发展，在满足经济社会发展需要的同时减轻政府财政负担逐渐压倒管控目标成为更加优先的政策目标，一种有别于传统的全能型体制的发展型体制正在逐渐形成。政府行政职能模式逐渐由"全能型"向"发展型"②转变，旨在给地方政府和高校"松绑"，让地方政府和高校有更大的自主权和能动性。这种"强发展，弱管控"的发展模式主要是以地方分权、放权让利和高等教育产业化为主要特征的"分权式"模式。这种分权式发展型路径不可避免地诱发了地方政府和高校强大的逐利动机，使得中央政府、地方政府和高校的运行目标和逻辑开始出现巨大的分野，传统全能型体制所形成的央地校利益共同体逐渐松动并走向瓦解。

第一节　全能型体制向发展型体制的过渡阶段(1978—1984)

"政策决策层主流观念，尤其是价值观的重大变化，通常伴随着政治

---

① 郝克明、陈学飞：《改革高等教育结构单一化的状况》，《人民日报》1980年10月25日。

② 1982年，美国加州大学政治学教授查默斯·约翰逊（Chalmers Johnson）在《通产省与日本奇迹》一书中分析了日本的发展模式与英美自由资本主义模式和苏联计划经济模式的不同，提出了"发展型政府"概念。在约翰逊等学者看来，这种发展模式既把市场作为经济发展的制度基础，又强调政府作为社会经济发展的推动者、组织者和社会转轨的主要行动者，是一种"受管制的市场"（govered market）和"有指导的市场经济"（guided marked economy），是一条介于美国自由主义市场经济模式与社会主义计划经济模式之间，由政府主导市场发展、快速实现经济后发赶超的新型发展道路。市场经济体制、信奉发展主义理念、政府主导高等教育改革和发展、有选择的产业政策及良好的政校关系，构成了"发展型政府"在高等教育领域的基本理论假设与实践特征。参见蒋达勇《发展型政府：高等教育治理的变革与转型——一个新的理论视角与实践进路》，《苏州大学学报》（教育科学版）2017年第3期。

决策层成员结构的重大调整。"① 20世纪70年代末,经过"真理标准问题"大讨论,政府决策层出现了结构性的大变动,决策的价值观不再盲目强调追求"一大两公"之类的形式上的安排,而是十分强调公有制本身的多样化实现形式和效率,政府主流观念一定程度上呈现"信仰"对效率的"退让",开始对显示出多种弊端的中央集权的全能计划体制进行改革。"到八十年代,随着市场化改革的逐步深入,计划和市场的关系不再被认为单纯是相互竞争的,而被看做真有一种互补的(complementary)功能。"② 于是,一种新的发展逻辑和体制开始在高等教育体制中产生作用。这种新的发展逻辑和体制就是国家权力在社会领域中的收缩及相应的社会自主性的成长,市场机制在高等教育领域开始发挥作用。

一 "四老上书"

改革开放前的高等教育管理权力结构改革局限于垂直结构层面上,聚焦于中央政府和地方政府的内部分权,基本没有涉及政府与高校权力关系调整,大学办学自主权无从谈起。邓小平在1980年时指出:"过去在中央和地方之间,分过几次权,但每次都没有涉及到党同政府、经济组织、群众团体等等之间如何划分职权范围的问题。"③ 改革开放后,中国逐步从高度集权的计划经济体制向市场经济体制转型,经济体制改革的重点在于正确处理政企关系,把大部分职权转交给企业性的专业公司或联合公司,以调动企业的生产积极性,提高生产效率。在这个宏观背景下,政府与大学的权力关系日益成为一个重要的政策问题并引发广泛关注。

1979年重新颁布的《关于加强高等学校统一领导、分级管理的决定》指出,政府不仅有责任制定高等学校发展与管理的宏观政策,而且应对高校的规模、专业设置、教学环节、教材、研究生培养、招生与毕业分

---

① 赵德余:《中国粮食政策史:1949—2008》,上海人民出版社2017年版,第170页。
② 郑永年、吴国光:《论中央—地方关系:中国制度转型中的一个轴心问题》,香港:牛津大学出版社1995年版,第21页。
③ 邓小平:《邓小平文选》(第2卷),人民出版社1994年版,第329页。

配、教师管理和职称晋升等实施更加具体的管理。应该讲，政策文本所确定的管理体制对恢复被"文化大革命"破坏的高等教育秩序起到了积极作用。但是，这种"统包统管"体制使国家权力结构仍然集中于政府（特别是中央政府），是国家将高校完全纳入自身体系，创生出中国独特的国家一元化权力结构，从政治上保证了高度集权主义模式的存在和延续，限制了高校办学自主性的发挥，束缚了教师工作的创造性。而且，国家财政对于"统包式"的高等教育也捉襟见肘。因此，这种行政管理模式显示出较大的局限性。

"在高度集权和行政化的管理体制中，国家和政府领导人的意见、批示对教育的影响最为重要和直接。事实上，教育部的一项基本工作，就是回复、落实领导人的指示、批示。因此，给国家领导人上书是影响决策重要的传统渠道。在新的条件下，一些有影响力的知识分子通过给领导人上书这一传统形式来影响教育政策。"[1] 20 世纪 70 年代末，针对长期以来政府高度集权式地直接管理高校导致的种种弊端，四所著名大学的负责人给当时的国家领导人写信，强烈呼吁扩大高校办学自主权。1979 年 12 月 6 日，复旦大学校长苏步青、同济大学校长李国豪、华东师范大学（当时的上海师范大学）校长刘佛年、上海交通大学党委书记邓旭初等学者在《人民日报》发表署名文章《给高等学校一点自主权》，提出"应该相信校长能管好大学""制度、政策要有利于出人才""该统的没有统，不该统的太死""教育部门不要只用行政手段管学校"等意见。他们指出："中央和地方行政部门的权力太多，学校的权力太小。大学事无巨细，都需要请示上级，校长和书记缺乏办学自主权。就教学来说，教学大纲、教材甚至习题都是统一的；就经费来说，专款专用，不准机动；就人事来说，上级不批准，好的教师进不来，差的送不走。"[2]

以复旦大学校长苏步青的看法为例：

---

[1] 岳经纶：《中国公共政策评论》（第一卷），上海人民出版社 2007 年版，第 88 页。
[2] 关根：《上海四位大学负责人呼吁：给高校一点自主权》，《人民日报》1979 年 12 月 6 日。

第三章　发展型体制(1978—1997)：央地校利益共同体的松动与瓦解　◇　89

应该相信校长能管好大学（摘录）

学校自主权问题，是个教育体制问题。直属教育部的全国重点大学，权力都集中在教育部。学校要请外国学者讲学或派人出国学习，招收多少学生，开设什么专业等等，统统由教育部规定。这样一来，当校长的只要按上面规定办就是了。结果是，办出来的学校都是一模一样。

我想，中国这么大，学校这么多，什么事都由教育部管是管不好的。为什么不给大学一点自主权呢？其实，教育部对重点大学每年的人员进出、招生人数和教育经费订个计划，作出预算后，就应放手让学校去做。

我觉得，我们党和国家对学者和专家是很重视的，给了我们很高的荣誉和地位，但由于制度还存在缺陷，至今仍不能很好地发挥我们的作用。照现在我们的管理制度，校长的手脚被束缚住，是很难办好学校的。①

《人民日报》对此加的编者按语指出：学校应不应该有点自主权，应该有哪些自主权，教育体制如何改革才能更好地适应工作重点的转移，这些都是很值得探讨的问题，希望全社会就此提出建设性意见。② 这一自下而上的政策呼吁引起了政府和学术界的高度关注。随后，高等教育界就政府与高校关系开展了一次学术大讨论，深刻影响了中国扩大高校办学自主权的历史进程。中国人民大学副校长谢韬指出："现在在改革的当务之急是上级领导部门要下放权力给学校。改革是牵一发而动全身，全身不动，一发难移。学校没有相当大的自主权，要改革真是一发难移。"③"改革高等教育，国家要调动学校的积极性，这就涉及到整个高等教育管理体制的改革。在一个大变动时期，新的事物层出不穷，国家应当给学校一点自主权，鼓励下面大胆试验，改革创新。一个具有中国特点的社

---

①　苏步青：《应该相信校长能管好大学》，《人民日报》1979年12月26日。
②　侯定凯：《中国大学的理性之路》，华东师范大学出版社2009年版，第23页。
③　毕全忠：《教育改革在力争与经济改革同步——中国人民大学副校长谢韬谈高等教育的改革》，《人民日报》1984年8月5日。

会主义高等教育管理体制终将建立并完善起来。"① 学术界和研究者的介入常常会以权威的形象引导社会群体的认识与观念，从而促使政治决策层关注相关问题。特别是相关学者的政策倡议如果能得到媒体或公共舆论的强力支持，其对政策议程的设置的影响力会显著提升，被政府关注的可能性会增大。正是这些"政策企业家"②或"政策经纪人"的献言献计，才使高校办学自主权的政策诉求及路径逐渐明确，并引起国家领导人与教育主管部门的注意。

作为对政策需求和经济体制改革的回应，国务院和教育部不断改革创新，把扩大高校办学自主权作为改革高等教育管理体制的关键一环。1984年，教育部部长何东昌提出："当前中国高等学校管理权限过于集中，管得过多，统得过死，必须在改革中给学校放权。"③ 因此，20世纪80年代高等学校的改革十分活跃，一些高校的改革措施取得了积极的成效，产生了广泛的社会影响。如武汉大学的教学改革、华中科技大学（原华中工学院）的师资队伍建设和学科建设、上海交通大学的管理体制改革及深圳大学的办学体制改革，等等。为调动高校办学积极性，各地教育行政部门也陆续出台了一些简政放权的政策与措施。1984年11月，教育部通知下放直属高等学校人事管理权，之后教育部原则上只管直属高等学校主要领导干部，其他各级干部下放学校自行管理。④ 但是，令人遗憾的是，这些改革措施仍然只局限于高校内部的微观方面或地方层面，是在中央政府"宏观垄断、微观搞活"精神指导下所进行的一种从无到有的试探性改革。政府仍然延续过去的传统做法，国家包办一切、计划

---

① 邓旭初：《按照"三个面向"改革高等教育》，《人民日报》1984年5月6日。

② "政策企业家"或"政策经纪人"主要包括一些政策决策官员、高级政策研究人员、知名学者、资深校友、学校的主要管理人员等。这些"政策企业家"或"政策经纪人"既是大学的领导者，具有丰富的高等教育实践经验，又十分清楚中国政府的决策过程与内在逻辑。因而，他们的政策诉求与政策愿景在一定程度上能影响中国政府的决策过程。一般而言，"政策企业家"指那些愿意投入各种资源，以期望未来在他们所偏好的政策中获得回报的人。"政策经纪人"主要关注的是将政治冲突维持在一个可接受的限度内，并达成"理性的"解决问题的方案。

③ 《中国教育年鉴》编辑部：《中国教育年鉴（1949—1981）》，中国大百科全书出版社1984年版，第468页。

④ 杨东平：《艰难的日出——中国现代教育的20世纪》，文汇出版社2003年版，第256页。

一切和统筹一切，高校缺乏办学自主权的状况并没有多大改观。从具体权力结构看，"中央政府几乎垄断了全部权力，地方政府的权力也极小，高校更是缺乏权力。在1978—1984年阶段，中央政府所占有的权力占总权力的比重高达90.48%，地方政府只占9%，两者相加，得到政府的权力比重达99.48%，高校只有可怜的0.52%"①，政府与高校关系仍属于典型的"政府集权型"。

二 恢复"统一领导、分级管理"的管理体制

党的十一届三中全会以后，高等教育界开始拨乱反正，逐步恢复正常的高等教育的办学秩序。由于冲破了"两个估计"与"两个凡是"的思想禁锢，新中国"前十七年"教育制度和管理体制得到了充分的肯定。这种肯定的态度导致"文化大革命"后高等教育的很多做法又重新恢复"文化大革命"前的方式，高等教育管理体制改革的钟摆又重新回到从前。因此，"文化大革命"后的高等教育管理体制不可避免地受到路径依赖的影响，从"文化大革命"中的以地方分权为主走向逐步恢复中央集中统一领导体制，同时根据当时的具体情况作了局部修订。

1977年8月8日，邓小平同志在《关于科学和教育工作的几点意见》中专门提到了教育和科学的体制、机构问题。他指出："教育目前的状况不行，需要有一个机构，统一规划，统一调度，统一安排，统一指导协作。"② 1977年9月，在与教育部主要负责同志谈话时，邓小平指出，"要健全教育部的机构"，"重点大学教育部要管起来。教育部直属重点大学，双重领导，以教育部为主"③。为落实高层领导的指示精神，中央教育行政机构的职能重新得到强化，教育部行政人员从1977年的300人增至1980年的600人左右，已经接近60年代中期700人的规模。④

---

① 林荣日：《制度变迁中的权力博弈——以转型期中国高等教育制度为研究重点》，复旦大学出版社2007年版，第307页。
② 邓小平：《邓小平文选》（第2卷），人民出版社1994年版，第52页。
③ 邓小平：《邓小平文选》（第2卷），第68—70页。
④ Cf. Suzanner Pepper, "China's Universities: New Experiments in Social Democracy and Administrative Reform—a Research Report", *Modern China*, Vol. 2, 1982, pp. 147–204.

1978年2月，国务院转发教育部《关于恢复和办好全国重点高等学校的报告》，要求"根据有利于加强党的一元化领导，有利于发挥中央和地方两个积极性，有利于在教学和科学研究工作中早见成就的原则，对全国重点高等学校要实行统一领导，分级管理"。

> 面向全国和面向地区的全国重点高等学校，少数院校可由国务院有关部委直接领导；多数院校由有关部委和省、自治区、直辖市双重领导，以部委为主。面向本省、自治区、直辖市的全国重点高等学校，原则上由本省、自治区、直辖市领导，有关部委要给予支持。各省、自治区、直辖市和有关部委普遍要求面向全国和面向地区的非重点高等学校加强部委的领导。对于这些院校，拟参照全国重点高等学校的领导体制，也实行少数院校由有关部委直接领导；多数院校由部委和省、自治区、直辖市双重领导，以部委为主（领导分工，除院校一级副职领导干部的任免、调动，经部委和省、自治区、直辖市商得一致后，由部委负责审批外，可与全国重点高等学校相同）。①

统一领导、分级管理的管理体制的调整有利于各有关部委对本行业的高等学校统筹规划，充分发挥有关部委办学的积极性。1978年6月，教育部在南京召开国务院各部委所属高等学校改革领导体制的交接工作会议，一部分重点高等学校和非重点高等学校改为由国务院有关部委和省、市、自治区双重领导，但以部委为主。1979年底，经国务院批准的全国重点高等学校共有97所，其中，中央业务部门所属66所，占68%。② 到1980年底，归国务院各有关部委领导的高等学校为272所。③

---

① 何东昌主编：《中华人民共和国重要教育文献（1976—1990）》，海南出版社1998年版，第1597页。

② 苏渭昌、雷克啸：《中国教育制度通史》（第八卷），山东教育出版社2000年版，第213页。

③ 《中国教育年鉴》编辑部：《中国教育年鉴（1949—1981）》，中国大百科全书出版社1984年版，第95页。

1979 年，中央转发了教育部党组《关于建议中央撤销两个文件的报告》，彻底纠正了教育领域的极"左"思想。4 月 5—28 日，中共中央在北京召开经济工作会议，提出对国民经济实行"调整、改革、整顿、提高"八字方针，坚决纠正经济工作中的"左"倾错误，这些政策措施有力地扫除了教育发展的思想障碍，完成了教育思想上的拨乱反正。1979 年 8 月 30 日，教育部党组向中央提出《关于建议重新颁发〈关于加强高等学校统一领导、分级管理的决定〉的报告》，报告指出："'文化大革命'期间，原有的规章制度遭到彻底破坏，许多事情无章可循，高等学校的领导体制存在着分工不清、责任不明的情况，有些重大问题，如高等学校的招生规模、修业年限、专业设置等，教育部还未完全实现统一管理，存在着不协调的现象，造成工作中的被动。1963 年颁布的《关于加强高等学校统一领导、分级管理的决定》试行的效果是好的，其基本精神和各项规定仍然是适用的。"[①]

1979 年 9 月 18 日，中共中央批转了教育部党组《关于建议重新颁发〈关于加强高等学校统一领导、分级管理的决定〉的报告》，中央认为 1963 年《关于加强高等学校统一领导、分级管理的决定》总结了新中国成立后十几年领导管理高等学校的经验，当时试行的效果是好的，重申其基本精神和各项主要规定仍然是适用的，现在又作了必要的修改，要求各地研究试行。"统一领导、分级管理"政策的颁布，使整个高等教育管理权力结构又恢复到"文化大革命"前尤其是 1958 年以前的状况，但略有变化。

修订后的决定强调实行中央对高等学校统一领导，中央和省、市、自治区两级管理制度，并且详细规定了中央教育部，中央各业务部门和各省、市、自治区人民委员会在管理高等学校方面的职责。中央教育部的主要职责为："编制高等教育的发展规划和事业计划，审核高等学校的设置、停办和领导管理关系的改变，提出高等教育的发展规模和修业年限的方案，报国务院批准。"中央各业务部门的主要职责为："对于高等

[①] 荀渊、刘信阳：《从高度集中到放管结合——高等教育变革之路》，华东师范大学出版社 2018 年版，第 49 页。

教育的发展规划、事业计划和直接管理的高等学校的发展规模、专业设置和修业年限提出建议。"省、市、自治区人民委员会的职责为："对本地区高等学校设置、撤销和调整，学校的发展规模、专业设置和修业年限提出建议；对直接管理的高等学校的事业计划提出建议。"① 这一规定可视为对"文化大革命"期间松动的央地校利益共同体进行再次强化的努力，为下一步的调整和整顿奠定了基础。

这一阶段在重新加强中央集权的同时，也给地方政府保留了一些管理高等教育的权力，以充分调动地方办学和管理的积极性和创造性。1980年5月8日和12日，中共中央书记处连续召开工作会议专门讨论教育问题和教育体制改革问题。姚依林指出："发展高等教育，是不是可以考虑，不要所有大学都由教育部管，中央只抓重点大学，其他的由省、市、区管起来。把体制搞分散一些，发挥地方的积极性。总之，要全国各地统筹，发挥地方的积极性，不要把什么都压在教育部身上。"② 此后，国务院各部委和各省、市、自治区对各自所属的高等学校的领导管理关系进行了调整，逐步恢复了"中央统一领导，中央和省、市、自治区两级管理"的领导管理体制。在这种政策精神指导下，全国普通高校，一部分直属于教育部，一部分隶属于国务院有关部委，大部分属于各省、市、自治区和计划单列市。1981年，全国有高等学校704所，其中由国务院各部委领导的有226所，由教育部直接领导管理的有38所，由各省、市、自治区领导管理的有440所（占62.5%）。③ 同时，隶属于地方的高等学校，分别由地方教育行政部门和其他业务部门管理。

高等教育管理体制重建"文化大革命"前的教育模式，在一定程度上促进了高等教育规模的扩张并满足了社会经济发展的需求，但同时也重复了计划经济体制下旧教育体制的弊端，鲜明体现了"计划性"与

---

① 国家教育委员会政策法规司编：《十一届三中全会以来重要教育文献选编》，教育科学出版社1992年版，第30—31页。

② 何东昌主编：《中华人民共和国重要教育文献（1976—1990）》，海南出版社1998年版，第1812页。

③ 《中国教育年鉴》编辑部：《中国教育年鉴（1949—1981）》，中国大百科全书出版社1984年版，第237页。

"集中性",促成了中央和地方分别办学、分别管理的"条块分割"格局的形成。省级政府在高等教育管理中基本没有多少权力,只是负责监督检查辖内高校执行中央政府相关政策的情况,在高校的设置、调整与撤销,学校的发展规模、修业年限和专业设置等方面只具有建议权,而没有决策权,最终决定权在中央教育主管部门。如 1982 年《国务院关于高校教师职务名称及其确定与提升办法的暂行规定》指出,"助教和讲师由学校批准。副教授在学校讨论通过后,须报省、自治区、直辖市高教(教育)厅(局)批准,并报教育部和有关主管部、委备案。教授经过学校讨论通过后,报所在省、自治区、直辖市高教(教育)厅(局)审定,最后报教育部批准"[①]。

第二节 发展型体制的建立:央地校利益共同体的松动(1985—1991)

为向社会经济发展提供更多的知识资源和人才支撑,高等教育的产业属性和市场机制得以显现,推动高等教育的迅速发展成为高等教育政策的最重要目标。这种发展型体制更多是借助于自上而下的教育分权实现的,即中央政府向地方政府分权,政府向高校分权,使地方政府和高校摆脱全能计划体制约束下的低效率状态,成为一个追求利益最大化的经济人机构,从而实现高等教育的高速发展。

一 高校办学自主权

20 世纪 80 年代中期起,受到新公共管理主义思潮的影响,高等教育市场化成为解决高等教育与市场、政府关系的一把钥匙。对于中国而言,虽然市场化对高等教育的影响与西方国家不尽相同,但中国高等教育确实经历了市场化的洗礼,在此过程中,政府的角色和职能发生了转变,政府的有限退出和市场进入是主要特征。中国高等教育市场化改革的表

---

① 彭红玉:《政府激励与地方政府高等教育竞争》,博士学位论文,华中科技大学,2010年。

现形式为选择与多元、竞争、消费者付费与自主办学等，其中最主要的表现指标是自主办学。

（一）赋予高校办学自主权

在全能型计划体制下，由于高校的收费标准长期低于培养成本，国家对高校的人才培养投入的绝对量仍然不足，造成高校越办越穷的窘困局面。"从1977年到1986年，教育事业费占社会总产值的比例都在1.1%左右，这是远低于发达国家和一般发展中国家4%—5%的平均水平的。而在走读生政策出台的1978年，高等教育事业费占财政总支出的比重甚至比1977年还有所下降。"[①] 为了解决当时高校办学的财政危机，1984年10月4日，国务院批转国家计委《关于改进计划体制的若干暂行规定》，明确提出要进一步简政放权，适当缩小指令性计划的范围，扩大指导性计划和市场调节的范围。[②] 在这个文件中，第一次提出各高等院校在完成国家招生计划的前提下，可以接受委托培养或联合办学，并规定委培生或委培单位需要交纳部分培养费（学杂费等），从而开启了大学生交费上学之门。

1985年5月27日，国家出台《中共中央关于教育体制改革的决定》（简称《1985决定》）。《1985决定》是新中国成立以来第一次明确提出"高等学校的办学自主权"概念的政策文件，明确提出了高等学校体制改革的目标和思路，即"简政放权"。《1985决定》认为教育体制的弊端主要是："在教育事业管理权限的划分上，政府有关部门对学校主要是对高等学校统得过死，使学校缺乏活力；政府部门应该管的事却没有很好地管起来。"因此，《1985决定》在总结教育体制改革经验的基础上，对高等教育体制进行了总体规划："当前高等教育体制改革的关键，就是要改变政府对高等学校统得过多的管理体制，在国家统一方针和计划的指导下，扩大高等学校的办学自主权，加强高等学校同生产、科研和社会其他各方面的联系，使高等学校具有主动适应经济和社会发展需要的积极

---

① 郭歆、夏晓勤：《我国高等教育市场化的源头与动力——一种新制度主义分析》，《清华大学教育研究》2003年第6期。

② 《国务院批转国家计委〈关于改进计划体制的若干暂行规定〉》，《江西物价》1984年第1期。

性和能力。"① 同时,《1985 决定》具体规定了高校办学自主权的 6 个方面内容:

1. 在执行国家政策、法令、计划的前提下,高等学校有权在计划外接受委托培养学生和招收自费生;2. 有权调整专业的服务方向,制订教学计划和教学大纲,编写和选用教材;3. 有权接受委托或与外单位合作,进行科学研究和技术开发,建立教学、科研、生产联合体;4. 有权提名任免副校长和任免其他各级干部;5. 有权具体安排国家拨发的基建投资和经费;6. 有权利用自筹资金,开展国际的教育和学校交流,等等。对于不同的高等学校,国家还可以根据情况,赋予其他的权力。②

《1985 决定》中 6 个"有权"明确了高校办学自主权的具体内容,其中最引人关注和最关键的是"接受委托培养学生与招收自费生"。作为政策的资源约束或保障,财政资源是所有政策建议的前提。一般而言,当政府承担的成本不断地攀升到超出了其财政可以承受的边界之际,政府会把预算约束因素转化为政策本身所需要优先考虑的目标追求。从这个角度看,扩大高校办学自主权的实质是赋予高校主动争取资源的自主权,是政府在财政危机背景给予高校的政策支持,以让高校生财有道,自谋生路,其他 5 个"有权"只是政府下放财政负担的"配套工程"或"交换条件",大学办学自主权更多地被高校用于进行"创收活动"。

从《1985 决定》可以看出,政府在整个高等教育管理体制中的角色逐步在转变,从完全集权式的领导,慢慢变为监督与宏观管理,对于高等学校的具体事务,则尽量放权,交由高等学校所属主管机关或是学校本身自主决定。"权力"的下放,同时也意味着"责任"的下放。包括招生、教育经费来源、学校内部变革等事项,各高等学校都享有比过去更

---

① 何东昌主编:《中华人民共和国重要教育文献(1976—1990)》,海南出版社 1998 年版,第 2286 页。
② 何东昌主编:《中华人民共和国重要教育文献(1976—1990)》,第 2288 页。

大的自由空间，但也承担着更大的责任，特别是自筹办学经费的责任。但是，受计划经济传统思维和惯习思维的影响，在权力下放的同时，政府也产生了"怕放权"的思想。"政府开始担心把权力下放给高校后，高校不能很好地运用自主权，甚至干出违法乱纪的事情，出现一放就乱的现象。"[①] 因此，《1985 决定》特别强调了高校自主权要"在国家的统一教育方针和计划的指导下"，仍然强调中央政府的统管统配，不肯或不敢进行大幅度改革和放权，使政府与高校关系协调发展仍举步维艰、进展缓慢。"计划经济体制对高等教育体制的束缚严重，《1985 决定》颁布后高等教育体制改革的进展迟缓，不仅高等学校仍然没有改变其附属于主管部门的地位，缺乏办学自主权和活力，而且高等学校'条块分割'和'小而全'的状况也没有发生实质性的变化，办学效益仍然较差。另外，《1985 决定》中有关高校的办学自主权也没有全面贯彻落实下去。"[②] 有学者认为，"1985 年的改革仅仅是一个开始，国家包办的局面并没有真正打破。在形式上，高等学校仍然是'国家全额拨款事业单位'，与其主管的教育行政部门之间构成一种以隶属性为基本特征、以命令与服从为基本内容的纵向型法律关系"[③]。因此，《1985 决定》颁布后，高等教育管理体制和运行机制基本上仍然适应计划经济体制模式。

《1985 决定》只是一个纲领性的文件，关于大学办学自主权也仅是原则性规定。为贯彻落实《1985 决定》的政策精神，1986 年 3 月 12 日，国务院发布《高等教育管理职责暂行规定》，规定了国家教育部门、地方教育部门和高等学校各自的责任和权力，明确把高校办学自主权扩充为招生、科研、教学、财务、人事、基建、职称评定和国际交流八项，具体内容主要包括：

---

① ［加］许美德：《中国大学 1895—1995：一个文化冲突的世纪》，许洁英主译，教育科学出版社 2000 年版，第 9 页。

② 贺旻：《我国政府与高校关系的历史考量与最佳维度选择》，《国家教育行政学院学报》2005 年第 3 期。

③ 劳凯声：《教育体制改革中的高等学校法律地位变迁》，《北京师范大学学报》（社会科学版）2007 年第 2 期。

第三章　发展型体制(1978—1997)：央地校利益共同体的松动与瓦解　◇　99

1. 在保证完成国家下达的培养人才任务的前提下，可以按照国家规定的比例实行跨部门、跨地区的联合办学，接受委托培养生和自费生；2. 执行勤俭办学的方针并在遵守国家财务制度的前提下，按照"包干使用，超支不补，节余留用，自求平衡"的经费预算管理原则，可以安排使用主管部门核定的年度事业经费；3. 按照主管部门批准的总体设计任务书、总体规划、长远和年度基建计划，在向主管部门实行投资包干的前提下，可以自行择优选择设计施工单位；4. 按照干部管理权限，可以根据规定的干部条件、编制和选拔步骤，由校长提名报请任免副校长；5. 经过批准的高等学校，可以按照国家有关规定，评定副教授的任职资格，其中少数具备条件的高等学校，可以评定教授的任职资格；6. 根据党和国家的教育方针政策及修业年限、培养规格，可以按社会需要调整专业服务方向，制定教学计划（培养方案）、教学大纲，选用教材，进行教学内容和教学方法的改革；7. 在保证完成国家下达的科学研究任务的前提下，可以自行决定参加科研项目的投标，承担其他单位委托的科学研究任务，面向社会开展技术服务和咨询；8. 在国家外事政策和有关规定的范围内，积极开展对外交流活动。[①]

从政策精神可以看出，政府对自身的角色、职责和权限进行了重新定位，赋予了高校 8 个方面的自主权，在一定程度上提高了高校的办学效益。1986 年 6 月 4 日，《人民日报》发表的评论员文章指出："《高等教育管理职责暂行规定》，从对高等教育要宏观管住、微观搞好的原则出发，分别对国家教育委员会、地方政府部门和高等学校自身的管理职责权限作了具体的规定。在实际工作中，能否顺利放权，是真放还是假放，主要要看教育主管部门的态度、措施和工作，也取决于政府其他部门的配合与支持。多年来统惯了，一下子放权，有点不习惯、不放心，是可以理解的。但既然改革的方向已明，就要扎扎实实做好工作，争取把权

[①] 何东昌主编：《中华人民共和国重要教育文献（1976—1990）》，海南出版社 1998 年版，第 2393—2394 页。

放好。"①

1988年1月，国家教委召开了全国高等教育工作会，大会报告指出："高校主管部门应当改革管理学校的方式方法，由过多的日常行政干预和管理，逐步转变为综合运用立法的、经济的间接调控手段和必要的行政干预，进行宏观的目标管理……高等学校在保证完成国家指令性计划的同时，有权根据社会需要和自身条件，面向非主管部门和地方办学，签订人才培养或科学研究合作的合同，学校主管部门应予以支持。"②虽然国家已颁布了一系列下放大学办学自主权的政策文本，也实际下放了一些办学自主权，但是从政府与大学权力运行情况看，大学办学自主权是政府恩赐的结果，在权力放与不放、放什么与不放什么、何时放与如何放的权力互动博弈中，大学仍然处于不利地位。1988年1月，《光明日报》记者就大学办学自主权问题采访了华西医科大学校长曹泽毅。曹泽毅指出："在管理体制上，中央和地方都应该把办学自主权交给学校，凡是适合学校办的事情，都应由学校自行决策，这样才能增强高校主动适应经济和社会发展需要的能力和活力。现在的状况是政府主管部门对高等学校还是统得过多，管得过死，校长很少有发挥主动性、创造性的余地。"③曹校长认为一所大学应该具有如下9个方面的办学自主权。

1. 根据国家指导性计划和四化建设的需要，允许学校自主决定招生人数和范围；2. 按国家规定的人才培养规格，允许学校自主决定学制、专业设置、教学内容和工作安排；3. 在有学位授权的基础上，允许学校按照国家标准自主授予各级学位；4. 按照精官简政的原则和选拔干部的标准，由学校自主决定除校长之外的干部任免和奖惩，自主决定学校内部的管理体制和组织机构；5. 由学校自主聘

---

① 朴雪涛：《现代性与大学——社会转型期中国大学制度的变迁》，人民出版社2012年版，第212页。

② 杜瑞军：《高等教育入学机会分配中的政府角色研究——基于对新中国成立以来高等教育入学政策变迁的历史分析》，博士学位论文，北京师范大学，2008年。

③ 朴雪涛：《现代性与大学——社会转型期中国大学制度的变迁》，人民出版社2012年版，第213页。

任各级各类工作人员，包括各级教师，并自主决定其工资待遇、福利、晋级和奖惩，不搞全国划一；6. 办学经费直接下拨给学校，并完全由学校自主支配使用；7. 根据国家改革开放的总方针和外事工作的基本原则和政策，由学校自主决定同国外建立校际关系，开展学术交流，聘用外籍专家，进行科技合作，引进外资，出国学习考察等；8. 遵照《中共中央关于改进和加强高等学校思想政治工作的决定》精神，由学校自主决定思想政治教育的内容和形式；9. 校内面向社会服务的生产部门和单位，由学校自主组织经营，并根据国家物价政策和市场调节的原则，合理制定收费标准。[1]

将大学校长办学需要的自主权与《高等教育管理职责暂行规定》的办学自主权对比，内容虽然相差不大，但实质上有很大的差异。因为《高等教育管理职责暂行规定》对每项办学自主权都加了"国家计划""统一管理"等一些前提限制，都是一定要在政府行政部门的允许下才可以享有的。从高等学校实际运行情况来看，这一阶段的高校办学自主权的改善很有限，"政府的权力占总权力值的比重仍高达88.35%，而高校的权力虽然扩大明显，但仍然只占总权力的9%"[2]，政府对高等教育资源宏观垄断的格局并没有被打破，高度行政化的政府治理方式并没有改变，政府与高校权力模式属于"政府专制型"。

（二）高校办学自主权被收回

在《1985决定》中明确提出扩大高校办学自主权及给予相关政策支持后，为缓解自身面临的财政危机，高校通过各种途径去"创收"。"80年代初期那种基于学术考虑而进行种种课程改革的新的热情被课程的商业化取而代之。大学想方设法从国家批到能吸收大量自费生的学科专业，以此提高经济收入。无论师资等各方面的条件是否具备，大多数高校都开办了诸如国际贸易、管理和外语专业，追求短期的经济效益。同样，

---

[1] 朴雪涛：《现代性与大学——社会转型期中国大学制度的变迁》，人民出版社2012年版，第213页。

[2] 林荣日：《制度变迁中的权力博弈——以转型期中国高等教育制度为研究重点》，复旦大学出版社2007年版，第309页。

科研也越来越倾向于与企业挂钩，这就是所谓的'横向项目'。这些项目基本上谈不上有何学术价值，却可以很快收到经济实效。"① 高校这种疯狂的"创收活动"使高等教育发展出现了"乱招生""乱收费""乱办班"的"三乱"现象，使高等教育的育人功能被忽视。如 1984—1986年，全国新建了约 300 所高校，扩大了计划内招生规模，但由于校园生活条件较差，满足不了学生的需要。

同时，高等教育与社会、经济发展的矛盾十分突出，"高等教育危机"开始显现。正如邓小平所言："我们最大的失误在教育，对年轻娃娃、青年学生教育不够。控制通货膨胀可以很快见效，而教育的失误补起来困难得多。参加过游行、绝食的许多人思想转变过来，要好多年，不是一两个月的补课就行的。""要说失误，我们确实有失误，许多思想工作没有做，好多话没有讲清楚。"② 在此种精神指导下，国家对高等教育管理体制进行了重新调整与改革，通过收权重新把权力集中于国家及政府行政机关手中，扩大高校办学自主权的政策被强化政府管理与控制的治理整顿政策取而代之。具体措施③为：

1. 整顿党组织，加强和调整领导班子。从 1989 年开始，实行"党委领导下的校长负责制"，以确保学校的社会主义方向和全面实现培养目标。"1989 年 7 月，国家教委指示，少数试行校长负责制的学校，效果好的可以继续探索，总结经验。效果不好的就应下决心改为党委领导下的校长负责制。今后一个时期，不再扩大校长负责制的试点范围。无论实行哪一种体制，都要加强党对学校的领导。"④ 此后，作为高校办学自主权内容之一的校长负责制名存实亡。

2. 对高等学校教师进行清查。少数教师有严重的"自由化"思想，

---

① [加]许美德：《中国大学 1895—1995：一个文化冲突的世纪》，许洁英主译，教育科学出版社 2000 年版，第 161 页。
② 邓小平：《邓小平文选》（第 3 卷），人民出版社 1993 年版，第 327 页。
③ 杨景尧：《中国大陆文化大革命后之高等教育改革》，丽文文化事业股份有限公司 1995年版，第 79 页。
④ 金铁宽：《中华人民共和国教育大事记》（第三卷），山东教育出版社 1995 年版，第 1906 页。

在言行上较深地涉及动乱,他们的思想观点和立场在短期内难以改变,对这些经过教育仍坚持不改的人,要坚决解除他们的教育和教学职务,另行安置。

3. 加强高等学校学生的思想政治教育。在新学年（1989年）开学时,对学生进行集中的政治教育和法治教育。同时,为实施思想政治教育,必要时,其他课程可做调整和精简。

4. 调整毕业生分配政策。其一,中央和国家机关不再从高等学校应届毕业生中吸收干部,高等学校毕业生应到基层工作锻炼一段时间。其二,凡是1984年以后已从应届毕业生中吸收的干部,要下基层锻炼一段时间。

不论是《1985决定》中的"放权"给高等学校,还是1989年从高等学校手中重新"收权"的行动,高等教育管理体制明显受到政治体制和经济体制的影响,都没有体现出高等教育自身的发展逻辑,高等教育管理体制改革遭受挫折,但停顿时间并不长,从1992年邓小平南方谈话开始,高等教育管理体制进入另一波发展期。

二 中央、省（自治区、直辖市）、中心城市三级管理体制

为配合财政大包干和政府机构改革的需要,中央把以前实行的"条条"管理社会发展的诸多权限大幅度下放给地方。1983年,教育部提出下放高等专科学校的审批权至省、市政府,规定地方政府及国务院各部门都有权成立高等专科学校,但是没有同时制定高等学校审批条例,也没有及时提出审批高等学校的原则和标准。[1] 由于高等专科学校的审批权下放到省、市、自治区政府,再加上政府要求加速发展高等教育的政策倡导,高等教育进入一个狂热发展的时期。从1983年到1986年,中专升格为大专,大专升格为大学的现象一直有增无减。3年内,中国奇迹般地涌现出301所高等学校,平均每年增长100所。[2]

---

[1] 杨景尧：《中国大陆文化大革命后之高等教育改革》,丽文化事业股份有限公司1995年版,第120页。

[2] 张俊洪：《回顾与检讨——新中国四次教育改革论纲》,湖南教育出版社1999年版,第230—231页。

《1985决定》明确提出:"为了调动各级政府办学的积极性,实行中央、省(自治区、直辖市)、中心城市三级办学的体制。"在此政策指导下,中央、省(自治区、直辖市)、中心城市三级办学体制初步形成。与此同时,一些省(自治区)对下属中心城市如何管理所属高等学校也作出若干规定,初步奠定了三级办学体制的法律基础。但事实上,政府在相关的政策文件中并没有对中心城市概念和功能定位做出界定,且没有对不同权力主体的权力结构和相互权力关系模式作出具体规定,因此,中央、省(自治区、直辖市)、中心城市三级办学体制的政策目标没有完全实现,恢复和重新组建的高校绝大多数都集中在省会城市,分别由省级政府和省会城市政府举办。随着广东省地方经济发展的腾飞,从20世纪80年代初开始,不少地方中心城市为满足自身发展的多种需要,如当地经济发展对人才的需要、本乡本土人士接受高等教育的需要及树立良好的城市形象的需要等,相继举办汕头大学、深圳大学、五邑大学、佛山大学、广州大学、韶关大学、嘉应大学、西江大学、孙文学院、东莞理工学院与惠州大学等,并被民间形容为是"办一间,成功一间",对广东省的社会经济发展产生了重大影响。

为了加快高等教育体制改革的进程和治理条块分割的管理现状,中央政府强化和统合了高等教育行政治理机构。《1985决定》提出:"为了加强党和政府对教育工作的领导,成立国家教育委员会,负责掌握教育的大政方针,统筹整个教育事业的发展,协调各部门有关教育的工作,统一部署和指导教育体制的改革。"[①] 1985年6月13日,国务院副总理李鹏在第六届全国人民代表大会第十一次会议上就《设立国家教育委员会和撤销教育部的议案》作了简要说明。

> 建国35年来,我国教育事业有了很大发展。但是,教育不适应社会主义现代化建设需要的状况尚未根本改变。发展教育事业,改革教育体制,不仅涉及基础教育、高等教育,而且涉及职业教育、

---

① 何东昌主编:《中华人民共和国重要教育文献(1976—1990)》,海南出版社1998年版,第2289页。

成人教育；不仅要调动教育部门的积极性，而且要调动各部门、各地区、各行各业办教育的积极性。为了保证和推动教育事业的健康发展，统一部署和指导教育体制的改革，国务院需要有一个主管教育工作的综合部门。在简政放权的同时，保证党和政府对教育工作的统一领导，加强宏观指导和管理，加强与有关方面的协调。实践证明，教育部很难起到统筹安排教育工作全局的作用。为此国务院提请全国人大常委会批准设立国家教育委员会。国家教育委员会设立后，教育部即予撤销。①

1986年3月12日，国务院颁发的《高等教育管理职责暂行规定》对国家教育委员会、国务院有关部门与省级政府三级政府机关的管理权限作了明确规定，扩大了地方管理高等教育的权限。

国家教育委员会在国务院的领导下，主管全国高等教育工作，其主要职责是：

（一）贯彻执行党和国家有关高等教育方针政策、法律和行政法规，制订高等教育工作的具体政策和规章。（二）审批高等学校（含高等专科学校）、研究生院的设置、撤销和调整。制订招生和毕业生分配工作的规定，编制国家统一调配的毕业生年度分配方案。（三）制订高等学校、研究生院的设置标准。制订高等学校的基本专业目录与专业设置标准，组织审批专业设置。（四）会同国务院有关部门制订高等教育的基建投资、事业经费、人员编制、劳动和统配物资设备的管理制度和定额标准的原则。（五）制订高等学校人事管理的规章制度，规划、组织高等学校师资队伍和干部队伍建设。（六）指导高等学校的思想政治工作、教学工作、体育工作、卫生工作和总务工作。（七）指导和管理高等学校和科学研究机构招收、培养研究生工作。（八）指导高等学校的科学研究工作。（九）指导和管理到国外高等学校留学人员、来华留学人员以及对外智力援助的工作，促

---

① http://www.law-lib.com/fzdt/newshtml/20/20050720172358.htm.

进高等学校的国际学术交流与合作。（十）组织为高等学校提供教育情报、人才需求信息和考试等方面服务的工作。（十一）统一指导各种形式的成人高等教育，编制成人高等教育发展规划，制订和下达年度招生计划。（十二）直接管理少数高等学校。①

国务院有关部门在国家教育委员会的指导下，管理其直属高等学校，其主要职责是：

（一）贯彻执行党和国家有关高等教育的方针政策、法律和行政法规。（二）组织进行本系统、本行业专门人才的需求预测，编制直接管理的高等学校的发展规划、年度招生计划和自行分配部分的毕业生分配计划。指导招生和毕业生分配工作。（三）对直接管理的高等学校的设置、撤销和调整及所属专业的设置和重点学科建设进行审查，向国家教育委员会提出申请或建议。接受国家教育委员会的委托，按照有关规定，审批直接管理的高等专科学校所属专业的增设和撤销。（四）负责直接管理的高等学校的基建投资、统配物资设备、事业经费预算的分配和决算的审核。（五）指导直接管理的高等学校的思想政治工作、教学工作、科学研究工作和总务工作。任免学校主要负责人。（六）按照国家教育委员会统一部署，会同有关省、自治区、直辖市对高等学校对口专业的教育质量组织评估，组织和规划对口专业的教材编审。（七）指导和协调高等学校学生在本系统的生产实习和社会实践。鼓励高等学校有关专业、研究机构参加本系统的科学技术开发，促进企业与学校的联系。（八）鼓励直接管理的高等学校面向社会办学，实行本部门与国务院有关部门、本部门与地方联合办学。（九）管理本部门成人高等教育、专业培训、继续教育和有关教材编审的工作。②

---

① 何东昌主编：《中华人民共和国重要教育文献（1976—1990）》，海南出版社1998年版，第2392—2393页。

② 何东昌主编：《中华人民共和国重要教育文献（1976—1990）》，第2393页。

省、自治区、直辖市人民政府管理本地区内的高等学校,其主要职责是:

(一)负责指导、检查本地区内各高等学校对党和国家有关高等教育的方针政策、法律和法规的贯彻执行。(二)对直接管理的高等学校的设置、撤销和调整及专业设置进行审查,向国家教育委员会提出申请或建议。接受国家教育委员会的委托,按照国家有关规定,审批直接管理的高等专科学校所属专业的增设和撤销。(三)负责直接管理的高等学校的基建投资、统配物资设备、事业经费预算的分配和决算的审核。(四)指导直接管理的高等学校的思想政治工作、教学工作、科学研究工作和总务工作。任免学校主要负责人。(五)组织本地区内各高等学校的校际协作和经验交流,进行教育质量的检查与评估。(六)鼓励本地区各高等学校面向社会办学和跨地区、跨部门联合办学。(七)管理本地区所属成人高等教育。①

从政策文本中可以看出,地方政府只能管理辖区内的高等学校,对设在辖区内的部属高校和中央业务部门所属高校无权管理,各主管部门和地方政府"各扫门前雪"的条块分割体制得到强化。与此同时,为发展地方高等教育,中央政府开始从直接管理转向进行指导与协调,把一些权力包括自费生招生权、毕业生分配权与投资权等下放给地方政府。地方政府获得了在本地区内直接管理高校的设置权、年度招生权与联合办学权等。

三级管理体制的确立,在一定程度上实现了中央与地方的合理分权,调动了地方政府在本地区内办学的积极性。1985年全国新增普通高校114所,到1988年全国高校总数已经达到1075所,而改革开放之初的1978年高校总数只有598所。② 随后,中央政府进一步将一些权力下放给地方

---

① 何东昌主编:《中华人民共和国重要教育文献(1976—1990)》,海南出版社1998年版,第2393页。
② 朴雪涛:《现代性与大学——社会转型期中国大学制度的变迁》,人民出版社2012年版,第110页。

政府。1986年3月颁布的《高校教师职务实行条例》将教授的审定权力由原来的教育部下放给省、自治区、直辖市，报教育部备案即可。1991年和1992年，国家教委分别发布《关于高考改革有关问题的通知》和《关于今年高校招生计划执行和有关问题的通知》，在有条件的情况下下放给地方政府少量的高考权和招生计划权。虽然在1985—1992年，为了调整中央政府和地方政府权力结构，国家通过《1985决定》和《高等教育管理职责暂行规定》对实践中存在的问题提出了政策目标和政策工具，但在实施过程中权力结构调整难度很大，"政府的权力占总权力值的比重仍高达88.35%，其中中央政府的权力占总权力的比重达66.65%，地方政府的权力有所扩大，其值已占总权力值的21.7%，而高校的权力虽然扩大明显，但仍然只占总权力的9%，可喜的是，社会高教权力开始出现，其值占总权力的2.65%"，[1]中央政府在权力结构中仍处于绝对的主导地位。

第三节　市场经济体制的建立和央地校利益共同体的瓦解(1992—1997)

20世纪80年代开始的教育体制改革虽然进行得如火如荼，全能型计划体制下的央地校利益共同体开始全面走向弱化。但是由于意识形态的影响和限制，计划思维仍然是当时教育体制改革的主导思想，中央政府与地方政府、政府与高校权力调整在80年代缓慢地推进。1992年1月，邓小平同志提出了"计划多一点还是市场多一点，不是社会主义与资本主义的本质区别""改革开放胆子要大一些""抓住时机，发展自己，关键是发展经济""发展才是硬道理"[2]的著名论断。1992年10月，党的十四大明确提出"我国经济体制改革的目标是建立社会主义市场经济体

---

[1] 林荣日：《制度变迁中的权力博弈——以转型期中国高等教育制度为研究重点》，复旦大学出版社2007年版，第309页。

[2] 邓小平：《邓小平文选》(第3卷)，人民出版社1993年版，第372、373、375、377页。

制""要使市场在社会主义国家宏观调控下对资源配置起基础性作用",①并宣称要"加快政府职能的转变,根本途径是政企分开。凡是国家法令规定属于企业行使的职权,各级政府都不要干预。下放给企业的权利,中央政府部门和地方政府都不得截留。政府的职能,主要是统筹规划,掌握政策,信息引导,组织协调,提供服务和检查监督。进一步改革计划、投资、财政、金融和一些专业部门的管理体制,同时强化审计和经济监督,健全科学的宏观管理体制与方法"。② 这次会议的召开,基本上标志着全能型计划模式慢慢消退,传统的央地校利益共同体即将走向解构。

一 建立高校面向社会自主办学的新体制

《1985决定》的内容涉及中央与地方、政府与高校间关系的调整,它的颁布标志着"文化大革命"后高等教育体制改革的开启。但令人遗憾的是,1985年的改革文件仅仅是一个起点,政府与高校间的关系仍然是一种以隶属为基本特征、以命令与服从为基本内容的行政关系,政府对高校统得过死,使得学校缺乏应有的活力的状况仍未改变,扩大高校办学自主权的愿望仍未充分实现,高校主动适应国民经济建设有社会发展的能力仍然缺乏,使得高校越来越不适应社会经济发展的需要。

1992年邓小平同志发表南方谈话后,在高等教育领域内要求继续扩大高校办学自主权的呼声日益高涨。1992年8月21日,国家教委发布《关于国家教委直属高校深化改革,扩大办学自主权的若干意见》,提出改革的重要方面是理顺政府与学校之间的关系,转变政府职能,扩大学校办学自主权,逐步确立高等学校的法人地位,进一步明确学校的权利和义务、利益和责任,以利于增强学校办学活力,主动适应和服务于国家经济建设及社会发展需要。该意见主动提出向国家教委直属高校下放专业设置、招生计划、编制设置、学费标准、经费管理、人事管理和国际交流等方面的16项办学自主权。要求"高校要转变观念和做法,建立

---

① 中共中央文献研究室编:《十四大以来重要文献选编》(上),人民出版社1996年版,第180、19页。

② 荀渊、刘信阳:《从高度集中到放管结合——高等教育变革之路》,华东师范大学出版社2018年版,第28页。

健全校内管理的规章制度和审议、监督、考核、评估制度，形成自我发展和自我约束的良性循环机制"。① 随后，国家教委负责人在全国普通高等教育工作会议上明确提出，"各省市自治区可参照这16项办学自主权向所属高校下放权力"②。但是，这只是教委负责人的一种表态，并不具有政策法规的约束力，对地方政府没有压力，地方高校并不一定享有这16项办学自主权。

1993年1月12日，国务院批转国家教委《关于加快改革和积极发展普通高等教育的意见》的通知，要求"逐步建立和完善国家统筹规划和宏观管理、学校面向社会自主办学的新体制。政府要转变职能，简政放权，由对学校的直接行政管理，转变为运用法律、经济、评估和信息服务以及必要的行政手段进行宏观管理。保证学校拥有充分的依法办学的自主权，在专业设置、招生、指导毕业生就业、教育教学、科学研究、筹措和使用经费、机构设置、人事安排、职称评定、工资分配、对外交流和学校管理等方面拥有有关法律、法规规定的权限"。③

1993年2月13日，中共中央、国务院颁布《中国教育改革和发展纲要》（简称《1993纲要》）。《1993纲要》再次明确了20世纪90年代教育体制改革的目标："改革包得过多、统得过死的体制，初步建立起与社会主义市场经济体制和政治体制、科技体制相适应的新体制。"同时要求政府转变职能，由对学校的直接行政管理，转变为运用立法、拨款、规划、信息服务、政策指导和必要的行政手段，进行宏观管理，进一步落实高校的办学自主权。

> 在政府与学校关系上，要按照政事分开的原则，通过立法，明确高等学校的权利和义务，使高等学校真正成为面向社会自主办学的法人实体。要在招生、专业调整、机构设置、干部任免、经费使

---

① http://www.chinalawedu.con/falvfagui/fg22598/1935.shtml.
② 贺旻：《我国政府与高校关系的历史考量与最佳维度选择》，《国家教育行政学院学报》2005年第3期。
③ 何东昌主编：《中华人民共和国重要教育文献（1991—1997）》，海南出版社1998年版，第3451页。

用、职称评定、工资分配和国际合作交流等方面,分别不同情况,进一步扩大高等学校的办学自主权。学校要善于行使自己的权力,承担应负的责任,建立起主动适应经济建设和社会发展需要的自我发展、自我约束的运行机制。①

从《1993 纲要》看,政策文件所指的政策对象为"高等教育管理体制",触及了高等教育管理体制改革的本质与核心问题,那就是"政府与高校关系"问题。1993 年 7 月,国家教委颁发《普通高等学校本科专业设置规定》,要求"国家教委除继续负责审批直属高校设置少数专业和高等专科学校设置本科专业外,不再直接审批专业。高等学校设置本科专业一般须经有关地区或部门的专业设置委员会评议并由学校主管部门审批后报国家教委备案;高等学校可根据社会需要、自身办学条件和基础,自行设置或调整专业方向,并可在专业目录所列本专业门类所属二级类范围内自主调整原设专业;国家重点高校在学校主管部门审核的本科专业数额内,可自主审定设置符合本校学科性质门类的专业"。② 虽然该规定对高校办学自主权中的专业设置权进行了管理体制改革,但只是将专业审批权更多地下放给地方或国家业务部门,高等学校所具有的专业设置权仍需要受地方政府或国家业务部门的控制。

从办学实践看,《1993 纲要》提出下放给高校的办学自主权并没有得到真正的落实,如作为高校两项最重要的办学自主权——专业设置权和招生自主权一直未得到有效的落实。1994 年 7 月,国务院发布《关于〈中国教育改革和发展纲要〉的实施意见》,对《1993 纲要》提出的改革目标和政策精神进行细化,提出要"深化高等教育体制改革,建立政府宏观管理、学校面向社会自主办学的体制",对高等学校与政府各自的权利范围进行了明确界定。

---

① 何东昌主编:《中华人民共和国重要教育文献(1991—1997)》,海南出版社 1998 年版,第 3470 页。

② 《中国教育年鉴》编辑部:《中国教育年鉴(1994)》,人民教育出版社 1994 年版,第 136—137 页。

通过立法，明确高等学校的权利和义务，扩大学校的办学自主权，使学校真正成为面向社会自主办学的法人单位。学校在政府宏观管理下，自主组织实施教学、科研工作及相应的人、财、物配置，包括制定年度招生方案、自主调节系科招生比例、调整或扩大专业范围、确定学校内部机构设置、决定教职工聘任与奖惩、经费筹集和使用、津贴发放以及国际交流等。

政府要切实转变职能，改善对学校的宏观管理。政府的主要职能是：制订教育的方针、政策和法规；制订各类高等学校设置标准和学位标准；制订教育事业发展规划和审批年度招生计划；提出教育经费预算并统筹安排和管理以及通过建立基金制等方式，发挥拨款机制的宏观调控作用；逐步建立支持教育改革和发展的服务体系；组织对各类学校教育质量的检查和评估等，对学校进行宏观管理。属于学校的权限，坚决下放给学校。[①]

《1993纲要》提出要使"高校真正成为面向社会自主办学的法人实体"，并对其所具有的权利及与政府的权力边界进行了具体而明确的界定，但其"法人实体"并没有在《1993纲要》中明确。1997年1月，国家教委发布的《关于转变职能，加强宏观管理，扩大直属高校办学自主权的若干意见》指出："为适应新的形势要求，需进一步理顺国家教委和直属高校之间的关系，明确双方的责任、权利和义务，逐步建立政府宏观管理、社会积极参与、学校自主办学相结合的运行机制。国家教委将进一步转变工作作风，增加服务意识，改进和加强宏观管理的手段，充分尊重学校的办学自主权。凡明文规定属于学校自主权范围内的事务，国家教委各有关司局不得再进行行政干预。同时，要加强教委内各有关司局的协调，杜绝政出多门的现象。学校在办学自主权逐步扩大的形势下，在充分发挥主动性和创造性的同时，要特别重视权利与责任的统一，严格遵守各项规定，建立健全校内管理规章制度，形成自我发展和自我

[①] 何东昌主编：《中华人民共和国重要教育文献（1991—1997）》，海南出版社1998年版，第3663页。

约束的机制。"① "从各权力主体的权力值变化来看,高校权力明显上升,其比重已达 21.16%,但政府的权力(中央和地方之和)仍然高达 75.67%,还处于优势地位,政府与高校权力博弈模式为'政府主导型'。"②

二 试行中央与省分级管理、分级负责管理体制

经济体制改革和国务院机构改革,使得各部委的办学经费日益紧张,部门的非经营性投资大幅度减少。"据 37 个部委统计,1990 年高校投资额与 1985 年相比,平均下降了 26.6%,有三分之一的部委下降了 50% 以上。其中 1989 年比 1988 年下降 10%,1990 年又比 1989 年平均下降 30%。整个'八五'期间,中央各业务部门平均教育投资额只相当于'七五'投资完成额的 75.9%。"③为解决财政困境和摆脱管理责任,中央政府在"迫不得已"的状况下"主动"或"善意"放权,让渡一部分行政管理权给地方政府。从这个意义上讲,此时的高等教育管理体制改革是一种"经济驱动型"改革,旨在使地方政府承担更多的高等教育发展责任,增加更多的财政投入。

1993 年 1 月 12 日,国务院批转国家教委的《关于加快改革和积极发展普通高等教育的意见》明确提出今后高等教育管理体制改革的方向。

> 逐步实行中央和省(自治区、直辖市)两级管理、两级负责为主的管理体制。国务院各部门重点管理好直接关系国家经济、社会发展全局并在高等教育中起示范作用的骨干学校和行业性强、地方不便管理的学校。在中央与地方的关系上,中央管理部门要简政放权,加强地方政府的管理职能,中央主要负责大政方针、宏观规划

---

① 教育部政策研究与法制建设司编:《中华人民共和国现行教育法规汇编:1996—2001(上卷)》,高等教育出版社 2002 年版,第 489—490 页。

② 林荣日:《制度变迁中的权力博弈——以转型期中国高等教育制度为研究重点》,复旦大学出版社 2007 年版,第 312 页。

③ 朱承平:《关于中央业务部门高校管理体制改革方向的思考》,《中国高教研究》1993 年第 1 期。

和监督检查，对地方所属高等学校的具体政策、制度、计划的制定和实施以及对学校的领导和管理，责任和权力均交给地方，进一步加强省、自治区、直辖市对设在本地区的国务院各部门所属高等院校的协调作用。①

随后，《1993 纲要》对中央与地方的高等教育管理权力关系进行明确规定。

> 在中央与地方的关系上，进一步确立中央与省（自治区、直辖市）分级管理、分级负责的教育管理体制。中央直接管理一部分关系国家经济、社会发展全局并在高等教育中起示范作用的骨干学校和少数行业性强、地方不便管理的学校。在中央大政方针和宏观规划指导下，对地方举办的高等教育的领导和管理，责任和权力都交给省（自治区、直辖市）。按照这个精神中央要进一步简政放权，扩大省（自治区、直辖市）的教育决策权和包括对中央部门所属学校的统筹权。省（自治区、直辖市）在充分论证、严格审议程序，自选解决办学经费，以及统筹中央和地方所属高校毕业生就业去向的条件下，有权决定地方高等学校招生规模和专业设置。设置高等学校，由全国高等学校设置评议委员会评议，国家教委审批。②

这种分级管理、分级负责的新体制旨在淡化高校的隶属关系，由条块分割变为条块结合，在一定意义上扩大省级政府的统筹权和决策权。但是，由于相关制度建设的滞后，地方政府运用权力过程中存在一些不规范现象。"1993 年 7 月，国家教委将本科专业的审批权下放给高等学校主管部门，该年度马上新增本科专业 1251 个，净增 16.59%，共涉及 67 个省市、部委，331 所高校，平均每校净增本科专业 3.8 个，个别院校净

---

① 何东昌主编：《中华人民共和国重要教育文献（1991—1997）》，海南出版社 1998 年版，第 3451 页。

② 何东昌主编：《中华人民共和国重要教育文献（1991—1997）》，第 3470 页。

增本科专业20余个。新增专业经费投入不足、师资等办学条件差的问题比较突出。"① 1994年7月3日，国务院发布关于《中国教育改革和发展纲要》的实施意见，进一步明确高等教育逐步实行中央和省、自治区、直辖市两级管理、以省政府为主的体制，逐步扩大省级政府的教育决策权和统筹权："（1）随着中央业务部门管理的部分高等学校转由省级政府管理或实行联合办学，省级政府应对这些学校连同省属高校，进行统筹，合理布局，对学校和专业设置在自愿和充分协商的基础上进行必要的调整。（2）有条件的经济发展程度较高地区的中心城市办学，由中央和省两级政府统筹。（3）现阶段仍由国家教委审批高等学校的设置，同时，积极做好高等专科学校和高等职业学校审批权下放的试点工作。"②

1995年7月19日，国务院办公厅转发国家教委《关于深化高等教育体制改革的若干意见》。该文件明确指出，"高等教育管理体制改革的目标是，争取到2000年或稍长一点时间，基本形成举办者、管理者和办学者职责分明，以财政拨款为主多渠道经费投入，中央和省、自治区、直辖市人民政府两级管理、分工负责，以省、自治区、直辖市人民政府统筹为主，条块有机结合的体制框架"。"加强省、自治区、直辖市人民政府对本地区所有高等学校的统筹规划、协调、调整和管理，逐步变条块分割为条块有机结合。"③ 政策文本运用"深化"一词暗示着高等教育管理体制改革的艰巨性和长期性，是高等教育体制改革的重点和难点问题，因而要求改革"方向明确、态度积极，努力探索、措施得力，步子稳妥、逐步到位"，显示了一种非常审慎、求稳的改革方向。

三 "共建、合作、合并、协作、划转"

新中国成立后，实行的是高度集中的计划经济体制，全国主要的大、中型企业都由中央产业行政管理部门直接负责建设和管理。与这种经济

---

① 朴雪涛：《现代性与大学——社会转型期中国大学制度的变迁》，人民出版社2012年版，第113页。
② 何东昌主编：《中华人民共和国重要教育文献（1991—1997）》，海南出版社1998年版，第3663页。
③ 何东昌主编：《中华人民共和国重要教育文献（1991—1997）》，第3852页。

体制相适应,这些产业行政管理部门相继创办并管理了一批为本行业、本部门培养专门人才的单一学科为主的高等院校,例如煤炭、石油、化工、冶金、电力、轻工、纺织、机械、电子、建筑、军工、交通、铁道、民航、商业、外贸等部门的高等学校。① 随着地方经济实力的增强与所需人才的增加,各省、自治区、直辖市根据本地区的实际情况,也创办并管理了一批为本地区经济社会发展服务的高等院校,从而形成中央教育主管部门、其他部委主管部门与地方政府分别创办和管理一批高校的"条块分割"办学体制。

在这种"条块分割""部门办学"的格局中,封闭的办学情况导致中央各部门和省级政府在高校和专业设置上各搞一套,形成"你有,我有,大家全都有"的状况,导致资源配置严重不合理。正如前国务院副总理李岚清所言:

> 我曾形象地描绘当时高等教育资源被分割的局面,就好像一块蛋糕,先被横切,再被竖切,左切右切,最后被切成蛋糕屑了。②

面对这种低水平的重复建设,政府对计划经济体制下行政机构与高等教育管理体制及运行体制进行大刀阔斧改革。为建立与社会主义市场经济体制相配套的政府体制,1993年政府机构再次进行改革,强调转变职能的根本途径是政企分开,减少对具体审批事务和对企业的直接管理,做到宏观管好,微观放开。经过改革,"国务院各部委、直属机构和办事机构由68个调整为59个,各部门精简平均为20%左右。省、自治区党政机关由平均76个减为56个,直辖市党政机构由平均100个减为75个。市地县的党政机构,也按照中央的要求精简。各级政府机构人员约减少200万,占原有行政编制的23%"③。政府机构的改革使相关部属高校的隶属问题开始提上议事日程。1994年12月在上海召开了全国高等教育体

---

① 李岚清:《李岚清教育访谈录》,人民教育出版社2003年版,第79页。
② 李岚清:《李岚清教育访谈录》,第81页。
③ 周志强、曾云燕:《新时期中国政府机构改革的历史回顾》,《中国政治》2003年第4期。

制改革座谈会,会上提出当前要以推动各种形式的联合办学和调整高校布局为主推动管理体制改革,并总结了高等教育管理体制改革的五种形式,即"部门与省级政府共建共管高等学校、高等学校之间合作办学、部分高等学校进行合并、中央部委院校划转地方管理、企业及科研单位参与高等学校管理"[①]。1996年4月10日,教育部《全国教育事业"九五计划"和2010年发展规划》中提出:"'九五'期间,以'共建'和'联合办学'为主要形式,扩大学校投资渠道和服务面向,淡化和改变学校的单一隶属关系。加强省级政府统筹和条块结合,推动有条件的学校进行实体合并。部分专业通用性强、地方建设需要的中央部门所属学校,可转交省级政府管理。到2010年,中央政府只管理少数有代表性的骨干学校和一些行业性强、地方政府不便管理的学校,较多的学校要转由地方政府管理或以地方为主管理。"[②] 此后,高等教育管理体制调整在全国各地积极展开。1996年8月,国家教委在北戴河召开全国高等教育管理体制改革工作座谈会,正式形成了高等教育管理体制改革的"共建、合作、合并、协作、划转"五种形式,启动了新一轮"院系调整"[③]。

(一) 共建

共建向上延伸指中央部委与各省(直辖市、自治区)共建共管高等学校,向下延伸则是省(市)政府与属地市政府共建共管省属高校。其意义是中央政府试图打破中央部委所属高校与中央主管部门的单一隶属关系与条块分割现状,借助地方政府之力发展大学。共建肇始于国家教委与广东省共建中山大学、华南理工大学。1992年,原国家教委从打破高校单一隶属关系、加强地方政府对高等教育的统筹入手,积极促成了广东省政府与原国家教委共建中山大学和华南理工大学。共建后,两校

[①] 国家教育委员会高等教育司:《积极推进高等教育体制改革——全国高等教育体制改革座谈会汇编》,中国铁道出版社1995年版,第23—28页。

[②] 教育部政策研究与法制建设司编:《中华人民共和国现行教育法规汇编:1996—2001(上卷)》,高等教育出版社2002年版,第57—64页。

[③] 新一轮"院系调整"并不是一个简单的高等教育事件,而是一场影响深远的高等教育结构变更。它旨在通过"共建、调整、合作、合并"的方式,重新调整中央政府与地方政府、政府与高校、教育部业务部门与其他业务部门的关系,把高等教育全面纳入服务于政治、经济和社会发展的轨道。

的隶属关系不变，仍为国家教委直属高校，除国家拨款渠道不变外，广东省在基建投资及地方政府出台的政策上对两校给予补助或支持；两校则在专业设置、招生、毕业生就业和科研方面优先满足广东省经济建设和社会发展的需要。

1993年11月，上海市政府根据"合作、互利、求实"的原则，本着"认真分析，积极慎重，抓紧试点"的方针，选择复旦大学、上海交通大学、上海外国语学院3所高校，作为上海市政府与国家教委"共建"的试点。

> 3所高校在隶属关系上仍然属于国家教委直属高校，领导体制实行国家教委和上海市双重领导。三校原投资渠道不变，国家教委继续给三校提供所需的事业、基建待遇和原来享受的各种专项拨款和补贴，并按委属高校的正常比例增加投入。从1994年起，上海市财政每年给三校一定数量"共建"补贴。对三校引进海外和国内其他的高级人才在户口指标和减免城市建设费及其他土地征用方面，给予与地方高校同等待遇。上海市会同国家教委根据上海市经济建设和社会发展需要以及学校改革、发展的需要，每年确定为三所学校共建一些有意义的项目。国家教委支持上海市调整高校布局，优化高教结构，提高办学效益。支持三校逐步扩大在上海的招生名额，增加毕业生留上海的比例。[1]

"至1995年底，实行共建高校有40所，其中国家教委所属高校24所，部委所属高校16所。此外，有关部委和省市对16所高校已有共建意向。在共建形式上，多数是部委与省（直辖市）共建，也有一些是部委与学校所在市共建或部委与部委共建。"[2] "1995年中央部委所属高校占全国高校总数的比例为33.96%，2000年下降到11.14%，2006年这一比

---

[1] 朴雪涛：《现代性与大学——社会转型期中国大学制度的变迁》，人民出版社2012年版，第114—115页。

[2] 荀渊、刘信阳：《从高度集中到放管结合——高等教育变革之路》，华东师范大学出版社2018年版，第66页。

例仅为 5.94%。数百所中央部委所属高校或被合并重组，或被下放给地方政府共建。"① 共建对于淡化和改变高校单一的隶属关系，调动中央和地方的积极性，加强省级政府对高等教育的统筹管理，促进条块有机结合，具有非常重要的意义。

（二）合作

所谓"合作"，"指距离相近的不同类型、不同科类的学校，开展学校之间的合作办学，在自愿互利的基础上，实行资源共享、优势互补、学科交叉、协同发展，共同提高办学水平和效益"②。为打破教育资源互不沟通的分割局面，做到优势互补，资源共享，1994 年，上海交通大学、上海医科大学、华东理工大学、中国纺织大学、上海农学院、华东师范大学和华东政法学院分属中央和地方 5 个部门的 7 所高校联合组建了七校联合办学管理委员会。七校联合办学管理委员会主任和副主任分别由上海市教委副主任魏润柏、上海交通大学校长翁史烈兼任。最早的协作主要在图书馆、农产品、科研、网络、仪器设备、学生工作等方面。随后，上海东北地区的复旦大学、同济大学、上海财经大学、上海水产大学、上海体育学院、上海海运学院、上海城建学院、上海建材学院、上海电力学院、华东工业大学 10 所高校成立了上海东北地区十校合作办学体，由复旦大学校长杨福家兼任主任。1995 年，上海市教委分别向两个办学联合体拨专款 50 万元，以支持和推动联合办学。③

江苏省高校间的合作办学也取得了新进展。如南京中医大学和南京师范大学联办中医药国贸专业，南京大学和中国药科大学联办七年制的生物制药专业等。除此之外，江苏省还鼓励和支持高校与县（市、区）政府、企业集团开展各种形式的联合办学，如东南大学与溧阳市政府联合办学建立东南大学溧阳学院；南京大学与丹阳市政府联合办学建立丹

---

① 别敦荣、郝进仕：《论我国高等教育地方化和地方高等教育发展战略》，《高等工程教育研究》2008 年第 10 期。
② 李均：《中国高等教育政策史（1949—2009）》，广东高等教育出版社 2014 年版，第 259 页。
③ 李进：《上海教育发展 60 年重大事件纪实》，上海教育出版社 2010 年版，第 157 页。

阳学院;南京林业大学与徐州沛县联合办学建立南京林业大学沛县学院等。①

各合作高校的隶属关系和经费来源渠道并没有发生改变,各独立法人通过协议就教学、科研、后勤服务等感兴趣的方面进行合作,有利于打破各高校封闭办学、不合理重复建设等弊端,加强教育资源之间的共享,促进共同发展,提高高校的办学水平和效益。

(三) 划转

所谓"划转",就是将中央业务部门所属的高校转为地方政府管理。全国进行划转最早的是由对外贸易经济合作部主管的对外贸易学院。

在对外贸易垄断时代,国家为了培养外贸人才,20世纪50年代初外贸部就办了北京外贸学院,即后来的对外经济贸易大学。以后贸易发展了,人才不够,于是又先后在上海、广州、天津办了外贸学院,在各地办了正式外贸中专22所,还有职业中专、职工中专、外贸培训中心40所,外经贸部的直属学校达到66所。当时由于地方政府没有外贸经营权,当然也就没有培养外贸人才的必要和愿望。然而,从1988年开始,进行外贸体制改革,外贸经营权下放,各地急需培养对外贸易人才,不少大学办起了对外经贸方面的系科。因此,对外经济贸易部自己再办这么多院校,就没有必要了。有一次,我有事要找部里的财务司司长,他在电话里对我说:李部长,我现在正被外地来的几位外贸中专校长围住,等我处理一下,马上就来。我问找他是什么事,他无奈地说,还能什么事,无非是来要钱盖房子,连盖托儿所、厕所都要来部里要钱。他还说几乎三天两头就有人来。这件事对我触动很大。我想,经贸部成天纠缠在这类事务中,还有什么精力来考虑国家发展对外经济贸易的宏观大事呢?再说我们已将外贸经营权下放了,各地又有办学培养这方面人才的积极性,我们又何必把学校抓在手里不放呢?经过部党组研究决定,在20世

---

① 宋旭峰:《地方高等教育发展轨迹:江苏高等教育结构演变实证研究》,南京师范大学出版社2008年版,第175页。

纪90年代初,除暂时保留北京的对外经济贸易大学外(以后也交给教育部统一管理了),其他65所学校全部交给地方管理,经费也划给地方财政。当时地方正有需要,所以划转工作进展非常顺利。下放以后,地方对这些院校的重视和支持的力度都远远超过了部门管理时期,以后也一直发展得很好。①

随后,全国各地部属高校划转地方进入高潮。1995年,上海城建学院、立信会计高等专科学校、上海奉贤医学高等专科学校分别由市建委、市财办、市卫生局划转为上海市教育委员会管理。2000年,上海水产大学、上海电力学院、上海海事大学、华东政法学院、上海旅游高等专科学校、上海医疗器械高等专科学校、上海出版印刷高等专科学校、上海金融学院、上海音乐学院、上海戏剧学院由农业部、电力公司、交通部、司法部、国家旅游局、国家药品监督管理局、国家新闻出版总署、中国人民银行、文化部划转为上海市管理,实行由上海市和原主管部委共建、以上海市管理为主的体制。②划转有利于减少由条块分割而造成的重复建设现象,进一步加强了省级政府的教育统筹力度,促进了高校更好地为本地区经济社会发展服务,培养更适合本地区需要的人才。

(四)合并

合并,是联合办学的最高形式,主要指"两个或两个以上独立的机构联合为一个新的机构实体,并由新的实体来进行管理和执行,先前机制的所有资产、债务和责任都移交到这个新的机构"③。按照合并的对象与特点,合并本身呈现出多种形式。根据参与方发生变化的结果来分,可以把合并分为结成一体型和收购型。

1. 结成一体型

结成一体型指两个或两个以上的组织结合形成新的组织,新组织具有新使命、新运营方式、新组织架构和新办学目标。即大学A和大学B

---

① 李岚清:《李岚清教育访谈录》,人民教育出版社2003年版,第89页。
② 李进:《上海教育发展60年重大事件纪实》,上海教育出版社2010年版,第156页。
③ 纽芳怡、曾满超:《发达国家高校合并研究》,《教育发展研究》2007年第6期。

合并成为大学 C，大学 C 成为一所新大学，具有新的营运方式、办学目标和组织架构。结成一体型合并模式以扬州大学、南昌大学和四川联合大学等为代表。

2. 收购型

收购型指一个大组织吸收了另一个或几个小组织而本身没有受到实质性影响，办学规模、组织架构、办学实力大幅度的加强。即组织 A 收购或吞并了组织 B，组织 A 成为一个新型的大学 A_1。收购型合并以浙江大学、青岛大学、上海大学和南开大学为代表。

1992 年合并形成的 20 所高校中，除扬州大学、郑州大学等高校外，大多数参与合并的高校仍以专科院校、成人高校为主。1993 年虽然参与合并的高校数量略有下降，但以增强实力为目的的"强强合并"或以学科综合为目的的"互补性合并"的高校数量有所增加。"1995 年到 1997 年，参与合并的院校数量为 138 所，比前三年增加 30 所；合并形成的高校数量为 55 所，比前三年增加 15 所。参与合并和合并形成的院校数量均有小幅度增加，但合并的质量有大幅度提高，合并的目的性更加明确，涉及面更加广。"[1]

以"共建、合作、合并、协作、划转"为主要形式的新一轮"院系调整"不仅打破了条块分割、重复办学的局面，实现了教育资源的合理重组、配置和充分利用，而且调动了中央、地方及社会各方面参与办学的积极性，使教育质量和办学效益有了明显提高。但也有学者认为，"在 2000 年前后原部门所属高等学校通过共建、合并、合作、调整等方式下放到省级政府管理后没有再进行改革，许多深层次问题并没有彻底解决，而且这些学校由面向全国改为主要面向地方，也造成教育资源的不平衡和资源浪费"[2]。

---

[1] 荀渊、刘信阳：《从高度集中到放管结合——高等教育变革之路》，华东师范大学出版社 2018 年版，第 69 页。

[2] 刘宝存：《改革开放以来我国高等教育管理体制的回顾与前瞻》，《复旦教育论坛》2009 年第 1 期。

第四节　发展型高等教育管理体制的政策特征

从80年代初开始，中国高等教育管理体制开始形成一种与全能型计划体制下"强管控、弱发展"政策目标不同的管控逻辑体系。在这种体系下，传统的央地校利益高度合一的共同体开始松动，最终走向解构；产业发展和市场化取代原有的政治稳定，成为新的首要的政策目标；政府更多依靠市场手段和准行政手段来达到管控目的，但效果不太理想，进而导致高等教育质量全面下降。

一　政策价值：为经济发展提供人才支撑

改革开放后，随着党和国家工作重心从以阶级斗争为纲转移到以经济建设为中心，以及政府决策层的结构性大变动，主流理念一定程度上呈现革命信仰对效率和发展理念的"退让"，为社会主义现代化建设服务成为高等教育的主要价值追求。在发展型体制下，高等教育定位从"为政治斗争服务的工具"转变为"对国民经济发展具有影响的重要产业"，显示出高等教育逐渐产业化和市场化的发展逻辑。例如，1992年中共中央、国务院《关于加快发展第三产业的决定》将教育列为第三产业，而且确立为"对国民经济发展具有全局性、先导性影响的基础行业"。在这种发展逻辑下，国家对高等教育行业整体上的管控呈现出鲜明的产业发展和市场化目标导向。早出人才、多出人才、快出人才，以满足社会主义现代化建设的迫切需要，是发展型体制下高等教育政策目标的直接体现，呈现出"效率优先，兼顾公平"的经济中心取向的特征。"追求效率的强烈动机恰好迎合了1992年邓小平'南巡讲话'的精神以及党的十四大确立的'建立社会主义市场经济体制的目标'。"[①] 如《1985决定》提出，"教育必须为社会主义建设服务，社会主义建设必须依靠教育……为九十年代以至下世纪初叶我国经济和社会的发展，大规模地准备新的能

---

① 赵德余：《解释粮食政策变迁的观念逻辑：政治经济学的视野》，《中国农村观察》2010年第4期。

够坚持社会主义方向的各级各类合格人才"。这一提法表明高等教育开始从极端"为政治服务"转移到积极"为经济建设服务"上来。《1993纲要》提出："必须坚持教育为社会主义现代化建设服务，与生产劳动相结合，自觉地服从和服务于经济建设这个中心，促进社会的全面进步。"显而易见，这一时期政府所确立的高等教育政策价值取向更多地面向经济建设、面向市场，把服务经济发展和社会发展作为着力点。

二 政策目标：分权型高等教育管理体制

政策决策层在效率优先的价值取向下有计划地收缩中央政府管理权力，赋予省级政府和高校一定的管理权力，以实现建立分权型高等教育管理体制目标。首先，政府权力部分下放给高校，赋予高校一定的办学自主权。《1985决定》规定高校具有计划外招生权、专业方向调整权、教学管理权、科研权、内部行政管理权、财务管理权和对外交流权等7项自主权。1986年国务院颁发的《高等教育管理职责暂行规定》明确了大学具有招生、财务、基建、人事、师资、教学、科研和对外交流8个方面的自主权。《1993纲要》再次明确"要按照政事分开的原则，通过立法，明确高等学校的权利和义务，使高等学校真正成为面向社会自主办学的法人实体"。

其次，中央政府下放权力给省级政府，加强省级政府对高等教育的统筹权。1986年的《高等教育管理职责暂行规定》赋予省级政府招生计划编制权、高等专科学校专业设置审批权和对中央业务部门所属院校联合办学试点的统筹权。《1993纲要》明确要求"中央要进一步简政放权，扩大省（自治区、直辖市）的教育决策权和包括对中央部门所属学校的统筹权。省（自治区、直辖市）有权决定地方高等学校招生规模和专业设置"。

三 政策对象：央地校利益共同体瓦解

全能型体制下利益高度合一的中央政府、地方政府和高校间关系虽然比较好地实现了对人才培养规格和目的的管控，但同时也严重束缚了地方政府和高校办学的积极性和主动性。为了迅速改变高等教育生产和经营落后的局面,起始于 20 世纪 80 年代初的高等教育管理体制改革,逐渐通过权力下放的政策方式赋予地方政府和高校一定的统筹权和办学自主权,同时将高等教育定位为"对国民经济发展具有影响的重要产业",允许和鼓励非国有资本参与和进入高等教育产业发展行列。推动高等教育规模快速扩大,在满足经济社会发展需要的同时减轻政府财政负担逐渐成为更加优先的价值取向,中央政府、地方政府和高校之间已经呈现出某种利益分化和关系弱化的趋势。20 世纪 80 年代中期以来的高等教育产业化现象在 1992 年以后呈现愈演愈烈的趋势,表现为高等教育规模迅速扩大,所有制结构日趋复杂和多样,中央政府、地方政府和高校都试图从高等教育产业发展中获取更多的利益,产业发展导向压过了质量管控。市场化改革的深入与高等教育地方化竞争的加剧,迫使已经出现弱化的央地校利益共同体走向彻底瓦解(见图 3—1)。

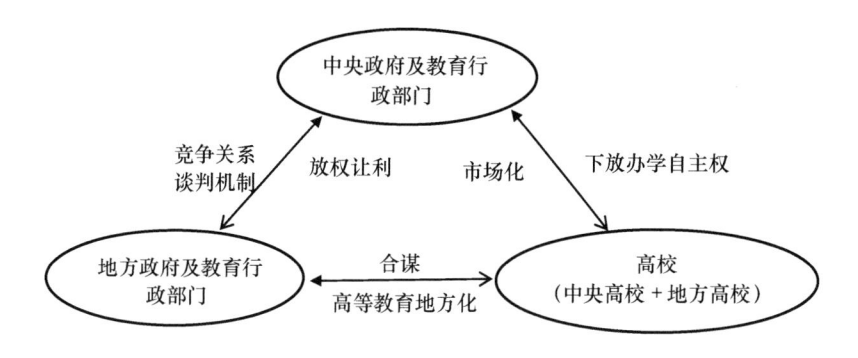

图 3—1 发展型体制下央地校利益共同体解构示意图

首先,以市场化和产业化为导向的高等教育管理体制改革使得高校丧失了财政预算软约束的保护。《1985 决定》、1986 年《高等教育管理职责暂行规定》和《1993 纲要》认可了高校在财务、招生、基建、人事、师资、对外交流等具体办学行为方面拥有相对的自主权,真正成为面向社会自主办学的法人实体,政府从这些具体事务中逐渐退出。为应对国家高等教育投入不足带来的财政危机,高校必须通过直接介入市场活动来获取商业收入,表现出渐强的商业利益诉求,组织运行的目标和行为具有鲜明的利益色彩,诱使其产生规避政府质量监管的意图,中央政府与高校之间的利益共同体关系随之瓦解。

其次,"在发展型管理体制下,作为管控者国家本身,由于采取了分散的职能管理体制和地方分权化改革"①,中央政府在《1985 决定》、1986 年《高等教育管理职责暂行规定》和《1993 纲要》中要求下放一些高等学校设置审批权、学位点设置审批和管理权限给地方政府,实行中央和省级政府分级管理、分级负责管理体制,地方政府从"权力的传送带"改变成为拥有相对独立利益和一定自主权的行为主体,在高等教育管理过程中具有部分教育统筹权和决策权,开始具有自己的政治利益、经济利益和教育利益诉求。地方政府与中央政府的权力和利益矛盾逐渐升级,与计划经济时代下利益相对一致的全能型高等教育管理体制形成鲜明对比,央地校利益共同体关系逐步瓦解。

再次,在发展型体制下,随着中央政府放权让利和高等教育地方化进程加快,"地方政府逐步在 1990 年代成为直接的政策行动者甚至决策者,并以利益主体、行为主体以及决策主体多重身份参与高等教育的地方化改革,并以产业发展的新思维将高等教育整合进地方社会经济发展的总体性规划之中"②。为追求"晋升业绩最大化"③,地方政府积极扮演"政治企业家"的角色,通过大学城建设、老校区土地置换和扩大高等教育规模等方式参与到日益激烈的"增长"竞争中。地方政府为取得竞争胜利而创新的方式"也使得高等学校获得规模扩张所需的空间,并暂时摆脱规模扩张带来的财政危机"④,实现了地方政府与高校共同利益的"共谋"和双赢。

四 政策工具:强制性工具为主,市场性工具开始涌现

发展型体制下的高等教育管理体制最核心的双重特征在于,体制上

---

① 刘鹏:《政企事利益共同体:中国药品安全管理体制变迁的历史逻辑》,《武汉大学学报》(哲学社会科学版) 2011 年第 2 期。
② 张烨:《中国高等教育发展路径研究》,人民出版社 2012 年版,第 256 页。
③ 何艳玲、汪广龙、陈时国:《中国城市政府支出政治分析》,《中国社会科学》2014 年第 7 期。
④ 彭红玉:《政府激励与地方政府高等教育竞争》,博士学位论文,华中科技大学,2010 年,第 117 页。

仍然存在严重的政校不分、政事不分现象；在利益目标方面，中央政府、地方政府和高校之间的利益共同体关系已趋于消解。在此种情境下，发展型体制下国家在发展高等教育的工具使用上必然带有某种混合型色彩，即一方面国家仍然通过传统计划经济时代的强制性工具对地方政府和高校办学行为进行直接干预；另一方面由于市场化和产业化的发展，国家适当采用了市场中心型的工具来变革高等教育管理体制。

一是强制性政策工具运用数量较多，且种类得以扩展，主要包括规制工具、命令性和权威性工具及直接提供工具。规制工具主要指以建立和调整规则的方式确立了中央与省分级管理、分级负责的管理体制。命令性和权威性工具主要指机构设置和指示指导。机构设置指1985年设置国家教育委员会和撤销教育部，并对国家教育委员会、国务院有关部门和省级政府有关的教育权限作了明确规定。指示指导指在《1985决定》《1993纲要》文本中对中央与地方、政府与学校、国家教委和中央业务部门间权力关系做出具体规定。直接提供工具相较前一阶段的运用比较单一，主要指通过公共财政支出逐步提高国家财政性教育经费支出占国民生产总值的比例，保证教育经费的来源稳定和数量增长。行政手段依然是政府干预大学的重要手段之一。如1992年开始的"共建、调整、合作、合并"完全是在政府的行政手段主导下进行的。

二是权力下放。权力下放指中央政府下放是权力给高校和省级政府。《1985决定》明确指出，"要扩大高校的办学自主权"。《1993纲要》要求"中央要进一步简政放权，扩大省（自治区、直辖市）的教育决策权和统筹权"。

三是使用者收费。使用者收费指政府为减少公共教育费支出而要求消费者花钱购买服务。《1985决定》指出，"高等学校可以在计划外招收少量的自费生，学生应缴纳一定数量的培养费"。1989年《关于普通高等学校收取学杂费和住宿费的规定》、1992年《关于进一步改革和完善普通高等学校收费制度的通知》及1997年国家确立全面实行学费制度等，表明高等教育应该实行成本分担和成本补偿制度。

四是开放市场。《1985决定》允许"社会力量"兴办民办高等学校。《1993纲要》提出"中央及部门所属高校要扩大服务面向和经费来源渠道，加强与地方政府、企业及社会各界的合作与联系"。1998 年《中华人民共和国高等教育法》第六条规定："国家鼓励企事业组织、社会团体、其它社会组织和公民等社会力量依法举办高等学校。"这一规定表明，政府对社会力量举办高等教育的态度由"严格控制"转向了"鼓励"和"支持"。

第四章

服务型体制（1998年至今）：央地校利益关系的重构与制度化

改革开放以来，"强发展、弱管控"的发展型体制在推动高等教育高速发展和满足人民群众接受高等教育需求方面取得了突破性进展，高等教育规模实现了跨越式发展，但以发展为导向的高等教育政策范式也存在两个严重的政策问题：一是高等教育入学机会公平问题。高等教育大众化进程虽然扩大了人民群众接受高等教育的机会，但弱势群体特别是农村学生的比例在精英型高等院校逐步下降[1]，强势阶层子女的辈出率更高，阻碍了高等教育公平和民主化进程。二是高等教育质量问题。高等教育在规模连续扩张时，在经费投入、教师队伍建设、办学理念变革和专业设置调整等方面严重滞后，导致办学质量和人才培养质量滑坡。如何在市场竞争与政府监管、产业发展与质量管制、发展速度与教育公平之间保持平衡，成为20世纪90年代末期中国高等教育管理政策迫切需要解决的问题。在现代国家体系中，高等教育事务是一项基本公共事务，国家主要通过法律、政策、税收、办学标准和财政拨款等形式为社会公众提供公平、高质量的基本高等教育公共服务。21世纪以来，随着"以人为本""和谐发展""科学发展观"理念的出现，一种新的服务型政府[2]治理逻辑开始在高等

---

[1] 杨东平：《高等教育入学机会扩大中的阶层差距》，《清华大学教育研究》2006年第1期。

[2] 1998年《国务院机构改革方案》首次把"公共服务"确立为政府的基本职能。2004年温家宝总理提出了"建立服务型政府"的改革目标。"服务型政府"建设要求政府简政放权，创新管理体制和管理方式，减少政府不必要的行政审批事项和对高校微观教育活动的干预，强化政府宏观调控和市场监管职能，提高政府执行力。

教育管理中建立起来，国家重新界定职能，从集中管理向高校合理分权转变，通过立法和制定章程等形式确立高校的办学自主权。同时，中央政府向省级政府"放权"，改革部门办学体制，不断扩大省级政府的统筹权，央地校利益关系得以重新构建和制度化。

第一节 发展型体制向服务型体制的过渡阶段和央地校利益关系的重构（1998—2002）

基于发展型体制的成本分担的并轨招生政策、扩招政策、公共资源配置政策等以强有力的组合方式推动了高等教育市场化的进程，高等教育效率价值得到进一步彰显。但伴随着高等教育规模的迅速扩大，高等教育整体质量却被稀释，社会对高校的人才培养质量、科研质量及服务质量的批判及责难使得高等教育陷入前所未有的认同危机，民众对高等教育质量公平的政策诉求日益突出。这些变化和要求对政府理念转变、职能转型和工具创新等提出了新的要求，发展型体制模式开始受到反思和质疑。2002年召开的党的十六大第一次把政府职能归结为经济调节、市场监管、社会管理和公共服务四项内容。一种新的政府治理模式逐渐形成。受此影响，政府对高校的行政管理模式也开始逐步调整。

一 法律赋予高校办学自主权

1998年3月20日，第九届全国人民代表大会第一次会议批准了《关于国务院机构改革方案的决定》，提出"转变政府职能、实现政企分开""精简、统一、效能""效能一致""实行依法治理、依法行政"等改革原则，明确了"建立办事高效、运转协调、行为规范的行政管理体系""逐步建立适应社会主义市场经济体制的有中国特色的行政管理体制的改革目标"。[①] 将原国家教育委员会更名为教育部，为直属于国务院的部级机构，是国务院主管教育事业的行政部门。在教育部划出的12项职能中，有5项权力下放给了高等学校。这5项权力分别是：

---

① 《国务院机构改革方案》，《全国人民代表大会常务委员会公报》1998年第1期。

(1) 在实行工资总额包干和执行高等学校编制管理有关规定的前提下,将教育部直属高等学校的内部用人制度、劳动工资和收入分配的管理、内部机构的设置以及在专业技术职务宏观结构调控下学校专业技术职务岗位设置与调整的审批权,下放给直属高等学校;(2) 教育部直属高等学校副校级(不含副校级)以下领导职务任免管理权,下放给直属高等学校;(3) 已批准设立研究生院的高等学校及科研机构,可自行审批本单位相关专业的硕士学位授予点;(4) 将博士学位授予单位的博士生指导教师的审批权,下放给已经批准为博士学位授予单位的高等学校和有关科研机构;(5) 教育部直属高校根据国家房改政策和教育部有关规定制定的学校住房制度改革办法,由学校报当地房改部门审批并报教育部备案。[1]

1998年8月29日,第九届全国人民代表大会常务委员会第四次会议通过了《中华人民共和国高等教育法》(简称《1998高等教育法》)。第一次从法律的角度确认了高校办学自主权和自主办学的法人实体。《1998高等教育法》充分体现了《1985决定》和《1993纲要》的基本精神,规定了高等学校办学自主权的基本内容。《1998高等教育法》第三十条规定:"高等学校自批准设立之日起取得法人资格。高等学校的校长为高等学校的法定法人。高等学校在民事活动中依法享有民事权利,承担民事责任。"同时,《1998高等教育法》第四章第32—38条第一次以法律形式明确规定高校享有7个方面的办学自主权,即招生权、学科专业设置权、教学权、科研开发和社会服务权、国际交流合作权、机构设置和人事权、财产管理和使用权。

第三十二条 高等学校根据社会需求、办学条件和国家核定的办学规模,制定招生方案,自主调节系科招生比例。

第三十三条 高等学校依法自主设置和调整学科、专业。

---

[1] http://www.chnroad.com/hyweb/com/index.asp? uid = 975.

第三十四条　高等学校根据教学需要，自主制定教学计划、选编教材、组织实施教学活动。

第三十五条　高等学校根据自身条件，自主开展科学研究、技术开发和社会服务。

第三十六条　高等学校按照国家有关规定，自主开展与境外高等学校之间的科学技术文化交流与合作。

第三十七条　高等学校根据实际需要和精简、效能的原则，自主确定教学、科学研究、行政职能部门等内部组织机构的设置和人员配备；按照国家有关规定，评聘教师和其他专业技术人员的职务，调整津贴及工资分配。

第三十八条　高等学校对举办者提供的财产、国家财政性资助、受捐赠财产依法自主管理和使用。高等学校不得将用于教学和科学研究活动的财产挪作他用。[1]

《1998高等教育法》通过上述条款划定了政府管理高校的权力边界，从法律角度明确了高等学校的法人实体地位，在一定程度上保障了高校的办学自主权。但是，"从严格意义上讲，法人只是民法上的一个概念。高等学校法人也只是民法上的一般法人，仅仅具有民事主体的资格，法人制度只能解决高等学校的民事权利问题，而不能解决高等学校与政府的关系"[2]。由于受到计划经济体制的深层影响，公立高校仍具有一定的行政级别，高校与政府间的行政隶属关系没有改变。《1998高等教育法》中对高校办学自主权的规定没有完全落实。除了科研开发和社会服务权、国际交流合作权落实得比较充分外，教学自主权、机构设置和人事自主权、财产管理和使用自主权仅仅停留在法律文本上。招生计划与指标、博士点与硕士点审批、重点学科与重点专业的认定、教师职称的评定、学校负责人的任免等都受到教育行政部门的直接干预。"1990年代之后，

---

[1] 郝维谦、龙正中、张晋峰：《中华人民共和国高等教育史》，新世界出版社2011年版，第614—615页。

[2] 申素平：《谈政府与高校的法律监督和行政指导关系》，《中国高等教育》2003年第8期。

由于政治体制改革、行政体制改革停滞，官本位、行政化的价值回潮，近年来到了十分严重的程度，重新强化高校的行政级别，现在竟然有 39 所所谓的'副部级大学'！所以在高校管理体系的维度上，现在比 80 年代大大后退了。"① 正是由于官本位文化的影响，政府把高校作为其下属单位，相对于 80 年代高等教育管理体制改革，政府对高校核心办学自主权的控制不仅没有"归还"，相反还在一定程度有所加强。

为配合《1998 高等教育法》的实施，国家相继颁布了一系列的政策法规，再次强调了高校不容侵犯的独立主体地位，提出了落实高校办学自主权的具体原则与要求。1999 年 6 月 13 日，中共中央、国务院颁布《关于深化教育改革 全面推行素质教育的决定》（简称《1999 决定》），它与《1998 高等教育法》一起成为这一阶段标志性的法律政策文件，对今后高等教育管理体制改革和发展产生了重要的影响。《1999 决定》第 11 条规定，"按照《中华人民共和国高等教育法》的规定，切实落实和扩大高等学校的办学自主权，增强学校适应当地经济社会发展的活力。加强对高等学校的监督和办学质量检查，逐步形成对学校办学行为和教育质量的社会监督机制以及评价体系，完善高等学校自我约束、自我管理机制。进一步扩大高等学校招生、专业设置等自主权，高等学校可以到外地合作办学"。② 1999 年 9 月 15 日，教育部颁布的《关于当前深化高等学校人事分配制度改革的若干意见》（简称《1999 若干意见》）第 13 条、第 14 条和第 15 条规定：

> 要严格依法落实高等学校的内部管理自主权。根据《教育法》和《高等教育法》的有关规定，学校依法自主、有效地管理学校内部事务，并承担相应的义务和责任。政府部门不对学校办学自主权范围内的事务进行干预，使高等学校真正拥有办学、用人和分配等方面的内部管理权。

---

① 马国川：《教育改革：从八十年代再出发》，《经济观察报》2009 年 3 月 9 第 43 版。
② 何东昌主编：《中华人民共和国重要教育文献（1998—2002）》，海南出版社 2003 年版，第 288 页。

根据学校实际需要和精简、效能的原则，学校自主确定和调整学校的教学、科研组织机构及其管理体制。在国家规定的学校内设管理机构限额内，学校自主确定内部职能机构的设置。在主管部门核定下达的人员编制定额内，学校自主确定人员配备和各类人员的构成比例，决定人员的使用。

高等学校有权依据校内各方面承担的任务和工作性质，选择不同形式的用人制度和管理体制。高等学校有权依据教学、科研等任务和国家的有关规定，自主设置和调整专业技术职务岗位，按照授权自主进行专业技术职务聘任工作。在实行工资总额包干的前提下，确定适合本校实际的工资津贴分配办法和标准。①

《1999决定》和《1999若干意见》为高校办学自主权的落实提供了一定的保障，但是政策文本中的"进一步简政放权"主要指中央政府向地方政府放权，重点仍在"共建、调整、合作、合并"，政府向高校放权仅从"原则性上"进行了重新强调。

二　中央与省两级管理、以省为主管理新体制确立

中国高等教育管理体制经过20世纪90年代的"共建、调整、合作、合并"的改革，形成了一个基本符合社会主义市场经济体制的高等教育管理体制。到1998年初，中国共建高校100所，其中实行中央部委与地方政府（包括省、市两级）共建共管的学校89所，部与部共建的学校3所，省市共建的学校8所；有181所学校合并成74所；中央部委划转地方的学校有8所；实行学校间合作办学的学校发展到228所；实行企业、科研单位与学校协作办学的学校发展到217所，涉及企业和科研单位近5000家。② 1998年后，随着高等教育大众化的加速和社会主义市场经济体制的完善，高等教育管理体制改革进入一个"加大力度、加快发展、

---

① 何东昌主编：《中华人民共和国重要教育文献（1998—2002）》，海南出版社2003年版，第382页。

② 何东昌主编：《中华人民共和国重要教育文献（1998—2002）》，第10页。

全面推进的新阶段"①。

为调动地方办学的积极性,中央政府在适度集权的基础上适度扩大了地方政府教育统筹权和决策权,但受制于部门办学体制改革进程,地方政府发展高等教育的积极性受到一定程度的抑制。由于政企分开和政府机构改革,再加上亚洲金融危机的爆发,中央政府和各部委已无足够的财力举办这么多的部委高校。为缓解财政危机,中央政府开始将一部分高等教育管理权力下放给地方政府。1998年1月,国家教委副主任周远清在扬州召开的全国高等教育管理体制改革经验交流会上提出,"高等教育体制改革的目标是争取到2000年或稍长一点时间,基本形成中央和省级人民政府两级管理、分工负责,以省级政府统筹为主,条块有机结合的新体制。到下世纪初,除少数有代表性的重要学校及行业性强、地方政府不便管理的学校继续由中央政府有关部门直接管理外,相当数量的现属中央部门管理的学校,要转由地方管理。要在改革的实践中不断增大学校的办学活力,通过深化改革和立法,逐步形成国家统筹规划、宏观管理,学校面向社会依法自主办学的局面"。同时要求"高等教育体制改革既要积极又要稳妥。改革不能搞'一哄而起'、'一刀切',要从实际情况出发,区别不同情况,采取不同形式进行"。②

《1998高等教育法》以法律形式对中央政府与地方政府管理高等教育的权责关系进行明确规定:"国务院统一领导和管理全国高等教育事业","省、自治区、直辖市人民政府统筹协调本行政区域内的高等教育事业,管理主要为地方培养人才和国务院授权管理的高等学校","国务院教育行政部门主管全国高等教育工作,管理由国务院确定的主要为全国培养人才的高等学校。国务院其他有关部门在国务院规定的职责范围内,负责有关的高等教育工作"。③ 这些规定有助于避免条块分割的管理体制所带来的问题,更有助于加大地方政府的统筹力度,使高等学校能够更好地为地方社会经济建设服务。

---

① 李岚清:《李岚清教育访谈录》,人民教育出版社2003年版,第85页。
② 何东昌主编:《中华人民共和国重要教育文献(1998—2002)》,海南出版社2003年版,第13—14页。
③ 何东昌主编:《中华人民共和国重要教育文献(1998—2002)》,第165页。

随着市场经济的持续推进和政府机构改革的推行,分级管理、分级负责的两级高等教育管理体制蕴含的矛盾不断显现,新一轮的行政管理体制调整势在必行。1999年1月13日,国务院转批教育部的《面向21世纪教育振兴行动计划》(简称《1999计划》)在总结过去体制改革经验的基础上,对中央与省级政府权力关系调整的目标、方法与时间都作了更加明确的规定。《1999计划》第31、32条提出,要"加快高等教育体制改革步伐,深化高等教育改革。继续实行'共建、调整、合作、合并'的方针,今后3—5年,基本形成中央和省级政府两级管理、分工负责,在国家宏观政策指导下,以省级政府统筹为主的条块有机结合的新体制。除少数关系国家发展全局以及行业性很强需由国家有关部门直接管理的高等学校外,其他绝大多数高等学校由省级政府管理或者以地方为主与国家共建"。"要通过试点逐步把高等职业教育的招生计划、入学考试和文凭发放等方面的责权放给省级人民政府和学校,省级人民政府在国家宏观指导下,对本地区高等职业教育的现有资源进行统筹。"[1]

《1999决定》对中央政府与省级政府权力关系再次提出明确的要求。《1999决定》第11条强调,"进一步简政放权,加大省级人民政府发展和管理本地区教育的权力以及统筹力度,促进教育与当地经济社会发展紧密结合。今后3年,继续按照'共建、调整、合作、合并'的方式,基本完成高等教育管理体制和布局结构的调整,形成中央和省级人民政府两级管理、以省级人民政府管理为主的新体制,合理配置教育资源,提高教育质量和办学效益。经国务院授权,把发展高等职业教育和大部分高等专科教育的权力以及责任交给省级人民政府,省级人民政府依法管理职业技术学院(或职业学院)和高等专科学校。高等职业教育(包括高等专科学校)的招生计划改由省级人民政府制定,其招生考试事宜由省级人民政府自行确定"。[2]《1999决定》对中央政府与省级政府的关系做出两个调整:一是下放高职院校的设置权。中央政府授权省级政府按

---

[1] 何东昌主编:《中华人民共和国重要教育文献(1998—2002)》,海南出版社2003年版,第220页。

[2] 何东昌主编:《中华人民共和国重要教育文献(1998—2002)》,第288页。

照一定的程序和标准设置高等职业学校。以前高校的设置权都在中央政府，集中在教育部。《1998高等教育法》第29条规定，"设立高等学校由国务院教育行政部门审批，其中设立实施专科教育的高等学校，经国务院授权，也可以由省、自治区、直辖市人民政府审批"。二是下放高等专科学校的招生权。从2000年开始，专科层次的招生权下放给省级政府，其招生计划由省级人民政府制定，进一步加大了省级政府对高等教育发展的统筹权和决策权。

三 改革部门办学体制

改革开放之后，随着中央政府机构的精简，原隶属于中央部门的"条块分割"体制开始被打破，逐步形成划转给地方政府管理的"以块为主"的高等教育管理体制。1998年3月10日，按照"社会主义市场经济体制的要求，转变政府职能，实现政企分开"和淡化中央政府在经济和社会事业管理中的权力的要求，第九届全国人民代表大会第一次通过国务院机构改革方案，将原有的国务院组成部门由40个减少到29个。机械工业部、煤炭工业部、冶金工业部、化学化工部、中国轻工总会、中国纺织总会、国家建筑材料工业局、中国有色金属总公司等9个专业管理部门被改组或组建为国家经贸委的9个国家局。正是由于一些部门进行了撤并、调整、重组，中央政府业务部门管理职能也发生了变化，高等教育管理体制也需要做出相应的调整。正如当时分管教育的副总理李岚清同志所指出：

> 1998年国务院机构进行了机构改革，撤消了9个部门，"皮之不存，毛将焉附"，部门都没有了，部门所属的那些高校怎么办？我们就抓住了这一机遇，整体推进了部门所属高校以地方为主共建的改革。[①]

1998年7月21日，根据《国务院办公厅关于印发教育部职能配置内

[①] 李岚清：《李岚清教育访谈录》，人民教育出版社2003年版，第96页。

设机构和人员编制规定的通知》（国办发〔1998〕108号），在教育部划出的12项职能中，6项权力下放给省级政府。

（1）经国务院授权的省、自治区、直辖市人民政府，可以审批设立实施专科学历教育的普通高等学校。（2）普通高等学校序列中的高等职业技术学校和成人高等学校的指令性招生计划逐步改为指导性计划；成人高等学校毕业证书及发放办法，由各省、自治区、直辖市制订。（3）中等专业学校招生计划由省、自治区、直辖市制订。（4）将省属本专科院校的本专科专业设置审批权，下放给各省、自治区、直辖市教育行政管理部门。（5）将省属本科院校学士学位授予单位的审批权和已定为硕士学位授予单位的省属高等学校的硕士学位授予点的审批权，下放给经国务院学位委员会批准授予的省、自治区、直辖市学位委员会。（6）教育部直属高等学校学费的收费标准，由学校所在地教育行政部门审核后，报所在地省级人民政府批准。①

随着国务院政府机构改革的实施和职能调整，条块分割的管理体制调整也逐步展开。1998年7月1日，国务院颁布《关于调整撤并部门所属学校管理体制的决定》，要求"原机械工业部等九部门所属学校也要通过共建、合并、合作、调整等方式，进行管理体制的调整。92所普通高校原则上都实行中央与地方共建，以地方管理为主。72所成人高等学校，除几所由中央财政负担的管理干部学院原则上就地并入普通高等学校或改制为培训教育机构外，其余由企事业单位举办的成人高等学校一律划转地方管理。46所中等专业学校和技工学校划转地方管理"②。该政策文件的颁布拉开了部门办学管理体制改革的序幕。

教育部抓住了这一难得的机遇，将大部分原来由国务院部委管理的

---

① 李岚清：《李岚清教育访谈录》，人民教育出版社2003年版，第101页。
② 何东昌主编：《中华人民共和国重要教育文献（1998—2002）》，海南出版社2003年版，第135页。

高等学校，改由省级政府管理。对9个行业主管部门下属的93所普通高等院校、72所成人高等院校及中等专业学院的管理体制进行了调整。其中，91所普通高等院校实行中央与地方共建，除东北大学、北京科技大学、吉林工业大学、湖南大学、中南工业大学、中国纺织大学、北京化工大学、无锡轻工大学、武汉工业大学、合肥工业大学10所普通高等学校，在实施共建中与其他院校有所区别，日常管理以地方为主，重大事项以中央为主。其余81所普通高等学校，实行中央与地方共建，以地方管理为主[1]（见表4—1、表4—2）。

表4—1　　　　　　　　　1998年并入国家经贸委前的
9个业务部门所属高校的类型和数量　　　　　　　（所）

主管部门 高校类型	机械工业部	煤炭工业部	冶金工业部	化学化工部	国内贸易部	中国轻工总会	中国纺织总会	国家建筑材料工业局	中国有色金属总公司
普通本科	14	12	8	6	10	8	7	3	6
普通专科	4	2	5	2	1			1	4

资料来源：根据1998年7月3日的《国务院办公厅转发教育部等部门关于调整撤并部门所属学校管理体制实施意见的通知》（国办发〔1998〕103号文件）有关数据整理。

表4—2　　　1998年并入国家经贸委后原9个业务部门
所属高校调整后的隶属关系　　　　　　　（所）

主管部门 学校类型	国家教育部	中央业务部门	省级人民政府
普通本科	10	1	63
普通专科		1	18

资料来源：根据1998年7月3日的《国务院办公厅转发教育部等部门关于调整撤并部门所属学校管理体制实施意见的通知》（国办发〔1998〕103号文件）有关数据整理。

---

[1]　何东昌主编：《中华人民共和国重要教育文献（1998—2002）》，海南出版社2003年版，第135页。

因此，1998年，中央部委高校数量开始大规模减少，从90年代最多时将近360所减少到263所，与1997年相比，一年就减少了82所。[1] 1999年3月，国防科工委所属的25所普通高等院校、34所成人高等院校、98所中专、232所技工学校进行管理体制调整。25所普通高等院校中，有7所仍由国防科工委管理，其余18所普通高校实行中央与地方共建、以地方管理为主的新体制。[2]

在前两次部门办学管理体制调整的基础上，2000年初，国务院对部门办学体制作进一步的改革调整，有153所普通高校改变了隶属关系。其中，中国农业大学（原属农业部）、北京林业大学（原属国家林业局）、中央财经大学（原属财政部）、中央戏剧学院（原属文化部）、北京中医药大学（原属卫生部）等55所高等院校划归教育部管理（其中28所分别并入教育部所属的高等院校）、中国戏曲学院（原属文化部）、中国美术学院（原属文化部）等98所高等院校划转给省（自治区、直辖市）政府管理。[3] 经过三次部门办学体制的调整，原来由62个国务院部门（单位）管理367所普通高校，变为现在只由十余个部门（单位）管理120所左右；其中，由教育部直接管理71所，其他少数部门管理50所左右。由地方管理或以地方管理为主的普通高校达896所。[4] 从1999年上半年到2000下半年，教育部、财政部、国家计委等相关部门对部属高校进行的三次大的调整和改革，基本解决了部门办学体制问题，实行中央与地方共建、以地方管理为主的体制，标志着新的两级管理、以省为主管理体制的基本确立。到2000年底，全国共有高等学校1018所，其中教育部直属高校71所，其他中央管理部门所属高校50所，省级人民政府所属高

---

[1] 彭红玉：《政府激励与地方高等教育竞争》，博士学位论文，华中科技大学，2010年。
[2] 戴晓霞、莫家豪、谢安邦：《高等教育市场化》，北京大学出版社2005年版，第218—219页。
[3] 胡建华：《中国高等教育管理体制改革分析》，《南京师大学报》（社会科学版）2005年第7期。
[4] 马陆亭：《我国高等教育管理体制改革30年——历程、经验与思考》，《中国高教研究》2008年第11期。

校897所。① 新中国成立以来部门办学体制所导致的"条块分割""重复建设""服务面向单一"等问题得到根本性的扭转,省级人民政府统筹高等教育的责任和权力得到增强(见表4—3),在很大程度上调整了办学结构和资源配置,提高了办学效益。

表4—3 地方接管中央业务部门高校数量前10名的省市(2000年底) (所)

地区\数量	江苏	辽宁	北京	上海	河南	吉林	湖北	湖南	重庆	四川
	19	18	16	12	10	10	9	9	8	8

资料来源:蔡克勇:《21世纪的中国高等教育》(体制卷),高等教育出版社2003年版,第228—237页。

第二节 服务型体制的建立和央地校利益关系的制度化(2003年至今)

2003年以来,随着科学发展观和构建和谐社会目标的提出,国家与社会的行为边界开始发生重要变化,"服务型政府"作为政府改革目标得以确立。2004年2月21日,国务院总理温家宝在中央党校省部级领导干部专题研究班结业式上正式提出"建设服务型政府"的目标。2004年3月8日温家宝总理在十届人大二次会议期间提出:"管理就是服务,我们要把政府办成一个服务型的政府,为市场主体服务,为社会服务,最终为人民服务。"2006年10月,中国共产党第十六届六中全会通过《关于构建社会主义和谐社会若干重大问题的决定》,进一步明确要求"建设服务型政府,强化社会管理和公共服务职能",服务型政府第一次被写入执政党的指导性文件当中。2007年10月15日,胡锦涛总书记在中国共产党第十七次全国代表大会的报告中再次把"加快行政管理体制改革,建设服务型政府"作为发展社会主义民主政治的重要内容而予以强调。党的

---

① 朴雪涛:《现代性与大学——社会转型期中国大学制度的变迁》,人民出版社2012年版,第119页。

十八报告提出:"要按照建立中国特色社会主义行政体制目标,深入推进政企分开、政资分开、政事分开、政社分开,建设职能科学、结构优化、廉洁高效、人民满意的服务型政府。"① 党的十九大报告进一步明确提出:"要转变政府职能,深化简政放权,创新监管方式,增强政府公信力和执行力,建设人民满意的服务型政府。赋予省级及以下政府更多自主权。深化事业单位改革,强化公益属性,推进政事分开、事企分开、管办分离。"②

作为一种全新的政府治理逻辑,"服务型政府不同于传统政府,它不是控制导向而是服务导向、不是效率导向而是公正导向、把工具效用与价值观照有机结合、包含着合作和信任整合机制、德治与法治有机结合、行政程序的灵活性与合理性相统一、行政自由裁量权受道德制约、前瞻性地提供公共服务"③。党的十六大以来,政府通过简政放权、扩大省级政府统筹权和制定大学章程等途径转变政府职能,构建权责利合理的央地校利益关系。

一 简政放权

2004 年 3 月 3 日,国务院批转教育部的《2003—2007 年教育振兴行动计划》明确提出:"贯彻《行政许可法》,加快政府职能转变,改革教育行政审批制度,清理教育行政许可项目,建设相关配套制度,建立公共教育管理与服务体系。规范教育行政部门在政策制定、宏观调控和监督指导方面的职能,依法保障地方教育行政部门的教育统筹权和学校办学自主权。"④ 可见,随着政府职能的转变,政府角色正从"控制者""裁判""全能型"向"引导者""合作者""服务型"转变,真正实现

---

① 《坚定不移沿着中国特色社会主义道路前进 为全面建成小康社会而奋斗——在中国共产党第十八次全国代表大会上的报告》,http://news.sina.com.cn/c/2012-11-18/040425602996.shtml.

② 《决胜全国建成小康社会,夺取新时代中国特色社会主义伟大胜利——在中国共产党第十九次全国代表大会上的报告》,http://www.xinhuanet.com/2017-10/27/c_1121867529.htm.

③ 张康之:《把握服务型政府研究的理论方向》,《人民论坛》2006 年第 5 期。

④ 何东昌主编:《中华人民共和国重要教育文献(2003—2008)》,新世界出版社 2010 年版,第 338 页。

由"划桨"到"掌舵"的转变。

2010年1月26日,温家宝总理在听取各界对《政府工作报告》意见时说:"一所好的大学,在于有自己独立的灵魂,这就是独立的思考、自由的表达。千人一面、千篇一律,不可能出世界一流大学。大学必须有办学自主权。"① 这一讲话直接推动了教育行政部门落实大学自主权的进程。2010年5月5日,国务院审议通过的《国家中长期教育改革和发展规划纲要(2010—2020)》(简称《2010纲要》)全面提出了建立"现代大学制度"总的政策目标。其中第39条提出了"落实和扩大学校办学自主权"。

> 政府及其部门要树立服务意识,改进管理方式,完善监管机制,减少和规范对学校的行政审批事项,依法保障学校充分行使办学自主权和承担相应责任。高等学校按照国家法律法规和宏观政策,自主开展教学活动、科学研究、技术开发和社会服务,自主设置和调整学科、专业,自主制定学校规划并组织实施,自主管理和使用人才,自主管理和使用学校财产和经费。②

《2010纲要》的颁布为高校办学自主权的扩大与落实提供了政策支持和法律保障。在高等教育改革持续深入进程中,"简政放权"既是政府改革教育逻辑中的关键词,也是政府扩大高校办学自主权的"当头炮"和"先手棋"。2013年11月12日,中国共产党的十八届中央委员会第三次全体会议通过的《中共中央关于全面深化改革若干重大问题的决定》(简称《2013决定》)第15条要求"政府进一步简政放权,深化行政审批制度改革,最大限度减少中央政府对微观事务的管理,市场机制能有效调节的经济活动,一律取消审批,对保留的行政审批事项要规范管理、提高效率;直接面向基层、量大面广、由地方管理更方便有效的经济社会

---

① 《大学须具有独立思考自由表达的灵魂——温家宝总理就〈政府工作报告(征求意见稿)〉征求科教文卫体界代表意见座谈会侧记》,《人民日报》2010年2月2日。
② 《国家中长期教育改革和发展规划纲要(2010—2020)》,http://old.moe.gov.cn/publicfiles/business/htmlfiles/moe/info_list/201707/xxgk_171904.html.

事项，一律下放地方和基层管理"①。

在《2013决定》精神指导下，国务院和教育部持续推动简政放权，不断减少对高校的行政审批，分三批取消和下放了16项行政审批事项（见表4—4）：包括高等学校博士学科点专项科研基金审批，高等学校新农村发展研究院审批，省级人民政府自行审批调整的高等职业学校使用超出规定命名范围的学校名称审批，民办学校聘任校长核准，国家重点学科审批，利用互联网实施远程高等学历教育的教育网校审批，高等教育自学考试专科专业审批，中外合作办学机构以及内地与香港特别行政区、澳门特别行政区、台湾地区合作办学机构聘任校长或者主要行政负责人核准，等等。

表4—4　党的十八大以来教育部取消和下放的行政审批事项清单

序号	项目名称	设定依据	处理决定
1	中外合作办学机构以及内地与香港特别行政区、澳门特别行政区、台湾地区合作办学机构聘任校长或者主要行政负责人核准	《中华人民共和国中外合作办学条例》（国务院令第372号）	取消
2	高等学校部分特殊专业及特殊需要的应届毕业生就业计划审批	《国务院办公厅关于保留部分非行政许可审批项目的通知》（国办发〔2004〕62号）	取消
3	省级人民政府自行审批调整的高等职业学校使用超出规定命名范围的学校名称审批	《国务院办公厅关于国务院授权省、自治区、直辖市人民政府审批设立高等职业学校有关问题的通知》（国办发〔2000〕3号）《国务院对确需保留的行政审批项目设定行政许可的决定》（国务院令第412号）	取消

---

① 《中共中央关于全面深化改革若干重大问题的决定》，http://www.gov.cn/jrzg/2013-11/15/content_2528179.html。

续表

序号	项目名称	设定依据	处理决定
4	民办学校聘任校长核准	《中华人民共和国民办教育促进法》	取消
5	利用互联网实施远程高等学历教育的教育网校审批	《国务院对确需保留的行政审批项目设定行政许可的决定》（国务院令第412号）	取消
6	国家重点学科审批	《教育部关于加强国家重点学科建设的意见》（教研〔2006〕2号）《教育部关于印发〈国家重点学科建设与管理暂行办法〉的通知》（教研〔2006〕3号）	取消
7	高等学校设置和调整第二学士学位专业审批	《国务院对确需保留的行政审批项目设定行政许可的决定》（国务院令第412号）	取消
8	高等学校博士学科点专项科研基金审批	《高等学校博士学科点专项科研基金管理办法》（财教〔2002〕123号）	取消
9	高等学校新农村发展研究院审批	《教育部 科技部关于开展高等学校新农村发展研究院建设工作的通知》（教技〔2012〕1号）	取消
10	教育部科技查新机构认定	《教育部办公厅关于进一步规范教育部科技查新机构工作的意见》（教技发厅〔2004〕1号）	取消
11	高等学校赴境外设立教育机构（含合作）及采取其他形式实施本科及以上学历教育审批	《国务院办公厅关于保留部分非行政许可审批项目的通知》（国办发〔2004〕62号）《高等学校境外办学暂行管理办法》（教育部令第15号）	取消
12	省级自学考试机构开考高等教育自学考试本科专业审批	《高等教育自学考试暂行条例》（国发〔1988〕15号）《国务院关于取消和下放一批行政审批项目的决定》（国发〔2014〕5号）	取消
13	孔子学院（课堂）设置及年度项目审批	《教育部关于印发〈孔子学院总部机构设置以及教育部对外汉语教学发展中心机构调整方案〉的通知》（教人函〔2007〕12号）	取消

续表

序号	项目名称	设定依据	处理决定
14	高等教育自学考试专科专业审批	《国务院关于发布〈高等教育自学考试暂行条例〉的通知》(国发〔1988〕15号)	下放至省级人民政府教育行政部门
15	实施本科及以上教育的民办高等学校章程修改备案核准	《中华人民共和国民办教育促进法实施条例》(国务院令第399号)第二十条:"民办学校修改章程应当报审批机关备案,由审批机关向社会公告。"《中华人民共和国高等教育法》(中华人民共和国主席令第七号公布)第二十九条:"设立高等学校由国务院教育行政部门审批。章程的修改,应当报原审批机关核准。"	下放
16	高等学校教授评审权审批	《国务院对确需保留的行政审批项目设定行政许可的决定》(国务院令第412号)附件第21项:高等学校教授评审权审批。实施机关:教育部	取消

资料来源:《本届政府以来教育部取消下放的行政审批事项清单》,http://www.moe.gov.cn/s78/A02_ztzl/ztzl_sxqd/201701/t20170106_294142.html。

教育部仍保留行政审批事项24项(见表4—5),包括实施本科及以上教育的高等学校(含独立学院、民办高校)的设立、分立、合并、变更和终止审批,中央部属高等学校章程核准,硕士、博士学位授予单位及其可以授予硕士、博士学位的学科名单审核,学位授予单位授予国内外人士名誉博士学位审批,实施本科以上高等学历教育的中外合作办学机构(含内地与港澳台地区合作办学机构)设立、分立、合并、变更和终止审批,实施本科以上高等学历教育的中外合作办学项目以及内地与香港特别行政区、澳门特别行政区和台湾地区合作办学项目审批,高等学校教授评审权审批,高等学校设置、调整管理权限范围外的本科专业和国家控制的其他专业审批,实施本科及以上教育的民办高等学校章程修改备案核准,全国普通高校本科生分学校招生计划、研究生分地区分部门分学校招生计划审批,高等学校面向全国招生和跨省招生生源计划审批,高等学校赴境外设立教育机构(含合作)及采取其他形式实施本科及以上学历教育审批,省级自学考试机构开考高等教育自学考试本科专业审批,"2011计划"协同创新中心认定,教育部人文社科重点研究基地审批,教育部重点实验室审批,等等。

表4—5　　教育部行政审批事项公开目录（截至2014年2月）

序号	项目名称	设定依据	审批对象
1	实施本科及以上教育的高等学校（含独立学院、民办高校）的设立、分立、合并、变更和终止审批	《中华人民共和国高等教育法》（中华人民共和国主席令第七号）第二十九条："设立高等学校由国务院教育行政部门审批。高等学校和其他高等教育机构分立、合并、终止，变更名称、类别和其他重要事项，由原审批机关审批。"	机关事业单位企业社会组织及公民个人
2	中央部属高等学校章程核准	《中华人民共和国高等教育法》（中华人民共和国主席令第七号）第二十九条："设立高等学校由国务院教育行政部门审批。章程的修改，应当报原审批机关核准。"《高等学校章程制定暂行办法》（教育部令第31号）第二十三条："教育部直属高等学校的章程由教育部核准。"	高等学校
3	中小学国家课程教材审定	《中华人民共和国义务教育法》（中华人民共和国主席令第五十二号）第三十九条："国家实行教科书审定制度。教科书的审定办法由国务院教育行政部门规定。未经审定的教科书，不得出版、选用。"《中小学教材编写审定管理暂行办法》（教育部令第11号）第十八条："国务院教育行政部门成立全国中小学教材审定委员会，负责国家课程教材的初审、审定，及跨省（自治区、直辖市）使用的地方课程教材审定。"	事业单位、企业、社会组织及公民个人

续表

序号	项目名称	设定依据	审批对象
4	硕士、博士学位授予单位及其可以授予硕士、博士学位的学科名单审核	《中华人民共和国学位条例》（中华人民共和国主席令第二十七号）第八条："授予学位的高等学校和科学研究机构及其可以授予的学科名单，由国务院学位委员会提出，经国务院批准公布。"《关于下放学士学位授予单位审批权的通知》（学位〔1999〕3号）："……进一步加强省级人民政府对本地区学位工作的统筹权……决定下放学士学位授予单位审批权。"	高等学校和科学研究机构
5	学位授予单位授予国内外人士名誉博士学位审批	《中华人民共和国学位条例》（中华人民共和国主席令第二十七号）第十四条："对于国内外卓越的学者或著名的社会活动家，经学位授予单位提名，国务院学位委员会批准，可以授予名誉博士学位。"	高等学校和科学研究机构
6	实施本科以上高等学历教育的中外合作办学机构（含内地与港澳台地区合作办学机构）设立、分立、合并、变更和终止审批	《中华人民共和国中外合作办学条例》（国务院令第372号）第十二条："申请设立实施本科以上高等学历教育的中外合作办学机构，由国务院教育行政部门审批。"第四十二条："中外合作办学机构的分立、合并，在进行财务清算后，由该机构理事会、董事会或者联合管理委员会报审批机关批准。"第四十三条："中外合作办学机构合作办学者的变更，应当由合作办学者提出，在进行财务清算后，经该机构理事会、董事会或者联合管理委员会同意，报审批机关核准，并办理相应的变更手续。"第四十四条："中外合作办学机构名称、层次、类别的变更，由该机构理事会、董事会或者联合管理委员会报审批机关批准。"第四十五条："中外合作办学机构有下列情形之一的，应当终止：（一）根据章程规定要求终止，并经审批机关批准的；（二）被吊销中外合作办学许可证的；（三）因资不抵债无法继续办学，并经审批机关批准的。"第五十九条："香港特别行政区、澳门特别行政区和台湾地区的教育机构与内地教育机构合作办学的，参照本条例的规定执行。"	教育机构

续表

序号	项目名称	设定依据	审批对象
7	实施本科以上高等学历教育的中外合作办学项目以及内地与香港特别行政区、澳门特别行政区和台湾地区合作办学项目审批	《中华人民共和国中外合作办学条例》（国务院令第372号）第六十一条："外国教育机构同中国教育机构在中国境内合作举办以中国公民为主要招生对象的实施学历教育和自学考试助学、文化补习、学前教育等的合作办学项目的具体审批和管理办法，由国务院教育行政部门制定。"第五十九条："香港特别行政区、澳门特别行政区和台湾地区的教育机构与内地教育机构合作办学的，参照本条例的规定执行。"《中外合作办学条例实施办法》（教育部令第20号）第三十六条："申请举办实施本科以上高等学历教育的中外合作办学项目，由拟举办项目所在地的省、自治区、直辖市人民政府教育行政部门提出意见后，报国务院教育行政部门批准。"第六十一条："香港特别行政区、澳门特别行政区和台湾地区的教育机构与内地教育机构举办合作办学项目的，参照本办法的规定执行，国家另有规定的除外。"	教育机构
8	高等学校教授评审权审批	《国务院对确需保留的行政审批项目设定行政许可的决定》（国务院令第412号）附件第21项：高等学校教授、副教授评审权审批。实施机关：教育部。《国务院关于第六批取消和调整行政审批项目的决定》（国发〔2012〕52号）附件2第6项：高等学校副教授评审权审批。实施机关调整为：省级人民政府教育行政部门。	高等学校
9	高等学校设置、调整管理权限范围外的本科专业和国家控制的其他专业审批	《国务院对确需保留的行政审批项目设定行政许可的决定》（国务院令第412号）附件第23项：高等学校设置、调整管理权限范围外的本科专业、第二学士学位专业和国家控制的其他专业审批。实施机关：教育部。《国务院关于取消和下放一批行政审批项目的决定》（国发〔2014〕5号）取消"高等学校设置和调整第二学士学位专业审批"。	高等学校

续表

序号	项目名称	设定依据	审批对象
10	实施本科及以上教育的民办高等学校章程修改备案核准	《中华人民共和国高等教育法》（中华人民共和国主席令第七号）第二十九条："设立高等学校由国务院教育行政部门审批。章程的修改，应当报原审批机关核准。"《中华人民共和国民办教育促进法实施条例》（国务院令第399号）第二十条："民办学校修改章程应当报审批机关备案，由审批机关向社会公告。"	民办高校
11	全国性中、小学教学地图审定	《中华人民共和国地图编制出版管理条例》（国务院令第180号）第十四条："全国性中、小学教学地图，由国务院教育行政管理部门会同国务院测绘行政主管部门和外交部组织审定。"	事业单位企业社会组织及公民个人
12	全国普通高校本科生分学校招生计划、研究生分地区分部门分学校招生计划审批	《国务院办公厅关于保留部分非行政许可审批项目的通知》（国办发〔2004〕62号）附件第13项：全国普通高校本科生分学校招生计划、研究生分地区分部门分学校招生计划审批。实施机关：教育部、发展改革委。	机关高等学校
13	国家和省级教育考试机构与外国及港澳台地区考试机构或其他组织合作举办境外考试审批	《国务院办公厅关于保留部分非行政许可审批项目的通知》（国办发〔2004〕62号）附件第15项：国家和省级教育考试机构与外国及港澳台地区考试机构或其他组织合作举办境外考试审批。实施机关：教育部。	国家和省级教育考试机构
14	高等学校面向全国招生和跨省招生生源计划审批	《国务院办公厅关于保留部分非行政许可审批项目的通知》（国办发〔2004〕62号）附件第16项：高等学校面向全国招生和跨省招生生源计划审批。实施机关：教育部。	机关高等学校
15	高等学校赴境外设立教育机构（含合作）及采取其他形式实施本科及以上学历教育审批	《国务院办公厅关于保留部分非行政许可审批项目的通知》（国办发〔2004〕62号）附件第17项：高等学校赴境外设立教育机构（含合作）及采取其他形式实施学历教育审批。实施机关：教育部。《高等学校境外办学暂行管理办法》（教育部令第15号）第六条："高等学校境外办学实施本科或者本科以上学历教育的，按隶属关系由省、自治区、直辖市人民政府或者学校主管部门审核同意后，报教育部审批。"	高等学校

续表

序号	项目名称	设定依据	审批对象
16	省级自学考试机构开考高等教育自学考试本科专业审批	《高等教育自学考试暂行条例》（国发〔1988〕5号）第六条："全国考委的职责是……（三）制定高等教育自学考试开考专业的规划，审批或委托有关省、自治区、直辖市的高等教育自学考试机构审批开考专业。"第十一条："高等教育自学考试开考新专业，由省考委组织有关部门和专家进行论证，并提出申请，报全国考委审批。"《国务院关于取消和下放一批行政审批项目的决定》（国发〔2014〕5号）将"高等教育自学考试专科专业审批"下放至省级人民政府教育行政部门。	省级考委
17	高等学校博士学科点专项科研基金审批	《财政部、教育部关于印发〈高等学校博士学科点专项科研基金管理办法〉的通知》（财教〔2002〕123号）第十一条："博士点基金办公室组织专家进行通讯评审和会议评审，提出拟资助的课题及其经费预算报教育部审批后，通知课题依托单位。"	高等学校
18	孔子学院（课堂）设置及年度项目审批	《教育部关于印发〈孔子学院总部机构设置以及教育部对外汉语教学发展中心机构调整方案〉的通知》（教人函〔2007〕12号）：孔子学院总部"职责任务……制订孔子学院章程……审批各国孔子学院的设置，审批各孔子学院的年度项目实施方案和中方资金预算……"《孔子学院章程》第十六条："孔子学院总部在理事会领导下履行日常事务，其职责是：……（二）审批设置孔子学院；（三）审批各地孔子学院年度项目实施方案和预决算……"第三十八条："孔子课堂的设置和管理参照本章程执行。"	机关 高等学校
19	"2011计划"协同创新中心认定	《教育部 财政部关于印发高等学校创新能力提升计划实施方案的通知》（教技〔2012〕7号）："在培育组建并取得明显成效的基础上，教育部、财政部按照组织申报、专家评审和综合咨询的程序，每年认定一批'2011协同创新中心'。"	高等学校

续表

序号	项目名称	设定依据	审批对象
20	教育部工程中心审批	《教育部工程研究中心建设与管理暂行办法》（教技〔2004〕2号）第十四条："……根据专家论证意见，教育部经综合研究后择优批复立项。"第三十一条："教育部对通过验收的工程中心正式命名并授牌，纳入教育部工程中心序列管理，聘任工程中心主任。"	高等学校
21	教育部人文社科重点研究基地审批	《普通高等学校人文社会科学重点研究基地管理办法》（教社科〔2006〕3号）："……切实贯彻'竞争入选、定期评估、不合格淘汰、达标替补'的动态管理要求。重点基地建设每四年为一个周期，在检查和评估达标的基础上进入下一个建设周期。……教育部负责……组织重点研究基地的申报、专家评审和检查评估……"	高等学校
22	高等学校新农村发展研究院审批	《教育部 科技部关于开展高等学校新农村发展研究院建设工作的通知》（教技〔2012〕1号）："由省、自治区、直辖市教育厅（教委）、科技厅（科委）牵头组织申报和建设，教育部、科技部联合审批。"	高等学校
23	教育部科技查新机构认定	《教育部办公厅关于进一步规范教育部科技查新机构工作的意见》（教技发厅〔2004〕1号）："教育部科技查新机构是指经教育部批准的，具有科技查新业务资质，根据委托人所提供的需要查证其科学技术内容的新颖性，按照科技查新规范操作，有偿提供科技查新服务的高校信息咨询机构……教育部按照一定程序对申请查新业务资质的高校进行认定。获得查新业务资质的高校，由教育部授牌、颁发科技查新专用章，并在教育部网站上公告。"	高等学校

续表

序号	项目名称	设定依据	审批对象
24	教育部重点实验室审批	《教育部关于印发〈高等学校重点实验室建设与管理暂行办法〉的通知》（教技〔2003〕2号）第十四条："……通过教育部组织的专家评审后，由依托单位填写《教育部重点实验室建设项目计划任务书》，由依托单位按正式公文的形式报教育部，教育部签署意见后，批准立项建设。地方高等学校的立项申请需经地方教育行政部门审定后，报教育部批准立项。"第二十四条："在确认落实解决验收中提出的各项问题后，教育部发文批准重点实验室挂牌，正式开放运行……"第二十八条："……教育部可调整重点实验室的布局、研究方向及组成，并对重点实验室进行重组、整合、撤消等。"	高等学校

资料来源：《关于公开教育部行政审批事项目录的公告》，http://www.moe.gov.cn/s78/A02/s7049/20142/t20140217_163899.html。

虽然教育部大力推动简政放权进程，但高校办学自主权仍存在结构性的不平衡，主要体现在以下几方面："第一，教育部下放高校办学自主权做得非常好，但是相对来说有一些部委就做得不够好，主要是行政资源割据和平行等差导致的。比如一些大学不是教育部主管，而教育部跟有的部相比属于弱势部门，因此协调起来很困难。第二，与教育部直属重点大学享受的办学自主权相比，地方院校的办学自主权还是受到很大的制约。地方政府的教育行政部门还有其他管理高校的部门对地方高校的牵制力还是很大的。第三，高校办学自主权方面，中央政府落实得比较好，地方政府相对落实得不够好。"①

党在十八届三中全会提出推进国家治理体系和治理能力现代化，要求各级教育部门加快转变工作职能，根据国务院、省政府行政审批制度

---

① 唐景莉：《校长书记谈简政放权：政府管大事 高校办特色》，《中国教育报》2014年3月31日第9版。

改革的部署要求,加大"减、转、放"力度,继续取消和下放行政审批事项,清理规范创建达标项目。例如,浙江省力做减法,陆续把部分具体的教育管理权限及工作事项下放给基层教育行政部门和高校:下放部分专业设置权,以国家"生均办学条件"基本标准为主要依据,允许高校在核定范围内自主确定招生计划、自主设置专业;扩大本科院校的教师职称评审权,凡已具有学士学位授予权而没有副教授评审权的普通本科院校,可以自己组织评审组审定除思政、教管及破格申报之外的副高级职称;取消高校聘请外国文教专家来华工作核准、高校聘请外国专家短期讲学电子备案、高校毕业设计(论文)检查评比等管理事项;扩大高校招生自主权;扩大民办高校办学权限;等等。① 2013 年 7 月 12 日,广东省政府出台《关于进一步扩大和落实高校办学自主权促进高校加快发展若干意见》,从招生、学科专业、教育教学、协同创新、对外交流合作、岗位管理、人才队伍建设、教育投入、社会资助和民办高校、条件保障、外部环境、宏观指导和监管等方面提出落实和扩大高校办学自主权,进一步理顺政府、高校和社会的新型关系。② 特别是政府部门简政放权方面,广东省教育厅对高校的行政审批权下放了 85%。江苏省取消和下放了对高校的行政审批事项,包括对民办高校校长的聘用核准,学校举办重大的国际教育交流活动,学校内部的教学科研机构的设置,等等。保留必要的对高校的 7 个方面行政审批事项,主要涉及高校教师的资格认定,高校中外合作办学的设立、取消、分立和项目的确定。③

2014 年 7 月 8 日颁布的《国家教育体制改革领导小组办公室关于进一步落实和扩大高校办学自主权 完善高校内部治理结构的意见》(简称《2014 意见》),要求积极简政放权,进一步落实和扩大高校办学自主权。明确规定从以下 7 个方面推进:"(1)支持高校科学选拔学生,深化考试招生制度改革;(2)支持高校调整优化学科专业,鼓励高校办出特色;

---

① 《审批权力做"减法"管理服务做"加法"——浙江省教育厅积极向地方和高校简政放权》,http://www.zjedu.gov.cn/news/24877/html.

② 赖红英:《广东出台"36 条"落实扩大高等学校办学自主权》,《中国教育报》2013 年 7 月 13 日第 1 版。

③ 《政府放权 高校治理体系要跟上》,http://edu.qq.com/a/20150314/010920/htm.

(3) 支持高校自主开展教育教学活动,深化人才培养模式改革;(4) 支持高校自主选聘教职工,发挥各类人才的积极性创造性;(5) 支持高校自主开展科学研究、技术开发和社会服务,为提升创新能力创造条件;(6) 支持高校自主管理使用学校财产经费,提高经费使用效益;(7) 支持高校扩大国际交流合作,提高高等教育国际化水平。"[1]

2015年5月4日,国家颁布《教育部关于深入推进教育管办评分离促进政府职能转变的若干意见》(简称《2015若干意见》),要求"转变政府职能,严格控制针对各级各类学校的项目评审、教育评估、人才评价和检查事项(简称'三评一查'),大幅减少总量。确需开展的'三评一查'事项,要在年初编制目录并进行公示。各地应结合实际,提出'三评一查'的缩减比例。探索开展'三评一查'归口管理制度。没有法律法规和政策的明确依据,不得随意进入学校进行检查。要求落实《关于进一步落实和扩大高校办学自主权 完善高校内部治理结构的意见》(教改办〔2014〕2号)及有关规定,进一步扩大高校在考试招生、教育教学、科学研究、教职工队伍管理、经费资产使用管理、国际交流合作等方面的自主权。按照国家深化职称制度改革的总体思路,深化高校教师专业技术职务评聘制度改革,加快建立高校自主评聘、政府宏观管理监督的新机制"。[2] 从相关规定可以看出,《2015若干意见》要求政府进一步简政放权、改进管理方式,加快建设法治政府和服务型政府,主动创新为高校、教师和学生服务的新形式、新途径,以构建合理的政府与高校的权责边界,形成决策、执行、监督相互协调、相互制约的教育治理结构。

2017年3月31日,教育部、中央编办、发展改革委、财政部和人力资源社会保障部五部门发布《关于深化高等教育领域简政放权放管结合优化服务改革的若干意见》(简称《2017若干意见》),在高校学科专业

---

[1] 《国家教育体制改革领导小组办公室关于进一步落实和扩大高校办学自主权 完善高校内部治理结构的意见》,http://old.moe.gov.cn/publicfiles/business/htmlfiles/moe/s6529/201412/182222.html.

[2] 《教育部关于深入推进教育管办评分离 促进政府职能转变的若干意见》,http://old.moe.gov.cn/publicfiles/htmlfiles/moe/s7049/201505/186927.html.

设置机制、高校编制及岗位管理制度、高校进人用人环境、高校教师职称评审机制、现代大学薪酬分配制度、高校经费使用管理和高校内部治理等方面进一步向高校放权，给高校松绑减负、简除烦苛，让高校拥有更大办学自主权，要求政府进一步转变职能和管理方式，构建事中事后监管体系。为落实此文件精神，进一步落实高等学校办学自主权，2017年10月20日，教育部、人力资源社会保障部印发《高校教师职称评审监管暂行办法》，将高校教师职称评审权直接下放至高校，尚不具备独立评审能力的可以采取联合评审、委托评审的方式，主体责任由高校承担，教育行政部门、人力资源社会保障部门对高校教师职称评审工作实施监管。[1]

二 制定大学章程

改革开放以来特别是20世纪90年代以来，加快高等教育立法，推进依法治校，成为高等教育改革发展的迫切需要，大学章程建设[2]重新成为政府保障高校办学自主权的政策工具。

《2010纲要》明确指出，"各类高校应依法制定章程，依照章程规定管理学校"，"学校要建立完善符合法律规定、体现自身特色的学校章程和制度"。为加速章程建设的进程和加强针对性，2011年11月28日，教育部发布的《高等学校章程制定暂行办法》第三条规定，"章程是高等学校依法自主办学、实施管理和履行公共职能的基本准则。高等学校应当以章程为依据，制定内部管理制度及规范性文件、实施办学和管理活动、开展社会合作"。第五条规定，"高等学校的举办者、主管教育行政部门应当按照政校分开、管办分离的原则，以章程明确界定与学校的关系，

---

[1] 《教育部 人力资源社会保障部关于印发〈高校教师职称评审监管暂行办法〉的通知》，http://www.moe.gov.cn/srcsite/A10/s7030/201711/t20171109_318752.html.

[2] 根据教育部要求，到2015年底，教育部及中央部门所属的114所高等学校，分批全部完成章程制定和核准工作，"985工程"建设高校原则上于2014年6月前完成章程制定，"211工程"建设高校原则上于2014年底前完成章程制定。教育部高等学校章程核准委员会于2013年10月、2013年12月，以及2014年3月、5月、7月、9月和11月，分别召开会议，每次评议10所左右高校章程，在2014年底前完成70所左右高校章程的核准；2015年再召开3—4次会议，完成其余高校章程的校准工作。

明确学校的办学方向与发展原则,落实举办者权利义务,保障学校的办学自主权"。① 此文件的颁布,表明高校的举办者、主管教育行政部门应按照政企分开、管办分离的原则,以章程明确界定与高校的关系,保障学校的办学自主权。

2013年11月18日,中国人民大学、东南大学、东华大学、上海外国语大学、华中师范大学、武汉理工大学首批6所高校章程通过教育部核准,其章程内容规定了高校自主办学权,去"行政化"意味明显。例如,《中国人民大学章程》指出,大学依法享有以下办学自主权:

> (一)根据社会需求、办学条件和国家核定的办学规模,制定招生方案,自主调节系科招生比例;(二)依法自主设置和调整学科、专业,按照国家学位制度的规定授予学士、硕士及博士学位;(三)根据人才培养需要,自主制定人才培养计划,开展课程建设、教材建设和教学设施建设;(四)根据自身条件,自主开展科学研究、技术开发和社会服务;(五)依法自主开展与海内外大学、研究机构的交流和合作;(六)根据实际需要和精简、效能的原则,自主确定教学、科学研究、行政职能部门等内部组织机构的设置和人员配备;按照国家有关规定,评聘教师和其他专业技术人员的职务,调整津贴及工资分配;(七)对国家提供的财产、财政性资助、受捐赠财产依法自主管理和使用;(八)依法获得的其他办学自主权。②

但综观6所高校章程的内容,政府与高校关系定位仍不准确,政府对高校的干预依然过多,高校仍无法行使办学自主权。如《东南大学章程》对举办者权利的规定是:

> (一)根据国家教育发展规划,指导学校的发展规划,监督和规范

---

① 《高等学校章程制定暂行办法》,http://www.gov.cn/flfg/2012-01/09/content_2040230.htm。

② 《中国人民大学章程》,2013年11月28日,http://news.ruc.edu.cn/archives/70109。

学校的办学行为，确保学校实施的高等教育活动的公益性；（二）根据法律、行政法规的授权对学校不当使用办学自主权的行为予以处罚及调整；（三）根据学校实际情况，推动学校的教育体制改革；（四）考核评估学校教育教学质量、科学研究水平等；（五）根据学校办学实际情况调整对学校提供的教育资源配置；（六）法律、行政法规规定的其他权利。[①]

《华中师范大学章程》对举办者权利的规定是：

（一）监督学校执行国家法律；（二）核准学校章程，纠正学校违反本章程的行为；（三）任命学校校长和其他应由举办者任命的人员；（四）制订学校经费拨款标准和筹措办法；（五）制订学校教育教学质量标准；（六）监督学校依法使用、管理公有资产；（七）审查批准学校需要举办者审批的事项；（八）法律规定的其他权利。[②]

由此可以看出，政府仍掌握着对高校的规定、管理、评估等权力。大学章程制定后，政府对高校的管理没有削弱，高校的办学自主权也没有得到扩大。

目前，中央部属高校和省属高校章程核准已完成，有的高校章程关于办学自主权的表述具有一定的突破性，但"在行政权力一方独大的条件下制定大学章程，章程的价值取向和利益分配必将倒向行政权力，学术权力所倡导的价值取向无法得到采纳。在这样的情况下，即使高校根据《办法》要求制定出章程，也是行政权力强势左右的结果，对扩大高校的办学自主权没有意义"[③]。高等教育改革发展仍被现有的高度统一的管理体制严重束缚，高校办学自主权没有扩大。

---

① 《东南大学章程》，2013年11月16日，www.ghb.seu.edu.cn。
② 《华中师范大学章程》，2013年11月28日，www.jyb.cn。
③ 董凌波、冯增俊：《我国大学章程制定的困境与出路——基于国内六所大学章程的分析》，《复旦教育论坛》2014年第1期。

三 扩大省级政府统筹权

自改革开放以来，中央政府采取若干政策措施，进一步加大了省级人民政府在高等教育方面的决策权和统筹权（专科招生权和高职院校设置权）。2004年2月，教育部颁布的《2003—2007年教育振兴行动计划》特别指出，要"推进教育管理体制改革，为教育发展提供制度保障。完善中央和省级人民政府'两级管理、以省级人民政府管理'为主的高等教育管理体制。继续发挥中央和省级两级政府的积极性，发挥行业和企业的积极性，加强高等学校共建工作，巩固结构调整的成果，促进学科的深度融合和优化发展"。[1] 21世纪初，中央政府不断转变职能，扩大省级政府的权限，通过"八字方针"（共建、调整、合作、合并）和五种途径（共建共管、合并学校、合作办学、协作办学和转由地方办学）对高等教育资源进行了重新分配和调整，"中央和省级两级管理、以省级政府管理为主"的高等教育管理体制完全确立。

尽管《1993纲要》和《1998高等教育法》都明确规定省级人民政府有权统筹本地区高等教育事业发展，但是，从高等教育与经济社会发展的契合度看，省级政府的统筹权有待加强。"实际上，省级政府在立法、评价、监督、高校设置与调整、资源配置、招生、专业与学位设置等方面仍然没有真正统筹的权力。"[2] 虽然《2010纲要》提出"要加强省级政府教育统筹。进一步加大省级政府对区域内各级各类教育的统筹。完善以省级政府为主管理高等教育的体制，合理设置和调整高等学校及学科、专业布局，提高管理水平和办学质量。依法审批设立实施专科学历教育的高等学校，审批省级政府管理本科院校学士学位授予单位和已确定为硕士学位授予单位的学位授予点"[3]，但对统筹权的具体内容、方式和权力边界只作了模糊处理，不利于中央政府与省级政府权力的划分。

---

[1] 何东昌主编：《中华人民共和国重要教育文献（2003—2008）》，新世界出版社2010年版，第338页。
[2] 王骥：《论加强省级政府统筹权与建设高教强省》，《江苏高教》2011年第1期。
[3] 《国家中长期教育改革和发展规划纲要（2010—2020年）》，http://old.moe.gov.cn/publicfiles/business/htmlfiles/moe/info_list/201407/xxgk_171904.html.

2013年11月12日,《中共中央关于全面深化改革若干重大问题的决定》对深化教育改革作出重要部署,从战略高度明确提出要"扩大省级政府教育统筹权"。扩大省级政府教育统筹权是高等教育体制改革进入"深水区"后的一个战略设计,是推进高等教育改革发展的新思路。为推进教育治理体系和治理能力现代化,理顺中央与地方教育管理权限和职责范围,保证国家教育方针政策的贯彻执行,充分发挥地方的积极性、主动性和创造性,2014年12月22日,国家教育体制改革领导小组办公室颁布《关于进一步扩大省级政府教育统筹权的意见》,首次以文件形式对中央政府和省级政府的权责划分进行了具体规定。

> 中央政府加强教育宏观指导和管理,确定教育方针政策,制定国家教育规划和国家教育标准,研究解决全国性和重大的教育改革发展问题,促进区域教育协调发展。
> 省级政府在中央统一领导下,认真贯彻国家法律法规和方针政策,根据经济社会发展需求、本地区教育事业发展现状以及教育资源支撑能力,结合人口、区域和产业结构,自主确定教育发展目标、规划和工作重点并组织实施,切实履行教育改革、发展、稳定职责。①

在原则上重申了"由省级政府管理更方便有效的教育事项,一律下放省级政府管理"的原则,规定了省级政府教育统筹权的主要内容。

> ——省级政府依法审批设立实施专科学历教育的高等学校,探索实施本科及以上教育的民办高校章程修改备案下放省级政府教育行政部门。
> ——发挥省级政府对区域内学科专业布局、质量监督的统筹规划和管理作用,探索省级学位委员会开展学位授权点动态调整工作。

---

① 荀渊、刘信阳:《从高度集中到放管结合——高等教育变革之路》,华东师范大学出版社2018年版,第59页。

高等教育自学考试专科专业审批下放省级教育行政部门,探索由省级自学考试机构根据本地经济社会发展需要自主决定开考《高等教育自学考试专业目录》内本科专业。

——探索省级政府自主确定成人高等教育招生计划总量,探索省级政府自主确定高职(专科)招生计划总量和地方高校高职(专科)招生计划。

——省级教育行政部门统一组织中小学教师资格考试、资格认定。

——完善教育转移支付制度和增长机制,清理、整合、规范教育专项转移支付,扩大一般性教育转移支付的规模和比例。省级政府可按照国家有关规定,根据实际情况调整学校收费标准。

——探索地方高校赴境外设立教育机构及采取其他形式实施本科以上学历教育审批权下放省级政府。试点委托条件成熟的省级政府审批域内高校举办国际性会议。[1]

同时,对省级政府的"切实履行教育统筹的职责"提出了7个方面的明确要求,即统筹区域教育现代化进程、统筹教育与经济社会协调发展、统筹城乡区域教育协调发展、统筹各级各类教育协调发展、统筹保障教育经费投入、统筹深化教育综合改革、统筹教育改革发展稳定。在国家政策规定下,各省、直辖市、自治区人民政府采取各种措施加强统筹职责,不断强化"中层担纲",切实实行简政放权,改革治理模式。

2017年5月31日,国务院办公厅印发《对省级人民政府履行教育职责的评价办法的通知》,明确了对省级人民政府贯彻执行党的教育方针情况,落实国家教育法律、法规、规章和政策情况,各级各类教育发展情况,统筹推进本行政区域教育工作情况,加强教育保障情况和学校规范办学行为情况6个方面教育职责进行评价和督导。

---

[1] 范国睿:《从规制到赋能——教育制度变迁创新之路》,华东师范大学出版社2018年版,第114页。

第三节 服务型高等教育管理体制的政策特征

从 1998 年开始，中国的高等教育管理体制发生了阶段性变化，与自 20 世纪 80 年代教育体制改革以来推行"强发展、弱管控"的发展型政府大相径庭。这一阶段的高等教育管理体制特征主要表现为传统的央地校利益共同体开始在体制上走向解构，新型的政事分开、权责明确、统筹协调、规范有序的教育管理体制开始形成。政府试图通过"管、办、扩"的方式来平衡高等教育发展与培养质量之间的矛盾，即以质量监管带动高等教育产业发展。政府开始借助法律、政策、规划、公共财政、标准及信息服务等现代监管工具监督新型高等教育管理权力结构的建立，与此同时行政强制仍然是一种重要的管控工具。由此可见，"强发展、强监管"导向成为服务型体制下高等教育管理体制的政策特征。

一 政策价值：培养全面发展的人

1998 年以来，随着"以人为本""科学发展观""和谐社会""共享"等新理念的推出，促进教育公平、实现基本公共教育服务均等化、实现高等教育内涵式发展等成为主流话语体系，政府公共服务职能重新开始强化，高等教育管理体制价值取向发生了改变，不再仅仅强调高等教育为国家建构服务的政治取向和为社会现代化建设服务的经济取向，促进人的全面发展的本体价值开始成为主导政策价值取向，高等教育以能否培养"面向建设、服务、生产和实践需要的社会主义建设者和接班人"作为高校人才培养工作的基本评价标准，把促进人的全面发展和人才培养质量全面提升作为高校人才培养的出发点和落脚点。如，《1998 高等教育法》第四条规定："高等教育必须贯彻国家的教育方针，为社会主义现代化建设服务，与生产劳动相结合，使受教育者成为德、智、体等方面全面发展的社会主义事业的建设者和接班人。"《1999 决定》指出，"实施素质教育，以培养学生的创新精神和实践能力为重点，造就全面发展的社会主义事业建设者和接班人"。《1999 计划》提出，"高等教育要实施高层次创造性人才工程，积极参与国家创新体系建设"。从政策文本精神看，这些政策其实是强调高等教育应从育人的角度培养全面发展的人才，发挥教育的本位功能。《2010 纲要》明确提出，"把育人为本作为教育工作的根本要求。要以学生为主体，以教师为主导，充分发挥学生的主动性，把促进学生健康成长作为学校一切工作的出发点和落脚点"。"把提高质量作为教育改革发展的核心任务。树立科学的质量观，把促进人的全面发展、适应社会需要作为衡量教育质量的根本标准。"2007 年，教育部的《关于实施高等学校本科教学质量与教学改革工程的意见》和《关于进一步深化本科教学改革全面提高教学质量的若干意见》进一步强调"人才培养"是高等学校的根本任务，要求"树立科学的质量观，促进学生德智体美全面发展"。2012 年 11 月，党的十八大提出"把以人为本作为深入贯彻落实科学发展观的核心立场"，"坚持教育为社会主义现代化建设服务、为人民服务"，"努力办好人民满意的教育"。[①] 党的十九大报告提出："加快教育现代化，办好人民满意的教育"，不断促进人的全面发展。2017 年 9 月 24 日，中共中央办公厅、国务院办公厅发布的《关于深化教育体制机制改革的意见》指出，"高校要把人才培养作为中心工作，全面提高人才培养能力"，要求高校"以学生为本和为学生服务"。

二 政策目标：服务型高等教育管理体制

为提升高校人才培养质量，政府进一步转变职能，通过管办评分离、简政放权和完善法律法规体系等途径改革管理高校的方式，强化政府宏观调控协调功能和优化政府的公共服务职能，构建现代化的服务型高等教育管理体制。

一是在政府职能方面不断简政放权，建设服务型政府。2004 年颁布的《2003—2007 年教育振兴行动计划》要求"规范教育行政部门在政策制定、宏观调控和监督指导方面的职能，依法保障地方教育行政部门的教育统筹权和学校办学自主权"。[②]《2010 纲要》要求"各级政府切实履

[①] 范国睿：《教育变革的制度逻辑》，《探索与争鸣》2018 年第 8 期。
[②] 郝维谦、龙正中、张晋峰：《高等教育史》，新世界出版社 2011 年版，第 705 页。

行统筹规划、政策引导、监督管理和提供公共教育服务的职责，建立健全公共教育服务体系，维护教育公平和教育秩序"。同时要求"政府及其部门要树立服务意识，改进管理方式，减少和规范对学校的行政审批事项，依法保障学校充分行使办学自主权。"① 2015年5月4日颁布的《教育部关于深入推进教育管办评分离 促进政府职能转变的若干意见》提出："以进一步简政放权、改进管理方式为前提，加快建设法治政府和服务型政府为指导思想，推行清单管理方式，加强和完善政府服务机制，形成政事分开、权责明确、统筹协调、规范有序的教育管理体制。"② 2017年9月24日，中共中央办公厅、国务院办公厅印发《关于深化教育体制机制改革的意见》，要求进一步"深化简政放权、放管结合、优化服务改革，把该放的权力坚决放下去，把该管的事项切实管住管好，加强事中事后监管，构建政府、学校、社会之间的新型关系"③。

二是完善法律法规体系，实行依法治校。2002年，党的十六大要求加强社会主义法律建设，大力推进依法行政。为落实依法治国和依法行政的要求，这一时期政府把加强和完善教育法治建设摆在更加突出的位置。《2003—2007年教育振兴行动计划》明确提出，"修订《教育法》《高等教育法》，力争用五至十年的时间形成较为完善的中国特色教育法律法规体系"④。《2010纲要》再一次要求完善教育法律法规，全面推进依法行政和依法治校，推进高等教育事业的改革发展。但由于多种因素的制约，这项工作缺乏实质性推进。随着《教育法》《1998高等教育法》和《民办教育促进法》的修订及各大学章程的制定，政府以法律授权方式确立了政府、高校和社会各自权力和行为的边界，依法规范高校的办学行为和政府的管理行为，真正做到有法可依、有法必依，使现代大学

---

① 郝维谦、龙正中、张晋峰：《高等教育史》，第752页。
② 《教育部关于深入推进教育管办评分离 促进政府职能转变的若干意见》，http://old.moe.gov.cn/publicfiles/business/htmlfiles/moe/s7049/201505/186927/html.
③ 《关于深化教育体制机制改革的意见》，http://www.gov.cn/xinwen/2017-09-24/content_5227267.htm.
④ 何东昌主编：《中华人民共和国重要教育文献（2003—2008）》，新世界出版社2010年版，第338页。

制度建设迈出了关键一步。

三 政策对象：央地校利益关系的重构和制度化

在发展型体制模式下，国家通过放权让利、地方分权和高等教育市场化来实现高等教育的高速发展，从而导致全能型计划体制下中央政府、地方政府与高校间利益共同体关系逐步解构。但由于制度惯性、国家财政力量不足及政府逐利倾向加剧，中央政府、地方政府与高校在体制上并没有真正分离，政府与高校间是一种既共生又冲突的双重关系，高校的自主性与独立性出现全面弱化的趋势。服务型体制的确立和部门设置的调整导致央地校利益关系的重构和制度化。

首先，简政放权，赋予高校独立法人实体身份。《1998 高等教育法》提出，"高等学校自批准设立之日起取得法人资格"，并以法律形式确立高校享有七项办学自主权。从法律规范角度看，政府与高校在法律上具有了相对平等的地位，而不再是上下级的附属关系。进入 21 世纪以后，一系列政策相继出台，如《2003—2007 年教育振兴行动计划》《2010 纲要》《2014 意见》《2015 若干意见》《2017 若干意见》等，都明确要求政府积极简政放权，改进和加强宏观管理，进一步落实和扩大高校办学自主权，实现政府从大包大揽"全能型"向分工精细"服务型"和高校从依附到自主的转变，形成政府依法管理、高校依法自主办学的教育公共治理新格局。

其次，强化政府间放权，扩大省级政府高等教育统筹权。《1998 高等教育法》第十三条确立了中央政府统一领导及管理全国高等教育事业和省级政府统筹协调本行政区域内高等教育事业的权力配置结构。《1999 决定》要求形成中央和省级人民政府两级管理、以省级人民政府管理为主的新体制，赋予省级政府高等院校的设置权和高等专科学校的招生权。《2010 纲要》提出加强省级政府教育统筹，完善以省级政府为主管理高等教育的体制，赋予省级政府审批本科院校学士学位和硕士学位授权点的权力。《2014 意见》首次以文件形式确立由省级政府管理更方便有效的教育事项一律下放省级政府管理的原则，进一步明确了扩大省级政府教育统筹权七个方面的内容。2015 年新修订的《高等教育法》第二十九条明确了省级政府审批专科教育高校的设立。

再次，加强地方统筹，实现地方政府与高校的协同互动。21世纪初，随着知识经济的来临，地方政府逐渐意识到高端人才对本地区经济发展的重要意义，为争夺高等教育资源纷纷提出高等教育强省和高水平大学建设计划。地方政府在学科专业、人才队伍建设、招生、职称评审、校区建设等审批方面做"减法"，在创新管理服务方面做"加法"，为地方高校发展创造良好的制度环境。如江苏省、广东省和浙江省等纷纷取消和下放部分对高校的行政审批项，进一步扩大和落实高校办学自主权。地方高校不断改革内部法人治理结构，加强学术共同体建设，进一步提升高校自我治理能力，使高校人才培养、科学研究、社会服务等职能与地方社会经济发展深度融合、相互支撑、协同互动。

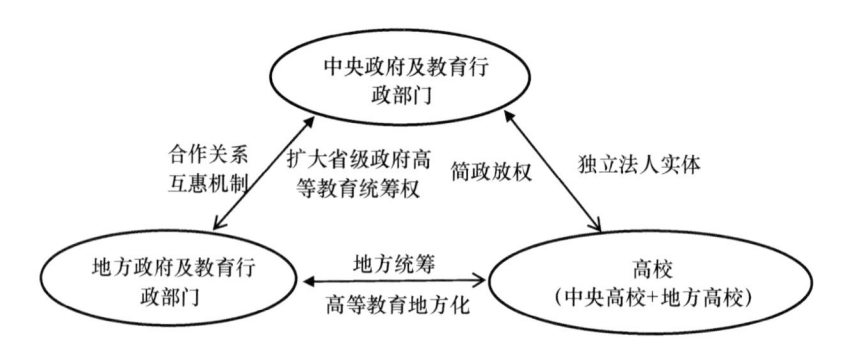

图4—1　服务型体制下央地校利益关系重构及制度化示意图

四　政策工具：多元化工具

随着高等教育价值取向由服务政治、服务经济向服务学生转向，政府使用的政策工具更加多元化，综合运用"立法、拨款、规划、信息服务、政策指导和必要的行政措施"等多种手段建设服务型高等教育管理体制。

一是政策指导。从政策文本形式看，政府已减少了使用"指示""通知"等行政命令工具，更多以"规划""意见"形式为高等教育管理体制改革提供政策指导。

二是信息服务。《2010纲要》提出："完善教育信息公开制度，保障公众对教育的知情权、参与权和监督权。"2010年4月6日，教育部颁布的《高等学校信息公开办法》要求高等学校建立信息公开工作机制和各项工作制度。党的十八以来，政府建立健全教育信息主动公开机制，不断提高政府工作透明度，运用现代信息技术和大数据通过政府网站、政府公报、媒体访谈等发布准确的教育信息，以满足公众需求。

三是中介组织。培育教育中介组织和建立政府向教育中介组织购买服务的机制，可以有效协调政府、高校与社会的关系，促进政府管理职能的转变。《2010纲要》要求"完善教育中介组织的准入、资助、监管和行为自律制度。积极发挥行业协会、专业学会、基金会等各类社会组织在教育公共治理中的作用"。党的十八届三中全会提出"强化国家教育督导，委托社会组织开展教育评估监测"，真正赋予教育中介组织"裁判员"的角色。

第 五 章

新中国 70 年高等教育管理体制变迁的制度逻辑

纵观70年历史,中国高等教育管理体制从1949年新中国成立一直延续至今,经历了明显的强制性和诱致性制度变迁,主要表现为集权管制转向分权赋能,政府从计划控制为主转向发展指导为主,从微观领域转向宏观领域,从排斥市场转向运用市场等,蕴含着独特的内在逻辑和动力机制。"在历史制度主义者看来,制度的存续是以均衡状态为前提的,当这种均衡被打破或发生断裂时,制度就可能发生变迁。"[1] 从历史制度主义视角看,高等教育管理体制变迁的制度逻辑主要表现在制度生成、制度变迁、路径依赖和动力机制四个方面。

第一节　新中国成立初期高等教育管理体制的生成

制度生成指各种力量的互动博弈推动了一种新制度的诞生,以服务于政治行动者的特定目的。在历史制度主义者看来,国内革命和国际战争导致一个政治体制的衰落和一个新的政治体制产生。西达·斯考切波从革命的视角来分析政治变迁的内在过程和最终结果,她认为,"国际结构和国内社会形势(包括传统制度结构和当下的阶级力量对比以及组织形式)的结合恰恰推动了革命的产生,从而建立起新

---

[1] [美]B. 盖伊·彼得斯:《政治科学中的制度理论:"新制度主义"》(第三版),王向民、段红伟译,上海人民出版社2016年版,第79页。

的制度形式。革命的力量对比和结果以及旧的制度传统是新制度选择的前提条件"①。从这个意义上讲，由于受到历史传统、革命后力量对比和国际形势等影响，新中国成立初期生成了全能型高等教育管理体制。

一 历史传统

历史制度主义认为，从长时段的制度变迁来看，传统都会以这样或那样、显性或隐性的方式影响现阶段的制度变迁。因为，传统为制度变迁节约了大量的成本，使变迁遭受更小的阻力，避免思维和观念上的巨大震荡。历史传统对高等教育管理体制生成的影响主要表现在两个方面，即工业和经济的国家主导及战争时期确定的"延安模式"。

"在传统中国的历朝历代，统治集团对市场采取管控的方式，对重要的工业则采用官营（包括官商合营、官督商办、官僚资本垄断等）的方式来主导，通过庞大的自上而下的官僚集团对私营工商业采取限制的策略，以维护统治的稳定。"② 这种历史传统对高等教育管理体制生成产生了重要的影响。新中国成立后，受制于国家的传统政治思维模式，政府对承担意识形态管控和重工业人才培养任务的高校采取集权管控体制，改造私立大学和教会大学，实行高校的公有制和国有化，把高校作为一个下属"单位"进行全面细致而深入的控制，形成了全能型高等教育管理体制。从这个意义上讲，全能型高等教育管理体制是国家为了实现经济社会控制和实现国家政治目的而创造的。

在土地革命、抗日战争和解放战争中，为了赢得战争，必须大量地动员财政资源，而动员资源则需要有效的组织体制，因此形成了一个高度统一的管理体制，其主要特点："一是在政治、经济、军事、文化和教育等领域，均以党的领导为核心，一切行动听从党的指挥；二是实行军

---

① 刘圣中：《历史制度主义——制度变迁的比较历史研究》，上海人民出版社 2010 年版，第 124—125 页。

② 李汉林、魏钦恭：《嵌入过程中的主体与结构——对政企关系变迁的社会分析》，中国社会科学出版社 2014 年版，第 319 页。

事化管理体制，甚至把社会基层组织也以军事组织模式加以管理和运作，形成一套以'服从命令'为主旨的行政科层管理制度；三是实行统收统支，实现财政经济的高度统一，以适应艰苦的战争环境和保障战时供给体系的正常运作。"① 新中国成立后，由于内乏外困，百废待兴，如何调动一切资源建设社会主义新中国成为当时领导阶层最为紧迫的任务。以命令和服从为特征的军事共产主义模式所有的合法性和高效性被国家采纳，表现为政府对社会的高度集权和高度的计划经济体制。在高等教育层面，将政治、经济和教育功能合而为一，将政府与高校同构，建立了全能型高等教育管理体制，从而实现国家对高等教育资源的占有、控制、配置和动员。

二 革命后力量对比

解放战争以其巨大的动员能力组织起强大的社会力量对国民党的腐败统治进行了颠覆性的反抗和斗争，最终推翻了国民党的统治，建立了工人阶级领导的人民民主专政体制。

"对中国革命来说，建立革命政权'只是万里长征走完了第一步'，更艰巨的任务是推进'赶超型现代化'。在国际秩序仍然为西方所控制而国内的市场和社会力量既薄弱又落后的情况下，只有推进赶超型现代化才能保证国家和民族的生存，并且只有国家才能担当起推进赶超型现代化的重任。"② 要实现赶超型现代化和维护无产阶级利益，国家（政府）必须具有强大的资源分配和动员能力，能对当时社会各领域进行控制和干预。在高等教育层面，为实现大学为社会主义培养"又红又专"建设者和接班人的目标，国家要求改造（接办）私立大学和教会大学，实现高等教育国有化，建立中央高度集权的管理体制。在这种体制下，中央政府拥有了决定高等教育管理体制权力结构配置的分配权，地方政府、各高校和社会则无权决定高等教育管理体制权力结构的配置状态。政府

---

① 林荣日：《制度变迁中的权力博弈——以转型期中国高等教育制度为研究重点》，复旦大学出版社 2007 年版，第 110 页。

② 冯仕政：《中国国家运动的形成与变异：基于政体的整体性解释》，《开放时代》2011 年第 1 期。

把高校纳入行政体制进行管理，大学办学自主权被剥夺，成为政府的附属行政机构。

三 国际形势

新中国成立初期，在遭受西方资本主义国家全面封锁、禁运的国际形势下，美国的"冷战"策略将中国孤立于第一世界之外，与所有西方国家的交流途径全部被切断，毛泽东等国家领导人只能选择学习苏联模式建构新中国政治经济体制，形成了"一边倒"的学习借鉴局面。1949年10月，刘少奇提出："我们要建国，同样也必须'以俄为师'，学习苏联人民的建国经验"，"苏联有许多世界上所没有的完全新的科学知识，我们只有从苏联才能学到这些科学知识。例如：经济学、银行学、财政学、商业学、教育学等等"。[①] 在这种国际环境下，受苏联政治集权模式、计划经济体制的影响，政府建立了中央高度集权的全能型高等教育管理体制，突出体现在两个方面：一是将私立大学和教会大学改造成为公立大学，实现高等教育国有化，突出意识形态和无产阶级专政；二是将中央政府力量深入高校基层，对高校办学的微观行为进行严格控制。相比较而言，这种中央政府高度集权的高等教育管理体制导致近代中国高等教育体系的彻底终结。"我国的现代大学模式移植自西方，学术自治和学术自由的理念先天贫弱，虽然民国初期因蔡元培等一批教育家的倡导获得了生存空间，但这种传统在新中国成立后就中断了。"[②] 从当时的情况来看，学习苏联模式建立的高度集权高等教育管理体制在满足国家工业化对高级专门人才需求和提高高等教育水平方面产生了一定的积极作用，但同时也损害了大学自治和大学公共性，导致高等教育创新和学术创新乏力。

---

① 转引自杨东平《艰难的日出——中国现代教育的20世纪》，文汇出版社2003年版，第121页。

② 叶芬梅：《当代中国高校职称制度改革研究》，中国社会科学出版社2009年版，第399页。

第二节　新中国 70 年高等教育管理体制的变迁

从发展过程看，新中国 70 年高等教育管理体制一直处于变迁过程中。"与其他流派的制度变迁理论不同的是，历史制度主义在处理制度的变迁时区别了两三种类型的制度变迁，即制度的功能变化、制度的演进和制度的断裂。"[①] 在新中国高等教育管理体制 70 年演变历程中，几种类型（制度微调、制度置换、制度转换和制度断裂）的制度变迁均有体现。虽然前 30 年的高等教育管理体制主要呈现出断裂性的制度变迁，但其他几种类型的制度变迁也有所体现；改革开放 40 年来的高等教育管理体制主要呈现出渐进性的制度变迁，但也存在制度断裂的可能性。

一　制度微调

政策被设计出来后，即使在路径依赖的正常时期内，也可能出现一种政策小幅度调整的现象。决策者由于受知识储备、时间视阈和认识范围等限制，很难解决所有问题，也很难预测所有情况。这些难以解决的问题和预测的情况可能会在政策运行过程中产生一些非预期的后果。一旦出现这类后果就有必要对制度进行微调，以保证制度的存续。特别是新信息或新观念的输入可能使统治精英利用新信息或新观念来审视旧制度，最终导致旧制度的意义改变或局部调整。

新中国高等教育管理体制的变迁就体现为制度的自我反馈和微调。1958 年以前经过院系调整建立的高度集权的高等教育管理体制压制了地方政府的积极性，所形成的精英教育正规高等教育模式与解放区的传统文化产生了冲突。面对这种情形，在 1958—1963 年"大跃进"期间，中央政府向地方政府下放了一定的管理权，高校的办学由地方政府决定。为了纠正权力下放导致的高等教育发展的无序和混乱现象，1961 年 9 月，

[①] 何俊志：《结构、历史与行为——历史制度主义对政治科学的重构》，复旦大学出版社 2004 年版，第 248 页。

中央政府颁布《高教六十条》，实行"中央统一领导、中央和地方两级管理"体制。"文化大革命"10年，高等教育的管理权再次下放地方，高等教育发展再次处于混乱无序状态。

改革开放后，随着国际国内环境的改变，意识形态话语内容表达逐渐改变，"阶级话语"退缩到国家主权性质的判断上，原来被排斥的"民主""权利""法治"等具有普遍价值含义的话语开始进入官方意识形态话语体系和政策价值符号之中。随着这种新观念或新信息不断输入，高等教育管理体制不断调整创新，政策数量、参与主体、目标、工具等都有了新扩展。1979年建立的统一领导、分级管理体制是1963年颁布的《关于加强高等学校统一领导、分级管理的决定（试行草案）》的修订版的实践结果。为调动地方政府办学积极性，《1985决定》要求实行"中央、省（自治区、直辖市）、中心城市"三级办学体制。为解决管理层次过多和政策效率下降问题，1993年《关于加快改革和积极发展普通高等教育的意见》要求逐步实行"中央和省（自治区、直辖市）两级管理、两级负责为主"的管理体制。《1999决定》要求形成中央和省级人民政府两级管理、以省级人民政府管理为主的新体制。为提升省级政府管理权力和统筹能力，2013年11月12日，《中共中央关于全面深化改革若干重大问题的决定》对深化教育改革作出重要部署，从战略高度明确提出要"扩大省级政府教育统筹权"。从变迁方式看，这种制度变迁是渐进式的微调，是根据不断变化的现实问题进行有针对性的渐进式政策创新或制度调整，调整前后高等教育管理体制在政策内容与政策目标之间存在明显的相关性与递进性。可以预计，随着政策环境和政策问题的改变，高等教育管理体制仍将缓慢演进。

二 制度置换

当社会经济系统或政治背景发生变化，制度框架中的制度序列可能会发生改变，原来比较重要的制度变得不那么重要，原来不那么显眼的制度变得重要起来，并产生出相应的政治后果。"'外围创新'是这种制度变迁的典型特征。"① 改革开放后，面对激烈的国际竞争和人才培养的滞后，要求改革高等教育管理体制，建立现代大学制度，赋予高校办学自主权的呼声日益高涨。在计划经济体制没有得到根本改变的前提下，高等教育管理体制不能完全脱离现有的政府集权体制，但又必须学习欧美先进的高等教育治理结构，以提高人才培养质量和学术竞争力，于是高等教育管理体制改革便沿着一条特殊的路径展开：原有的全能型政府体制控制大学的范围逐步收缩，成为核心制度；与此同时，在核心制度外围逐步兴起了一套以市场效率为导向的边缘制度。

改革开放后，中国开始由计划经济向市场经济转型，阶级斗争逐渐淡化，政府由全能主义向有限主义转型，政府管理高校的权力在逐步削减，模仿欧美逐步建立了政府宏观调控、高校自主和市场取向相结合的高等教育管理体制。2015年新修订的《高等教育法》规定："高等学校应当面向社会，依法自主办学，实行民主管理"，"高等学校自批准设立之日起取得法人资格。高等学校的校长为高等学校的法定代表人"。其后，为落实修订后的《高等教育法》的精神，政府逐步赋予高校教学权、人事权、专业设置权和职称评审权等办学自主权，形成了政府宏观管理与高校自主办学相结合的治理模式。与此同时，政府开始运用市场手段管理高等教育，如实行缴费上学，取消免费制度；后勤社会化改革，引入市场资本进入高校；专业目录调整为"按学科门类划分，适当兼顾行业部门的需求"。但从政策实践来看，虽然政府控制权力的范围有所缩小和力度有所减弱，但政府调控仍处于主导制度的地位，模仿欧美通过市场取向赋予高校办学自主权的制度仍处于边缘。如果这种准市场取向的边缘制度创新能解决所面临的内外部压力，那么这种制度就会继续存在下去。只有当这种准市场取向的边缘制度创新不能培养社会需要的创新型人才和提升国家核心竞争力时，制度置换才有可能发生，从而使得政府严格管控高校的核心制度的重要性逐步淡化，准市场取向的高校自主办学的边缘制度越来

---

① 周光礼：《我国高校专业设置政策六十年回顾与反思——基于历史制度主义的分析》，《高等工程教育研究》2009年第5期。

越重要。

三 制度转换

当制度所置身其中的社会经济环境或政治平衡发生一定的改变，尤其是当制度框架之中出现一个新的政治行动者后，这个新的政治行动者可能会利用现存的旧制度来服务于新的政治目标，使制度的功能发生扭曲。[①] "'制度功能扭曲'是这种制度变迁的典型特点。"[②] 作为计划经济体制下的产物，中国高等教育管理体制具有较强的指令性和行政化特点。随着计划经济向市场经济的转型，政府积极地转变职能，变直接管制为间接调控，把更多的权力下放给高校。在这种背景下，高校作为一个新的行动者出现在高等教育管理体制舞台上。《1998高等教育法》明确规定，高校享有七个方面的办学自主权，特别是招收计划外学生的权利。其后，政府为保障高校办学自主权颁布了很多政策文件。虽然政府在专业设置、主要领导干部任命和资源配置等方面拥有主导性权力，但高校却充分利用了招收计划外学生的权利服务新的目标，从而导致原有的制度功能发生扭曲。高校被赋予招收计划外学生的权利本来的目的是弥补高校办学经费的不足，提升办学质量。随着示范效应的扩散，为了服务于自费生和定向单位或委培单位，计划外学生招收比例逐步由5%提高到40%，高校通过各种方式进行创收增收，逐渐把"创收"由手段异化为目的，导致种种问题的产生。这种"创收"手段的大量出现使得高校办学自主权的规范功能发生了扭曲和弱化，建立政府、高校、市场和社会互动制约机制成为新的演进趋势。

四 制度断裂

当社会经济环境的剧烈变化引发巨大的冲突，原有的政策又在路径依赖的作用下进入闭锁状态失去调适功能而不可能容纳这种冲突时，原

[①] 何俊志：《结构、历史与行为——历史制度主义对政治科学的重构》，复旦大学出版社2004年版，第248页。

[②] 周光礼：《我国高校专业设置政策六十年回顾与反思——基于历史制度主义的分析》，《高等工程教育研究》2009年第5期。

有的政策就会出现断裂。在历史制度主义者们看来，正是这样一些包括国际国内的重大战争、严重的社会经济危机等剧烈社会动荡引发的重大危机，才为精英们实施新的计划和实现新的理念带来了新机会，从而导致政治精英围绕着维护还是改变现存制度以及如何改变现存制度的问题展开冲突，并进而铸就新的制度。政策断裂主要体现在"关键节点"上。"关键节点"不但指一种政策变迁的断裂期，而且是新的历史发展道路上的重要转折点。"所谓关键节点，是指历史发展中的某一重要转折点，在这一节点上，政治冲突的主导一方或制度设计者们的某一重要决策直接决定了下一阶段政治发展的方向和道路。"[1] 随着"关键节点"的形成，高等教育管理体制开始断裂。纵观新中国成立70年高等教育管理体制史，可以发现中国高等教育管理体制变迁存在四个"关键节点"。

第一个关键节点是1949年新中国成立之初。1949年，中国共产党通过长期革命建立了新生的人民民主政权。对内要恢复和发展经济，提高人民的生活水平。对外要承担以美英为代表的资本主义国家的军事压力。在这种情况下，为提升自身统治的合法性和有效性，新政权面临的首要问题是发展经济。受制于当时民间组织力量的薄弱，由政府主导，运用国家力量进行工业化建设成为当时唯一的选择。为更好地服务国家"中心工作"，以中央政府高度集权为特征的高等教育管理体制正式建立，移植于美英等西方发达国家的学术自由和大学自治等理念在新中国成立后就中断了，具有浓厚计划性和行政色彩的苏式高度中央集权范式成为高等教育管理体制的唯一选择。

第二个关键节点是"教育大跃进"。20世纪50年代中期，学习苏联模式导致社会经济发展出现严重问题，再加上当时中苏关系开始恶化，国内国外环境不容乐观，以毛泽东为代表的党中央开始进行艰难的本土化创新。1958—1960年，党在全国范围内开展"大跃进"运动，在"鼓足干劲、力争上游、多快好省地建设社会主义"总路线指引下，国家开始下放行政管理权给地方政府，充分调动地方政府的积极性。结果高等

---

[1] 何俊志：《结构、历史与行为——历史制度主义对政治科学的重构》，复旦大学出版社2004年版，第286页。

学校数量急剧上升，高等教育质量严重下降，高等教育事业发展陷入混乱无序状态。

第三个关键节点是1966年到1976年。由于"文化大革命"十年浩劫，新中国"前十七年"发展高等教育管理体制的政策经验完全被否定，《高教六十条》遭到批判和否定，以破坏式的革命方式对高等教育管理模式进行了极"左"改造，形成了具有颠覆性的高等教育管理新模式。

第四个关键节点是1978年12月召开的十一届三中全会。1978年改革开放、市场经济观念的引入、行动者的博弈互动，使得政府高度集权的高等教育管理体制发生了一定程度的变化，通过权力下放、面向市场等政策工具，地方政府和高校获得了一定的办学权，从单纯为政治服务转型为为经济建设和学生全面发展服务。

第三节　新中国70年高等教育管理体制变迁的路径依赖

体制在变迁过程中常常出现被锁定在无效率路径中而无法自拔，主要原因是制度的回报递增使现行的体制变迁产生路径依赖。路径依赖是历史制度主义理论的关键议题之一。学者们对路径依赖的内涵并没有达成一致的意见，但一般而言可以分为广义和狭义的两种理解。广义的路径依赖指前一阶段所发生的事情会影响到后一阶段出现的一系列事件和后果，即在解释社会现象时强调"历史的重要性"。狭义的路径依赖指一旦一个国家或地区沿着一条道路发展，那么扭转和退出的成本将非常高。即使在有另一种选择的情况下，特定的制度安排所筑起的壁垒也将阻碍初始选择时非常容易实现的转换发生。简而言之，"路径依赖指制度的一种自我强化机制，即一旦某种制度被选择，制度本身就将会产生出一种自我捍卫和强化的机制，使得扭转和退出这种制度的成本将随着时间的推移而越来越高"[①]。路径依赖理论认为，历史进程中的某个重要制度、

---

① 何俊志：《结构、历史与行为——历史制度主义对政治科学的重构》，复旦大学出版社2004年版，第236页。

社会力量、重大事件或结构对变动的政策产生持续而强大的形塑影响。经济学家阿瑟认为，某种技术和制度一旦被选定，往往就难以退出的原因包括：（1）高昂的建构成本或固定成本；（2）学习效应；（3）合作效应；（4）适应性预期。相对于经济活动提供私人产品而言，政治活动所提供的是公共产品。以自愿、平等交易为基础的市场机制无法供应公共产品，需要建立以基于法律的规则为基础的具有权威性、独特性的公共产品生产和供给机制。政治活动具有回报递增效应，这是由四个明显特征决定的：一是集体行动的核心地位；二是制度的高度密集；三是政治权威和权力的非对称性；四是政治过程的复杂性和不透明性。[1]

但是，皮尔森认为导致"回报递增"的四个因素只考察了单一制度的惯性，对制度之间的相互关系缺少分析。豪尔和索斯基认为，任何一项制度都不是单独存在的，每一套制度的存在都必然有相关的制度与之配套，从而在制度之间形成相互适应、相互补充和相互交织的高度拱卫和高度联结的制度场域，即体制锁定。制度变迁容易因体制锁定而产生路径依赖的结果。体制锁定具有三个特性：一是场域的稳定性；二是场域的规制性；三是场域内部各种制度的地位不平等性。[2]由此可见，体制变迁之所以呈现路径依赖特性，根源在于其受到回报递增机制和体制锁定机制的影响。这两个机制发挥作用，也有其内部运行逻辑（如图5—1），其中回报递增机制保持政策路径的方向，体制锁定机制限定路径内政策选择的空间。

当前，中国高等教育管理体制改革仍然没有出现根本转向，一直表现出国家单向管控、高校办学自主权严重缺失的政策偏好，呈现强烈的路径依赖现象。从回报递增机制和体制锁定及其运作过程来分析政策惯性，能更清楚阐明路径依赖在高等教育管理体制变迁过程中的运作机理。

---

[1] 何俊志：《结构、历史与行为——历史制度主义对政治科学的重构》，复旦大学出版社2004年版，第239页。

[2] 李棉管：《"村改居"：制度变迁与路径依赖——广东省佛山市N区的个案研究》，《中国农村观察》2014年第1期。

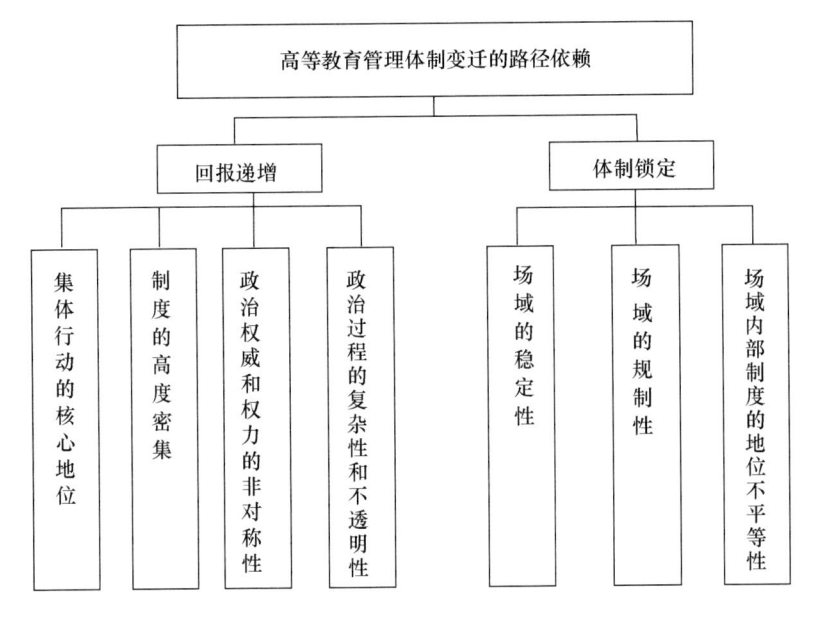

```
                高等教育管理体制变迁的路径依赖
                    │
        ┌───────────┴───────────┐
        │                       │
      回报递增                 体制锁定
        │                       │
   ┌────┼────┬────┐       ┌────┼────┐
  集体  制度  政治  政治   场域  场域  场域
  行动  的    权威  过程   的    的    内部
  的    高度  和    的     稳定  规制  制度
  核心  密集  权力  复杂   性    性    的地
  地位        的    性和               位不
              非对  不透               平等
              称性  明性               性
```

图 5—1　高等教育管理体制变迁的路径依赖示意图

一　政策变迁路径的回报递增机制

政策变迁路径的回报递增机制指沿着特定的政策路径每一步政策产出对下一步都非常有吸引力。随着这类政策结果的叠加，政策行动者会形成自我强化和自我捍卫的循环机制。从历史变迁进程看，高等教育管理体制最初的形态是 20 世纪 50 年代学习苏联模式而建立的与计划经济体制相适应的具有高度集权性质的体制。对于相关政策行动者来说，这种以政府主导甚至垄断的高等教育管理体制具有路径依赖的回报递增特性。

（一）集体行动的核心地位

在政治活动中，任何一项决策都不是"原子式"孤立的个体决策者做出的，而是高度相互依赖的决策者们的一项"共在式"的集体行动。一项制度或政策被采纳后就会给人们带来适应性预期收益。新中国成立以来影响高等教育管理体制变迁的政策不是孤立的个体制定和实行的，而是由相关国家部委集体决策，报请国务院批准，由教育部负责组织实施的。如果要改变这种集体行动的结果需要投入大量的人力、物力和财力，而且需要利益相关者和相关部属、国务院的同意，这就决定体制具有相对稳定的特征。作为集体行动者，囿于行动者的有限理性、意识形态、权力资源和政策供给的有限性,每个成员都不愿独自承担政策改变的风险或成本,但每个人都想分享成功者的政策收益。因此,很难采取步调一致的行动去改变高等教育管理体制。

更重要的是,政府、高校和社会等利益相关群体对高等教育管理体制产生了一种心理性适应状态。因为制度一旦被确立就意味着某种约束形成,在很大程度上限制了和形塑了人们的选择范围和选择机会。更进一步讲,制度结构的确立,不但意味着人们的选择范围受限,而且还会在集体行动中设定甚至改变人们的偏好。"制度通常能促成一种反馈效应,当行动者选择一个适应制度的行动方案时,他不但能节约成本,而且还能较为顺利地获得资源;相反,当行动者选择违背特定制度的行动方案时,就意味着付出高昂的成本。"[1] 新中国成立以来,政府集权式高等教育管理体制框架历经了生成和变革,初始建设成本和不确定因素不断减少,得到高校、教师、学生和社会的广泛接受和认同,适应性预期逐渐增强,各方倾向于接受这种规则的要求和约束,不愿也不想去对当前的高等教育管理体制作任何重大的改变。因此,一旦高等教育管理体制制度化之后,将会形成不断自我加强的动态机制,让集体行动者或组织倾向维持既有的体制。

(二)制度的高度密集

"大多数政治生活是建立在权威基础上,而不是交换的基础上。正式制度(诸如宪法安排)和公共政策对行为有着广泛的、法律性规则的约束。"[2] 由此,人们在政治生活中只要被置入一定的制度范围内,任何创新举措必然受到既存制度的限制,退出制度必然要付出较高的代价。新中国成立以来,高等教育管理体制已运行了70年,其权力结构已形成一整套严密而统一的官僚科层体系。这一体系使各相关行动者之间的权力结构和利益分配模式化、定型化,为相关行动者的行为活动设定了一个基本框架和权力边界,任何政策创新的活动都在这一初始选择模式下进

---

[1] 李棉管:《"村改居":制度变迁与路径依赖——广东省佛山市N区的个案研究》,《中国农村观察》2014年第1期。

[2] 何俊志、任军锋、朱德米:《新制度主义政治学译文精选》,天津人民出版社2007年版,第206页。

行，必然受到已有政策体系和框架的制约。

中国高等教育管理体制对初始道路的选择，正是对当时高度集权的政治经济体制的响应，其生成和发展始终处于国家的调控中，与社会政治经济体制形成了耦合效应。随着高校从社会"边缘"走向"中心"以及知识经济的来临，中央政府和省级政府结合自身需求和区域特点，围绕高等教育管理体制变革出台了多项政策规范和配套措施，这些政策间的耦合及相容性强化了已有体制存续的基础，增加了变革的难度和成本。同时，高等教育管理体制是高等教育制度的重要组成部分，承担着提升人才培养效率和质量的重任，这又同整个国家的政治制度、教育制度和经济制度紧密结合在一起，因为人才培养效率和质量是教育制度、经济制度和政治制度的核心追求。改革高等教育管理体制，必然涉及教育制度、政治制度和经济制度的变革，就会造成"牵一发而动全身"的效果，可能会损害高等教育事业的发展和稳定，付出更高的改革成本和发展成本。

（三）政治权威和权力的非对称性

"由于政治活动主要是一种权力活动，权力的存在必然导致拥有权力的一方和缺乏权力的一方之间的不平等地位。当政治活动中的部分行动者居于拥有权力的位置时，他们无疑会倾向于强化自己的地位。"[①] 1949年以后，在高度集权政治制度和全能型政治社会关系背景下，政府在高等教育管理体制中处于绝对权威地位，高校没有自主办学权，在政策设计过程中，精英必然会依靠所掌握的各种资源，选择使自己利益最大化的政策方案，体现了强烈的指令性和行政色彩。1978年以来，由于外部政治经济文化环境的改变，党和国家在一定程度上放开了对高等教育的行政管控，地方政府和高校的权力有了一定的提升。但是，以党政官僚为主体的政治精英、经济精英和知识精英依然掌握着最重要、最关键的政治权威和决策权力，并且不受有效的监督。统治精英不断运用政治权威来保护自身的利益，一方面利用权力拓展现行制度，另一方面借制度

---

① 何俊志：《结构、历史与行为——历史制度主义对政治科学的重构》，复旦大学出版社2004年版，第240页。

的拓展巩固自己的优势地位,排除其他团体与政策议题的挑战,形成路径依赖的效果,使制度得以按其偏好运作。

随着制度环境的改变,制度中的利益群体冲突越来越严重,高校、政策企业家和社会等行动者不断提出政策诉求。党和国家在保持强大制度刚性的同时,不断对高等教育管理政策进行调适。但是,由于高校、政策企业家和社会等利益受损者缺乏较高的道德要求和资源成本,难以形成反向集体行动。同时,制度中的优势群体通过强制(公开地把偏好强加给其他人)、诱导(权力关系如此不平衡是资源获取的必要条件)和潜化(意识形态的控制)[①]三种方式将权力的非对称性加以强化,体制内的各行动者被"锁入"既有政策结构中,在其中追求自身利益的最大化成为他们的最佳偏好和选择,使得整个高等教育管理体制具有了自我维持和自我强化的社会基础,体现出强烈的回报递增的特征和实际效果。

(四)政治活动的复杂性和不透明性

高等教育管理体制的政策行动者众多,包括中央政府、地方政府、高校、社会等权力主体,追求目标广泛分散且相互冲突,政策绩效的许多方面是难以直接观察或进行度量的,政策行动者内部权力结构关系非常复杂,从而使政策活动成为一个"黑箱",导致高等教育管理体制权力结构的改变面临着极其复杂的局面,需要高超的决策技巧。如果一个政策体系运转不灵,在高度复杂系统中找出是由哪个部分造成的是非常困难的,以及无法把握做什么样的纠正能够带来好的结果。在这样的背景下,人们无法准确预测他人的政策行为和后果,也无法准确预测自身政策行为的后果。从这个意义上讲,旧的高等教育管理体制为政策行动者提供了共同的行为准则和心理预期,使高等教育管理体制被锁定在"初始状态"。

囿于中国特殊的国情,高等教育管理体制的决策透明度不足,政府集多种角色于一身,高校、社会组织和公众等利益相关者缺乏足够的参与政策制定的渠道和机会。高等教育管理政策大部分是由教育部制定、

---

① 何俊志、任军锋、朱德米:《新制度主义政治学译文精选》,天津人民出版社2007年版,第207页。

国务院批准、教育部实施的，但具体由多少权力主体参与政策制定、各权力主体通过何种渠道和方式表达利益诉求、各权力主体间进行了何种广度和深度的利益博弈等则无从知道。正是高等教育管理体制的复杂性和不透明性，使得改革高等教育管理体制的成本加大。

二 政策变迁路径的体制锁定

体制的内在演化会强化政策变迁路径的限制能力。对于新中国 70 年高等教育管理体制变迁路径而言，最重要的影响因素是体制锁定。

（一）场域的稳定性

"依据历史制度主义的观点，一项制度的确立，会在相关的政策领域产生协调效应，促成其他相应制度的产生，从而形成一个制度网络，这种制度网络会使得变迁或退出这项制度的成本很高，其结果往往是回到路径的'锁定'状态。"[①] 新中国成立以来，高等教育管理体制历经"集权—分权—集权—分权"的循环，国家颁布的总政策和基本政策互相配合形成一个政策系统，这些政策相互交织、相互影响，形成了一个制度场域。"在实践中，制度体系通常并不是由标准模块构成的组合物（它的各模块能轻易地被另一个替换）。制度常常形成一个系统，体系中的每项制度是以其他制度为辅助的，在这种意义上获得一致性。在某些个案中，用另一项制度替换一项制度会冒破坏体系一致性的危险。制度之间存在强烈互补性时，在某个方向上的分步逐渐进行的制度变迁是不可能的。"[②] 从这个意义上讲，高等教育管理制度作为一个整体系统，其变迁不仅仅是改革单一制度，更要改变的是整个制度环境和制度系统。但是，由于制度场域具有强大的制度黏性和惯性，政府、高校和民众等行动者在长时间的活动中已经适应和熟悉了行政管理的内容、方式和规律，高等教育管理体制的学习效应已经根深蒂固，各利益主体不愿主动变革已成熟的高等教育管理体制而去重新学习和探索另一种新的高等教育管理体制。

---

① 周光礼：《公共政策与高等教育——高等教育政治学引论》，华中科技大学出版社 2010 年版，第 137 页。

② 李月军：《社会规则：理论范式与中国经验》，中国社会科学出版社 2009 年版，第 116 页。

制度结构的建立意味着等级序列的确立，同时也为维持某一制度的群体和个人设置了一些特权。当组织存在的外在环境因素发生改变时，组织中享有特定权力的群体和个人也会要求固守和维护旧制度，而且，即使新的制度设计能够给大多数人带来收益，对创新的成本和未来的不确认性的关注也会产生反向的维护既存制度的动力。高等教育管理政策的内部和边缘的调整难以改变整个高等教育管理制度系统。在这种制度场域中，获益者即统治精英没有动力去改变，而利益受损者即弱势群体又没有能力去改变。因此，在一定时间内，受制于制度场域稳定性，尽管社会外部环境发生了重大改变，高等教育管理体制的演进仍非常缓慢，很难实现旧结构的转型。

(二) 场域的规制性

随着计划经济体制向市场经济体制转型，政府在高等教育管理体制变迁的速度、内容和策略等方面做了一定程度的变革，如中央政府向地方政府和高校放权、高校去行政化、管办评分离、丰富政策工具箱、加强监督机制建设等。但是，这些变革都建立在既有的制度场域基础之上，都受到前一时期所遗留下来的制度的影响，新政策的建构受到制约，呈现出一种"没有发展的变迁"的"内卷化"形态，只在组织和结构层面进行调整，无涉权力变革的民主化、公开化和法制化的内涵。"'内卷'虽然也是一种革新的形式，只不过这种革新的目的在于保持现存的结构，透过'修补'来解决新问题。这使得'内卷'的特征，包括对传统的基本运作模式更加坚持，着重内部的细致与修饰，以及琐碎的技术与重复运作，所显现的，是一种社会或文化模式，在发展到某种确定的形式后，便停滞不前或无法转化为另一种高级模式的现象。"[1] 因此，高等教育管理体制变革的"内卷化"强调了变迁中所存在的过去和现在的密切联系，其结果包含两个特征：一是没有提高实际效益的改革和发展；二是旧模式借非正式规则获得再生和持续。正是政策遗产和制度场域的限制，虽然高等教育管理体制中的国家规模和角色有所变化和调整，但这些变化

---

[1] 赵建民、张执中：《组织内卷与列宁式政党的调适与变迁：中国共产党个案分析》，《人文及社会科学集刊》（台北）2005年第6期。

和调整是发生在既有制度延续的框架之内，显现出传统理念与变革理念之间相互拉扯的张力，使得高等教育管理体制长期陷入一种难以达成的改革循环。

（三）场域内部各种制度的地位不平等性

高等教育管理政策之间的关系在整体上构成了一种体制。在这种体制中，教学管理制度、资源配置制度、职称制度、组织人事制度等构成一个制度场域。由于位置和权力的不同，场域结构中各制度的地位并不平等。居于决定性地位的制度变迁将对制度场域产生重大影响。处于一般甚至依附地位的制度变迁难以带动制度场域变迁。新中国特别是改革开放以来，随着制度环境的改变，国家与社会关系实现了由全能型到发展型再到服务型的转型，国家在教学管理制度、专业设置制度和职称制度等方面赋予高校充分的自主权。但是，国家仍然控制着整个高等教育管理体制的关键制度和资源，通过组织化利益控制，如党管干部、资源配置的行政化等，不断构建与重塑着高校对党政组织的追随与依附。所以，高等教育管理体制改革就是在体制锁定背景下的一种有限边际改革，在占主导地位的制度如组织人事制度、资源配置制度等没有得到根本改变的前提下，政策变迁虽然触及制度场域，但至多是一种行政管理制度的边缘突破，或者制度内部的自我调适，最多调整了政府与高校的关系，而不可能实质性地改变高等教育管理体制权力结构以及政府与高校之间的行政授权关系。

第四节　新中国 70 年高等教育管理体制变迁的动力机制

历史制度主义认为，"制度起源于既存的制度偏见所引发的潜在冲突；或者旧制度在新环境下所面临的危机，从而引发出原有制度之下的政治主体产生改变现存权力的企图"[1]。彼得·豪尔（Peter A. Hall）等认为，"制度无论是在冲突中产生还是在设计中产生，它都必然是某种观念

---

[1] 何俊志：《结构、历史与行为——历史制度主义对政治科学的重构》，复旦大学出版社 2004 年版，第 232 页。

的产物"①。从这个意义上讲,历史制度主义视角下的高等教育管理体制变迁的动力机制主要涉及三个变量:环境、理念和行动者。新中国高等教育管理体制的变迁是环境、理念和行动者互动的结果:宏观环境变迁带来了高等教育管理体制的合法性危机,形成体制变迁的压力;理念更新调整了变革的方向,形成体制变迁的动力;行动者对新理念的认同及行动者间力量的对比和博弈结果则成为体制变迁的推力。当然,这些变量并不是顺次出现的,它们的排列组合根据情势的变化而变化,"合力"推动着高等教育管理体制变迁。

一 国家宏观环境变化是高等教育管理体制变迁的压力

"历史制度主义认为,制度的产生、延续与变迁是在与环境的相互作用中发生的,制度变迁的发端往往是环境改变而引发的生存或合法性危机。"② 1949 年新中国成立后,由于意识形态和社会制度的冲突,中国选择了相对封闭的发展环境,突出表现为高度意识形态化、政治集权化、经济指令化、教育政治化。"建国以后,人家封锁我们,在某种程度上我们也还是闭关自守,这给我们带来了一些困难。"③ 在这种相对封闭的发展环境中,中央政府形成了一种全能、集权、统一的高等教育管理体制,依赖强制性行政指令和群众运动来配置教育资源和管制地方政府及高校,高校被纳入国家计划体系之中。政府垄断高等教育资源和管理权力,指挥着高等教育管理和办学活动,其特征是统一计划、统一管理、统一的教学大纲、统一的教材、统一的入学要求以及统一的毕业分配,当时的高等教育凸显了高度的意识形态化和政治化,成为实现国家政治目标的工具。

"在环境封闭、隔离的情况下,盲目模仿和因循守旧的特性会使制度逐渐陷入僵化,制度的变异水平会被削减。当环境的隔离被打破,出于

---

① 何俊志:《结构、历史与行为——历史制度主义对政治科学的重构》,第 255 页。
② 许晓龙、李里峰:《"五年计划"的变与常:一项历史制度主义的考察》,《浙江学刊》2017 年第 3 期。
③ 邓小平:《邓小平文选》(第 3 卷),人民出版社 1993 年版,第 64 页。

适应新环境的需要,制度变革的压力明显增大,变异程度将显著提高。"①当环境由封闭转向开放时,原有的制度功能与新环境存在一定的矛盾与冲突,原先起作用的制度将面临越来越大的生存压力和合法性危机。1978年12月,十一届三中全会做出了实行改革开放的战略决策。"从制度变迁的角度看,'开放'意味着交流、意味着学习,也意味着竞争与选择。空间上的开放可以弥补不同国家在经济社会发展中'时间上'的不同,落后的国家可以通过学习与交流机制迅速缩小同发达国家的距离,而无须花费发达国家那么多的'进化时间',也无须支付这种漫长过程中花费的成本,这种效应恰如'水平效应',一旦清除阻隔水流的障碍,水便会往低处流,最后齐平。"② 改革开放使得国家充分认识到加强与其他国家的教育来往和交流,学习其他国家的先进教育经验是加快高等教育现代化的重要途径。1978年后,随着中国逐步从高度集权的计划经济体制向市场经济体制转型,在高等教育领域,政府开始"弃苏学美",强调高等教育的经济功能,在经营层面引入新公共管理理念和市场机制,借鉴西方适度分权的高等教育管理体系和大学自治的理念,主动变革"全能政府"为"有限政府",通过立法手段赋予高校办学自主权,对高校从直接管控开始转向间接治理,从微观指导转向宏观调控,赋予地方政府、大学、社会一定的权力,积极建构分权型高等教育管理体制,充分发挥市场的资源配置作用,政府主动或被动地响应市场的要求。

21世纪以来,随着中国加入WTO,重新"嵌入"国际体系,环境开放的程度进一步加深,中国高等教育也"嵌入"世界高等教育体系。"从制度分析的角度看,加入WTO这一制度体系促使中国与外部世界的关系逐步演化成相互依赖,权力、生产及观念得以借助更多正式与非正式的渠道在国内—国际流通,国内政策选择与国际体系因素变得更加敏感"③,

---

① 马德勇、张志原:《观念、权力与制度变迁:铁道部体制的社会演化论分析》,《政治学研究》2015年第5期。

② 潘祥辉:《媒介演化论:历史制度主义视野下的中国媒介制度变迁研究》,中国传媒大学出版社2009年版,第197—198页。

③ 潘祥辉:《媒介演化论:历史制度主义视野下的中国媒介制度变迁研究》,第230—231页。

由此带来的"溢出效应"将直接或间接影响旧的高等教育管理体制,使原有的高等教育管理体制面临严重的危机。高等教育取向也由社会本位向个人本位转变。"培养创新能力和创业精神的人才""培养学生坚忍不拔的意志""培养德才兼备的创新型人才"等强烈折射出国家对人才培养规格的要求。而这种要求的实现必须要高校和地方政府拥有足够的权力,能够对社会需要人才的规格、数量和能力等进行动态调整。因此,中央政府被迫加快职能转型的步伐,权力下放的内容和方式不断调整,更多通过宏观调控、政府购买和多元治理等工具治理高等教育,对高等教育管理体制目标与功能进行了重新定位与调整,不断推进高等教育治理能力和治理体系现代化,服务型高等教育管理体制逐步形成。

二 理念更新是高等教育管理体制变迁的动力

历史制度主义学者认为,理念和制度、理念和政策、制度和认同等存在互动的内在结构,认为理念在制度变迁中起着先在性的作用,理念或认同对制度形成、制度变革甚至社会发展具有重要影响。"理念在特定制度结构下会对一定的政治人物产生重要的观念影响,从而推动他实施某项新的政策,所以理念也是政策变革的重要推动力。理念影响政策不是直接的,而是通过一定的渠道来实施的。或者说,理念总是由一定的行动者带入政治制度,然后通过政策的手段来得到展现。"[1] 从新中国高等教育管理体制变迁的历史看,每一次政策的重大调整都直接来源于国家决策层主流理念的转变。

1949年新中国刚刚成立时,面对国际社会的严格封锁和国内经济社会事业百废待兴,坚持阶级斗争为主要特征的革命理念是当时共产党执政的必然选择。1949年9月通过的《中国人民政治协商会议共同纲领》明确提出,"要为中国的独立、民主、和平、统一和富强而奋斗",因此,有必要采用"镇压、惩罚、解除、消灭、剥夺、改造、制裁"等革命性措施。就高等教育而言,革命理念和阶级斗争直接改变了民国以来大学

---

[1] 刘圣中:《历史制度主义——制度变迁的比较历史研究》,上海人民出版社2010年版,第171页。

自治制度的演化路径，以一个新的制度安排"重新设计"了中国高等教育管理体制的计划特征：在高等教育所有制上，实行单一的公立大学制度，建立中央高度集权的行政管理体制；在组织制度上，将高校设置成一个隶属于政府的准行政机关，高校的人权、事权、财权和重大决策权由党委决定；在权力分配上，中央政府直接管理高校并主导资源分配，地方政府和高校的管理和办学活动完全受制于政府下达的计划指令，服从于政治的需要，服从于强大的国家权威，地方政府和高校缺乏相应的自主权；在政策工具运用上，政府实现计划控制主要运用行政手段和领袖权威。这种计划理念下的高等教育管理体制强调指令化、数字化、集权化和政治化，扼杀了地方政府和高校生产经营的积极性，导致生产效率低下和资源浪费，人们的高等教育需求受到极大限制。

彼得·豪尔（Peter A. Hall）认为："新的观念一旦被某一制度结构之下的成员接收后，就会在既定的制度结构下产生出在原有的制度框架下不可能产生的某些新政策，而这些新政策的凝固及其原有制度的相互作用，也有可能导致原有制度的某些改变。"[1] "文化大革命"动荡让党开始思考无产阶级专政下的"革命理念"能否指引建设社会主义。1978年十一届三中全会以来，以邓小平同志为代表的党的领导集体对党在新形势下的执政理念和中心任务进行了积极探索，逐步确立了"改革"和"发展"理念。随后，中国开始了以发展市场经济为目标的改革开放，启动了一系列旨在发展市场经济的改革措施。为适应和配合《中共中央关于经济体制改革决定》，《1985决定》和《1993纲要》开始引入市场理念，要求转变政府职能，减少微观干预、加强宏观调控，开始适当缩小指令性计划的范围，扩大指导性计划的范围，在一定程度上扩大了高校办学自主权。从这个角度看，市场经济解放了高等教育管理体制。然而，在"沉默的市场强迫"下，当政府把与"改革"和"发展"同步出现的对经济价值的盲目追求提升到政策制定所依赖的社会政治话语的主要地位时，将会导致经济实用主义作为高等教育管理体制改革的霸权基础，

---

[1] Peter A. Hall, *The Political Power of Economic Ideas*: *Keynesianism acorss Nationgs*, Priceton: Priceton University Press, 1989, pp. 383 - 384.

直接表现就是高等教育与经济的增长呈极强正相关，以及由此产生了一系列教育经济话语，如高等教育产业化和高等教育市场化。这种经济话语占主导地位的高等教育价值取向使得高校和教师忙于创收和经商，在一定程度上冲击了高等教育的主导价值，导致教学质量下降，给高等教育发展带来严重的后果。

21 世纪以来，新公共管理运动影响日益深入，政府机构膨胀、"大政府"导致的效率低下，高校办学自主权缺乏等成为批判的对象。民营化、竞争机制、公共服务均等化等理念被引入政府管理之中，要求用企业家精神改造政府，建立公私部门伙伴关系。"许多国家的历史表明，高度集中的国家权力以及对公共领域的政治控制，可以与消费主义、民族主义的意识形态以及市场导向的公共领域长期共存、并行不悖。"[1] 在这些新的理念中，"治理"理念对中国政府职能转变影响巨大。"治理作为一种全新的政治管理理念，它主张通过政治国家和公民社会、公共机构与私人机构的合作、协商来解决涉及公共利益的问题，其基本目标就是促进政府管理方式和统治理念的转变，逐渐形成一种保护公共利益和个人权利的治理与服务型政府。"[2] 伴随着新理念的不断确立和市场经济的持续发展，社会力量也不断壮大，人们的平等意识和独立人格不断彰显，要求国家进一步下放权力，高等教育管理转向多元治理，实现政策主体的多元化，使得政府职能加快由"管制"向"服务"转变。例如，在进行高等教育管理体制改革时，除了中共中央和国务院进行顶层设计外，教育部为主的多个部委也积极参与高等教育管理政策的制定和运行，以省级政府为主的地方政府也采取了切实有效的措施参与高等教育管理政策治理。此外，国家积极动员社会中介组织、企业和个人等多方力量参与高等教育管理体制改革。

---

[1] ［美］麦康勉（Barrett McCormick）：《中国媒体商业化与公共领域变迁》，《二十一世纪》2003 年 6 月号。

[2] 于建嵘：《抗争性政治：中国政治社会学基本问题》，人民出版社 2010 年版，第 6—7 页。

三 行动者是高等教育管理体制变迁的推力

新制度一旦形成，会对制度中的个人和群体的目标偏好和行为策略形成强有力的约束和限制。但是，制度变迁的方式和时机选择取决于行动者在环境变迁和新观念引入时所采取的行动策略。"在既有制度框架下，利益相关者之间的力量对比和权力博弈决定着制度实施的面貌并深刻影响着制度变迁，强势行动者往往会主导制度变迁的方向。"[①]

1949年新中国成立后，政府通过思想改造运动，"将以天下为己任的知识分子收编（co-opt）进了党—国的体制，将他们定位成党的意识形态的承载者和宣扬者"[②]，知识分子在高等教育活动中的影响力迅速下降，在反右运动和"文化大革命"期间受到错误批判和严重打压。通过收归国有、院系调整和政治理论学习等一系列制度设计，高校已被整合进党的机关序列，不再具有自己独立的利益诉求，充当意识形态宣传和阶级斗争工具成为其首要功能。在这种政治体制下，最高领袖的偏好和抉择对高等教育管理体制变迁具有重要影响。"在政治舞台上，政治领袖作为决策系统的核心，其对政策议程的影响力往往来自制度的授权，他们常常扮演政策议程主要决定者的角色，其政策建议几乎可以自动地提上政府议程。"[③] 政治领导人不仅是高等教育管理体制改革的重要发起者，而且是高等教育管理体制决策过程中的最终决策者，他们是高等教育管理体制改革目标和策略选择的决定性因素。院系调整、"教育大跃进"和"教育大革命"主要受毛泽东同志的政治权威影响。20世纪50年代的院系调整鲜明体现出了政治最高领导人的决策权力。

行动者尤其是政治精英接受新观念并将新理念实体化或外在化的过程，对制度变迁产生重要影响。改革开放和市场理念的引入改变了核心领导者的偏好及利益诉求。《1985决定》和《1993纲要》的权力下放

---

① 许晓龙、李里峰：《"五年计划"的变与常：一项历史制度主义的考察》，《浙江学刊》2017年第3期。

② 陆晔：《成名的想象：社会转型过程中新闻从业者的专业主义话语建构》，《新闻学研究》2002年第4期。

③ 朴贞子、金炯烈：《政策形成论》，山东人民出版社2005年版，第72页。

和"放权让利"就是在以胡耀邦和邓小平等为代表的国家领导人的推动下实行的。"我们讲的教育改革是体制改革,体制改革改些什么,怎么改,这些道理在文件中一定要讲清讲透,其他次要的、零零星星的就不讲了;制定文件要着眼于解决问题,推动工作,写上了就要落实,定下来就要干。"① 20 世纪 90 年代的"共建、合作、合并、协作、划转"就是在时任国务院副总理李岚清的推动下进行的。1998 年 6 月 25 日,为落实科教兴国重大战略,国家科技教育工作领导小组正式成立,朱镕基亲自担任组长,李岚清副总理担任副组长,着手制定《面向 21 世纪教育振兴行动计划》。

"集团和个人并不只是力量的政治平衡中随着条件变化而接受赞扬或处罚的看客,更是策略行动者,他们有能力按转变的背景条件所提供的机会采取行动,以维护或提高自己的地位。"② 1978 年以来,尽管高校的领导任免权和招生权等仍然归属于政府,但随着改革开放和市场机制的引入,高校日益成为面向市场经营的利益主体,在专业设置、教师聘任、收费上学、国际交流等方面取得了一定的自主权,有力地推动了高等教育管理体制变迁。尽管高校的作用还比较微弱,但作为一个行动主体,它重新影响高等教育管理体制的演变。而且,通过政策学习,高校也通过和知识分子及媒体联合,形成一种精英联盟力量,在体制内推进变革。如改革开放初期的"四老上书"事件有力地推动了政府放权高校的进程。"在权力不对称的情况下,博弈格局的弱势的行动者可以透过理念与利益在不同时空环境下的诠释,而伺机改革制度。即历史制度主义所谓的'弱者的反抗'。"③

---

① 转引自李均《中国高等教育政策史(1949—2009)》,广东高等教育出版社 2014 年版,第 209 页。

② Sven Steinmo, Kathleen Thelen and Frank Longstreth (eds.), *Structuring Politics: Historical Institutionalism in Comparative Analysis*, Cambridge: Cambridge University Press, 1992, p. 17.

③ 潘祥辉:《媒介演化论:历史制度主义视野下的中国媒介制度变迁研究》,中国传媒大学出版社 2009 年版,第 158 页。

第 六 章

新中国 70 年高等教育管理体制变迁的反思与前瞻

通过对新中国 70 年高等教育管理体制进行分时段梳理和考察，发现新中国 70 年高等教育管理体制变迁既显现积极的政策成效和丰富的政策经验，也存在一定的政策问题。因此，有必要对 70 年高等教育管理体制进行总体性总结，反思变迁中存在的政策问题，并对高等教育管理体制的优化提出政策建议。

第一节 国家与社会关系视角下高等教育管理体制变迁分析

概括与总结高等教育管理体制变迁规律，其目的并非再现历史的本来面目，而是阐释高等教育管理体制在不同阶段发展的特定形态与基本特征。基于国家与社会关系分析框架，新中国 70 年高等教育管理体制变迁历程是国家与高校复杂互动的过程，从本质上来说是国家意志与权力介入高校组织的历程。

国家作为一个抽象的存在体，其意志和利益必须要由具体的行政机关来实施。由于中国幅员辽阔，发展不平衡，地区差异大，存在中央政府集权和地方政府分权的矛盾。从这个意义上讲，国家与社会关系理论下的高等教育管理体制存在三个重要的政策主体：中央政府、地方政府和高校。因此，高等教育管理体制有两条主线：一是中央政府与地方政府关系；二是政府与高校关系。前者集中于国家正式组织制度安排，特别是中央政府和地方政府在高等教育的资源分配、人事管理、审批管理等各种具体事务上的权限关系，以及相应的考核和监督等关系。后者反映国家及各级政府在高等教育领域提供准公共产品服务时与高校间的权限关系。这两条主线是相互影响的，在高等教育管理体制变迁的不同历史时期有着各自凸凹明暗的特点：中央政府—地方政府的制度安排在很大程度上塑造了政府—高校关系，政府—高校关系反过来又制约和推动了中央政府—地方政府关系的调整。本书从中央政府—地方政府和政府—高校两个互动维度出发，从一个整体性视角①来审视高等教育管理体制在不同时期的管理模式及其背后内在的逻辑机制。

在这个极其复杂的权力结构网络中，由于不同的个体和群体间存在利益诉求、权力大小和表达渠道等方面的差异，各权力主体在资源分配中所运用的行为策略塑造了不同的权力运作模式。在本书中，将中央政府—地方政府关系简化为强、弱之分；将政府—高校关系简化为管控—监管两个状态。从这两个维度出发，高等教育管理体制可以形成以下四种管理模式（见表6—1）。

表6—1　　　　高等教育管理体制运作的一个整体性模式

中央与地方关系	政府与高校关系	
	中央集权、管控	中央集权、监管
	地方分权、管控	地方分权、监管

表6—1展示了一个自上而下的国家视角：中央政府与地方政府关系的强弱之分在很大强度上表现为集权—分权两个状态；政府与高校间关系或管控或监管取决于国家对高校所承担的责任、功能和义务所产生的期待。高等教育管理体制在中央政府与地方政府、政府与高校两条主线上的互动，产生了四种不同的管理模式。

---

① 周雪光：《中国国家治理及其模式：一个整体性视角》，《学术月刊》2014年第10期。

一 中央集权、政府管控高校：1949—1956 年、1963—1966 年

新中国建立时，经济社会满目疮痍，百废待兴。为稳定政治统治和社会秩序，中国学习苏联模式，实行全能主义的政治体制和高度集中的计划经济体制。与全能主义的政治管控格局相应的是"总体性社会"的确立。国家通过一系列制度安排，获得了对社会中绝大部分资源的控制与配置权，整个国家形成了以政府为最高权威的政治统治中心，通过层层控制对社会予以分割，形成一个巨大的以人身依附为特征的政治附庸网，社会生活被赋予了浓重的政治色彩，社会国家化，国家覆盖社会。在 1949—1956 年和 1963—1966 年，在全能主义的政治空间下，"政治"淹没了一切，高等教育发展成为国家贯彻落实发展重工业政治意志的战略内容，包括高校在内的组织基本是国家"嵌入"的，国家通过《高等学校暂行规程》《关于修订高等学校领导关系的决定》等相关政策将高校置于国家政权的严密管控之中。

1949—1956 年，中央政府在高等教育发展过程中具有巨大的政治权威，中央政府和地方政府之间是一种等级关系结构，中央政府发出关于高等教育的相关文件，地方政府无条件服从。在这样的权力结构中，一般来说是不存在谈判机制的。从这个意义上讲，地方政府只是整个国家权利结构当中的"权力传送带"，是中央国家机构在地方的代理人，权力来源和负责对象主要是中央政府，而没有成为相对独立的利益主体。在此种状况下，高等教育管理权力高度集权于中央政府，通过《各大行政区高等学校管理暂行办法》《中央关于调整若干工作关系问题的指示（草案）》等文件管控高校办学行为。1957—1962 年的"高等教育大跃进"虽然实现了高等教育的迅速发展和建立了较完整的教育体系，但严重违背了教育规律，高等教育管理处于一种失控的状态。1963—1966 年，中央政府在总结"高等教育大跃进"的经验教训基础上，通过《关于加强高等学校统一领导、分级管理的决定（试行草案）》逐步将高校的管理权力收归中央政府，重新实行中央统一领导，中央和省、市、自治区两级管理的行政体制。

二 地方分权、政府管控高校：1957—1962 年、1967—1977 年

托克维尔认为："行政集权在一定的时期和一定的地区可以把国家的一切可以使用的力量集结起来，使之服务于国家的目标。但是一个中央政府，不管它如何精明强干，也不能明察秋毫，不能依靠自己了解一个大国生活的细节。它办不到这点，因为这样的工作超过了人力之所及。而且，中央集权长于保守，而短于创新。"① "新中国成立后很长一段时期，中国的政治制度在很大程度上正是'政府集权'和'行政集权'二者合一的。"② 中央政府在"大跃进"和"文化大革命"期间通过《关于高等学校和中等技术学校下放问题的意见》《关于教育事业管理权力下放问题的规定》《关于教育工作的指示》《关于高等院校下放问题的通知》等相关政策文件将高等教育管理权力下放给地方政府。

这两次中央政府向地方政府分权的根本目的是削弱中央政府的官僚机构，把地方高等教育建设成为具有自给自足特点的教育体系。但同时在制度设计中特别注重防止在分权过程中出现地方力量对中央权威的挑战。"大跃进"和"文化大革命"期间高等教育分权的深层机制在于，看似高度分权的"大跃进"和"文化大革命"实际上是在高度集权和国家对社会资源全面控制的基础上展开的。也就是说，全面的高度集权和控制才是这两个时期高等教育分权得以实行的最重要条件。在强国家、弱社会的关系模式下，政府掌握着经费、项目、编制等稀缺资源，获得政府的认同与支持，是高校生存发展的重要前提，高校组织在发展过程中形成体制依赖。从这个意义上讲，"大跃进"和"文化大革命"时期的高校是仍隶属于政府的行政单位，受到政府的严格管控，毫无办学自主权可言。

---

① ［法］托克维尔：《论美国的民主》（上卷），董果良译，商务印书馆 1988 年版，第 105 页。

② 郑永年、吴国光：《论中央—地方关系：中国制度转型中的一个轴心问题》，香港：牛津大学出版社 1995 年版，第 9 页。

三 中央集权、政府监管高校：1978—1997 年

改革开放拉开了"权力下放"为导向的分权改革的序幕，中央政府把一部分管理权力下放给了地方政府，地方政府因此获得了一定的治理高等教育的权力。中央政府通过中央、省（自治区、直辖市）、中心城市三级管理体制，中央与省分级管理、分级负责管理体制，"共建、合作、合并、协作、划转"等方式将一定的高校管理权下放地方政府。但是，对于中央政府而言，权力下放只是手段而不是目的，市场机制仅仅是可资利用的政策工具，政策价值并没有发生根本性的转变，政府的目的在于提高高等教育管理效率的同时减轻自身的财政压力，一些核心权力仍掌握在中央政府手中。从这个意义上讲，这一时期仍处于中央政府集权阶段，地方政府的管理权仍较小。在 1985—1992 年，"中央的管理权力值高达 9.33，其权力比重达 93.3%，地方的权力值仅为 0.67，权力比重为 6.7%。除了第三项权力'成人高校和民办高校专管权'和第六项权力'高等非学历教育审批权'少部分下放给地方之外，其他八项权力仍然由中央掌控"[1]。在 1993—1997 年，"中央给地方政府下放管理权力的速度加快，幅度也在加大，中央的管理权力值已下降为 6.67，权力比重也下降到 66.7%。但是中央仍掌握着大多数权力，其中第一项权力'重点高校审批权和专管权'、第四项权力'重点高校校一级领导干部任免权'、第七项权力'学位授予权单位审批权'和第八项权力'改革管理体制决策权和决定权'等四项权力完全掌握在中央手中"[2]。

就国家与高校关系看，这一时期的一个总体特征就是国家对高校管制的放松，由直接管控走向间接监管，逐步让渡部分权力给高校，赋予高校一定程度的自主发展空间。如《1985 决定》要求扩大高校 6 个方面的办学自主权，《高等教育管理暂行规定》对高校办学自主权作了 8 个方面的规定，《1993 纲要》要求建立学校面向社会自主办学的体制。但是，

---

[1] 林荣日：《制度变迁中的权力博弈——以转型期中国高等教育制度为研究重点》，复旦大学出版社 2007 年版，第 181—185 页。

[2] 林荣日：《制度变迁中的权力博弈——以转型期中国高等教育制度为研究重点》，第 181—185 页。

从相关政策文本看，中央政府有意识地向高校下放权力是一些自己不愿意承担的权力，特别是下放收费权以引入市场机制。从总体上看，政治权力在高等教育领域的退出是局部的、有限度的。

四 地方分权、政府监管高校：1998 年至今

1998 年后，随着财政体制改革和行政体制改革的推进，通过建立中央与省两级管理、以省为主管理新体制，改革部门办学体制和扩大省级政府统筹权等方式，地方政府管理高等教育权限逐步扩大，不仅具有财权，而且具有较大事权，扩大了省级地方政府发展高等教育的自主权和决策权。在这样的情况下，地方政府成为具有自己独立利益和独立决策权的经济主体，具有相对独立的权力基础和资源，中央政府无法再通过等级命令的结构来推行自己的政策意图。中央政府一般通过谈判机制来说服地方政府执行中央政府的政策，而地方政府一般通过谈判来试图影响中央政府的教育决策。这种新的行为互动模式表明中央政府和地方政府之间形成了相当程度的权力制约和平衡，一种新的"行为联邦制"正在形成。

随着服务型政府理念的引进并获得认同，政府试图通过"管、办、评"的方式来约束自己的管理权力和扩大高校的办学自主权，表现出"强发展、强监管"的双强导向。如《1998 高等教育法》以法律的形式确立了高校享有 7 个方面的自主权。《2010 纲要》要求"政府及其部门要树立服务意识，改进管理方式，依法保障学校充分行使办学自主权"，并且通过简政放权和制定大学章程等形式落实高校办学自主权。同时，政府开始借助法律、政策、规划、公共财政、标准及信息服务等现代监管工具监督高等教育新型治理结构的建立。但这一时期行政强制仍然是一种重要的管控工具。

表 6—1 中的四种治理模式是从整体性视角（中央政府—地方政府、政府—高校）提出的类型划分。在高等教育管理体制变迁历程中的不同阶段，随着各种治理机制的互动，高等教育管理活动会呈现不同的行政模式，或者在实际变迁过程中也可能存在以一种管理模式为主同时兼顾其他模式的特征。

第二节　新中国 70 年高等教育管理体制变迁特征

纵观新中国 70 年变迁历程，高等教育管理体制改革风雨兼程、筚路蓝缕，创造性地实施了一系列适合中国国情、教情的创新举措和治理模式，积淀了丰富的"中国经验"，形成了鲜明的"中国特色"，具有深刻的政策意蕴和鲜明的政策价值。

一　"中心"与"外围"的互动

中国政府具有很强的资源组织、协调和动员能力，相对于高校组织具有明显的支配和主导地位。从这个意义上讲，高等教育管理体制变革是以政府为中心的多重目标逐步实现的过程。高等教育管理作为政府的一项重要政策议题，直接受到当时政府主导下的多重目标（政治控制、经济收益和创新人才培养）实现过程的塑造和制约。政府主导目标成为一种制约高等教育管理体制变迁的关键变量。在不同的历史阶段，这三种目标及背后权力关系组合方式的不同影响了高等教育管理体制目标的变迁。

新中国成立后，"革命"和"建设"成为当时中国共产党的"中心工作"。为服务政府工作的"大局"，高等教育被认作是国家公共事业而非一般社会事业，被赋予巩固国家意识形态和政治控制的政治性任务，被要求"以提高人民文化水平，培养国家建设人才，肃清封建的、买办的、法西斯主义的思想，发展为人民服务的思想为主要任务"[①]。在这种高度政治化、行政化、意识形态化的制度环境中，高校不可避免地受到政治和行政控制，政府将政治控制、经济收益和创新人才培养融为一体，建立了中央高度集权的高等教育管理体制。

改革开放后，随着政府的"中心工作"由"以阶级斗争为纲"转向"以经济建设为中心"，获取高等教育的经济收益开始成为政府发展高等教育的"中心工作"和主导目标。为社会主义建设服务、为经济发展服

[①] 董宝良：《中国近现代高等教育史》，华中科技大学出版社 2007 年版，第 252 页。

务和为巩固无产阶级统治服务[①],推动高等教育快速发展,在满足经济社会发展需要的同时减轻政府财政负担,逐渐成为政府更加优先的主导目标。在此种政策理念指导下,中央政府开始下放权力,充分调动地方政府和高校的办学积极性,赋予省级政府更多的财政责任和高校一定的"创收"权利,一种分权型的高等教育管理体制正式建立。

1998年以来,随着市场经济的深入推进和国际创新人才竞争的加剧,创新驱动和创新性人才培养日益引起政府的关注和重视。在"以人为本"、可持续发展和和谐社会等理念指引下,政府的角色由"管理者"向"服务者"转变,创新型人才培养和促进学生全面发展开始成为政府发展高等教育的"中心工作"和主导目标。为促进高校培养更多更好的创新型人才以实现中华民族的伟大复兴,政府加大政校分开的力度,改变管理高校的方式,深入推进简政放权和管办评分离,逐步减少其作为"生产者"的角色而更多地扮演"供给者"的角色,服务型高等教育管理体制得以逐步确立。

二 强制性变迁与诱制性变迁的交织

根据制度变迁的主体、驱动力、方向和激烈程度不同,林毅夫把制度变迁分为强制性制度变迁和诱致性制度变迁两种。"诱致性制度变迁指现行制度的变更或替代,或者是新制度安排的创造,它由个人或一群(个)人,在响应获利机会时自发倡导、组织和实行。强制性制度变迁指由政府命令和法律引入和实行。"[②] 一段历史时间内变迁方式的选择取决于制度的成本—收益的对比,同时也受制于行动主体的特定偏好和行动主体间的力量对比关系。对于高等教育管理体制而言,前30年以制度断裂为突出特点,体现出一种强制性制度变迁逻辑;改革开放后40年以渐进演变为突出特点,体现出一种诱致性制度变迁逻辑(见表6—2)。

[①] 陈学飞、展立新:《我国高等教育发展观的反思》,《高等教育研究》2009年第8期。
[②] [美]科斯、阿尔钦、诺斯:《财产权利与制度变迁——产权学派与新制度学派译文集》,刘守英等译,上海三联书店2004年版,第389页。

表6—2　　　　　　　　　高等教育管理体制变迁方式

变迁时段	变迁类型	变迁主体	变迁驱动力	变迁特征描述
1949—1978	强制性制度变迁	党和政府	意识形态偏好、力量对比关系	在对"旧教育"进行接收、接管、接办和改造的基础上，大一统和高度集权的高等教育管理体制被确立
1978—至今	诱致性制度变迁	党和政府、高校、政策企业家、利益集团	收益高于成本的获利机会的存在	先试点，后推广，"边际调整的渐进改革"

1949年以后的高等教育理念和制度设计具有宏大文化规划传统，具有典型的强制性制度变迁特点，高等教育管理体制安排是作为整个计划制度设计中的一个部分出现的。正如林培瑞（Perry Link）所言："它们是宏大试验的一个部分。这个实验基于这样一个前提：即人类有意识的设计可以塑造新的、更好的社会生活模式。"[①] 新中国成立后，为维护统治和巩固国家意识形态，高等教育成为实现国家目标的工具。随着高度集权的政治、经济和行政体制的确立，国家通过自上而下对"旧教育"进行全面接收、接管、接办和改造，实现了高等教育管理体制的大一统和高度集权。这个集权管理体制内，经济利益和人才培养完全服从于意识形态和政治的考量。

1978年十一届三中全会后的高等教育管理体制变迁是渐进的，分层次的。在管理体制上改变了1949年以来形成的全能型体制，政府开始转变职能和管理方式，逐步向发展型和服务型体制转向，在人事、经费、招生和专业设置等方面赋予省级政府和高校一定的举办权、管理权和办学权，在经营上开始向市场化迈进，形成了具有中国特色的"一元体制，二元运作"制度模式。从制度变迁的主体看，政府仍然是最重要的推动者，没有政府的许可，1978年后的高等教育管理体制渐进变迁不可能实

[①] Perry Link, *The Uses of Literature: Life in the Socialist Chinese Literary System*, Princeton: Princeton University Press, 2000, p. 3.

现。同时，这一时期的制度变迁是由高校推动的。如"四老上书"事件直接推动了高校获得办学自主权。此外，中国知识分子或"政策企业家"也通过各种方式推动高等教育管理体制演变，以便培养更多的高素质人才来参与竞争。需要指出的是，从制度变迁规律来看，高等教育管理体制的突变与渐进没有绝对界限，任何的"突变"过程都是以无数的渐进过程为基础的，任何的"渐进"过程也充满着一个个突变。

三 工具理性和价值理性的转换

回顾新中国 70 年高等教育管理体制演变历史，可以发现影响其价值取向变迁的既有特定社会的政治、经济和文化等客观因素，也有高等教育主体对高等教育的认识水平等主观因素，这些"合力"共同推动了高等教育管理体制价值取向变迁。

新中国成立前 30 年，高等教育管理体制的主导价值取向是以培养全心全意为人民服务的革命者的政治本位取向，政治作为共轭关系中的重要变量对高等教育管理体制改革的影响日益突出，学生、社会和高校的价值取向处于被忽视的地位。1950 年 6 月，教育部部长马叙伦在第一次全国高等教育会议开幕词中提出："我们的高等教育应该随着国家建设逐渐走上轨道，逐步走向计划化……首先，我们要逐步实现统一和集中的领导。"[①] 1949—1976 年，高等教育被定义为上层建筑的一部分，高校作为政府附属机构而存在。为维护共产党领导和培养重工业优先发展所需要的科技人才，政府管理高等教育"以具有刚性和强制力行动手段为主，强调意志统一和步调一致"[②]，有利于服务于国家政治建构价值取向的达成，但未给地方政府、高校和市场留下政策空间，导致高等教育管理体制变迁的绩效困境。

改革开放后，随着总体性社会的解体，个人的自我意识不断增强和高校办学自主权不断扩大，高等教育内在的价值取向也日益明显，但受

[①] 何东昌主编：《中华人民共和国重要教育文献（1949—1975）》，海南出版社 1998 年版，第 26 页。

[②] 金世斌：《价值取向与工具选择：新中国高等教育政策的嬗变与逻辑》，《江苏高教》2013 年第 1 期。

"沉默市场强迫"力量的影响，经济价值在高等教育管理体制中处于主导地位。无论是改革开放前的高等教育为"无产阶级政治服务"，还是改革开放后的高等教育为"社会主义现代化建设服务"，政府都把高等教育作为满足国家政治、经济与社会发展需要的工具，鲜明体现了国家主义和功利主义的工具理性色彩。尽管这种工具理性的价值取向在高等教育特定发展阶段发挥了一定积极作用，但却忽视了高等教育发展的内在特质与实践逻辑，忘记了高等教育对于学生追求完满、美善生活的意义，忘记了高等教育应着眼于学生个体灵魂的完善和人的福祉。改革开放后，特别是党的十四大确定建立社会主义市场经济体制目标后，国家开始转变职能，遵循市场规律和引入市场机制，由以前严格的计划控制转向市场调节，市场化工具在高等教育领域得到广泛传播和使用。

在科学发展观与和谐社会理念指导下，政府摒弃了将高等教育"看作生产人的某些特定素质从而为经济、政治和文化服务的工具主义倾向"[①]，倾向于运用育人为本的主导价值取向指导高等教育实践，从而使高等教育真正致力于"使人成为人"和培养主体人的活动，实现高等教育对象的"美美与共"目标。21世纪以来，公平、质量和育人为本成为高等教育改革发展的核心目标。为保持国家核心竞争力，满足高校、社会和民众的各种需求，政策工具的选择从"硬性"转向"软性"，由"单一管制"转向"多元治理"。需要指出的是，改革开放后，虽然政府的强制性工具比例呈现逐步下降的趋势，市场化、社会化工具比例逐步上升，多元化手段逐步形成，但是，在高等教育管理体制变迁的三个阶段，政府计划控制的强制性工具仍占主导地位，市场化和社会化等多元化工具仅仅处于辅助地位。

四 集权与分权的多重变奏

1949年以来，在很大程度上，中国的政治和经济结构都是以苏联式"政党—国家"体制为基础的，选择了高度集权的行政管理体制和一元化

[①] 张新平、林美：《走向优势教育——兼论工具理性下"背离教育"的三种教育样态》，《高等教育研究》2016年第7期。

的政治空间结构,国家无所不包的角色是国家社会主义政治结构的一个典型特征。正如林德布洛姆所言:"政府几乎无所不包,规模远远大于其他任何一个政治—经济体系……与此同时,政府还控制着宗教、教育、家族、工会、个人行为的细节,而这些方面在其他社会中都在政府职能之外。"[1]由于当时国家政策主要是为了工业化和经济发展,有计划、有步骤地改造高等教育以适应革命工作和国家建设工作的广泛需要成为新中国十分重要而紧迫的任务。为建设一个富强的、以公有制为主体的新中国,国家"消灭"了私立大学和教会大学,实行了高等教育"国家化"运动,使得政府成为高等教育治理的唯一主体或治理的"单中心",实现了对高等教育的"集中"控制,大学成为政府的附属机构或延伸机构,深深镶嵌于政府集权治理结构之中。"集中"控制既包括"供给"集中,也包括"生产"集中,是政府垄断高等教育的治理方式。即高等教育"服务供给什么、供给多少、怎么供给,只能由一个单一的权力中心来决策、组织生产,这个单一的决策中心就是政府。政府作为供给方,运用权威,采取垄断方式,提供作为消费方的全社会成员或在一定区域内社会成员所需要的教育服务"[2]。

20世纪80年代以来,随着经济社会的发展和政策环境的改变,分权成为一种流行的政府改革形式,许多国家和地区都推行分权改革。分权改革在高等教育领域也逐步显现。改革开放以来,基于政治建设、经济建设和深化改革的需要,20世纪80年代初,中央政府开始了被称为"权力下放"的分权改革。通过颁布《1985决定》《1993纲要》《1998高等教育法》和《2010纲要》等政策法律,进一步扩大和落实高校办学自主权,使高校真正成为面向社会依法办学的独立法人实体,赋予省级政府高等教育统筹权,建立高等教育地方化体系。"虽然分权通常被视为一种中央政府的撤退形式,但是它实际上是一种加强中央对外围的控制而不

---

[1] Lindblom, Charles Edward, *Politics and Markets: The World's Political Economic Systems*, New York: Basic Books, 1977, pp. 238—239.

[2] 邵泽斌:《新中国义务教育治理方式的政策考察》,北京师范大学出版社2012年版,第87—88页。

是给基层政府赋予更大决策权的机制。"① 在分权政策下，政府监管者和整体上服务协调者的角色得到了加强而不是削弱。② 从这个意义上讲，高等教育管理体制分权改革过程中分权与集权相互交织。中央政府并没有从高等教育领域撤退，政府采用"行政动员""项目制""晋升锦标赛制"等多种治理方式，建立各种规范框架、机制和评估制度，对高等教育实施"遥控"和收权，以解决分权后的中央政府的集权问题。

五　政府与市场的互动演变

在中国，国家发动的体制改革与市场机制的引入是高等教育管理体制改革的两个主要动力。从这个意义上讲，高等教育管理体制变迁可被视为政府和市场协同演变的过程。政府和市场在彼此交互作用中协同演变：在某些历史时期，它们彼此竞争和限制对方；在另一些历史时期，它们彼此强化或彼此适应和改变对方，形成了具有特殊关系的"政府与市场"结构形态。

1949—1977年，中国处于总体性社会，国家无所不包的角色是国家社会主义政治结构的典型特征，国家拥有总体性支配权力，对高等教育进行垄断式供给，高等教育管理体制是否改革及改革的进程由垄断式政府所建构的政治进程决定。基于国家政权的政治逻辑和目标，私立大学和教会大学被"消灭"，高等教育市场及市场机制被限制，政府集中供给和集中生产的垄断式高等教育管理体制确立。政府通过强大的政治动员和超强的集权化制度对高等教育进行"收"与"放"的改革，导致1949—1977年高等教育发展的大起大落。

改革开放以来，随着新自由主义和新公共管理理论的扩散，为缓解官僚体制的效率低下和增强国家的国际竞争力，中央政府开始改变管理方式，采取市场化、民营化、分权和放松管制等形式从高校微观事务中退却，即政府从微观管理转向宏观管理，将一部分权力下放或让渡给高

---

① 蒋凯：《全球化时代的高等教育：市场的挑战》，北京大学出版社2013年版，第166页。
② Mok, Ka-Ho (ed.), Centralization and Decentralization: Education Reform and Changing Governance in Chinese Societies, Hong Kong: Comparative Education Research Centre, 2003, p.8.

校，让高校成为市场竞争主体，成为面向社会自主办学的法人实体。出于政治稳定性、合法性以及历史传统的考虑，高等教育管理体制改革在引入市场机制的同时也限制着高等教育市场的发展。

由于制度规则的限制和政治权力的巨大作用，市场活动在高等教育管理体制变革中采取了独特的形式：一是与西方发达国家引进市场机制为了选择性、多样性、个性化等目的和动机不同，中国高等教育引进市场机制最大的原因并不是为了扩大高校决策自主权和增强灵活性、提高高等教育质量和效率、满足学生多样性教育的需求，而是为了高校承担更多的财政责任，节约公共高等教育经费，从而减轻中央政府的财政负担；二是各高校都努力培育与政府的关系，致力于寻租活动。对政府权力的需求以及从政府权力中获利的行为又强化了政府权力在高等教育管理体制变革中的作用，同时也培育了提升政府和市场双重作用的新利益团体。在此意义上，市场条件下的高等教育管理体制变革是由政府政治形塑的。

另外，民办高校对办学经费投入增长的贡献也对国家采取市场扩张的政策产生了正面反馈，政府逐渐从再分配者向调控者转变。尽管受到政治权力的限制，但公办高校也被推向市场。在这个过程中，政府和市场相互改变着对方。从这个意义上讲，改革开放后的高等教育管理体制是一种"政府为主，市场为辅"的双重体制关系结构，这种双重体制关系互为因果，相互作用。"这种双重体制机制不同于政府与市场的混合性体制机制，而是政府主导的行政体制和行政性资源配置方式占据主导地位，它决定着在高等教育中是否推行市场竞争机制，以及在哪些领域、在多大程度上推行和运用市场机制。"①

第三节　新中国 70 年高等教育管理体制变迁的政策问题

新中国成立 70 年来，特别是改革开放以来，为适应经济体制改革需

---

① 张应强、张浩正：《从类市场化治理到准市场化治理：我国高等教育治理变革的方向》，《高等教育研究》2018 年第 6 期。

要，激发地方政府和高校办学积极性，提升人才培养质量，中央政府出台了一系列改革高等教育管理体制的政策文件。但从实际进程和效果看，政府部门对高校的"超强控制"和高校的"过度行政化"仍是高等教育管理体制的常态，高等教育管理体制改革步履维艰。从这个意义上讲，高等教育管理体制改革未取得根本性突破，仍处于改革的"攻坚期"和"深水区"。造成这一现象的原因是多方面的，其中之一与高等教育管理体制变革的政策质量有关。

一 中央政府和碎片化部门主导

拉雷·N. 格斯顿指出："当前，争论已不是官僚机构是否制定政策，现在争论的是，官僚机构在何种程度上、为谁的利益制定政策……官僚机构的政策制定能力无所不在，并且过分了……当代官僚机构无处不在，超出了政策制定者和公众的控制。"[①] 1949 年新中国成立后，以党中央和政府为首的组织机构在高等教育管理体制决策中往往具有决定性作用，不仅是高等教育管理体制改革的重要发起者，而且是高等教育管理体制决策的主要甚至唯一主体，决定着高等教育管理体制调整的方向、幅度、范围和策略选择。

在这种决策过程中，高等教育管理体制的决策权力高度集中在中央政府，主要方式是控制与高等教育管理体制相关的话语权和传播权。首先，中央政府在高等教育管理政策议程设置和决策方面具有绝对的权威。中共中央通过提供政策倡议、批转或与国家行政机关联名发布文件等方式主导高等教育管理体制改革的内容和方式。如实行《关于教育事业管理权力下放问题的规定》《中共中央关于教育体制改革的决定》和《面向 21 世纪教育振兴行动计划》等。其次，国家在确定权力下放的内容、对象和方式，以及在中央政府、地方政府、高校和社会间分配管理权限方面发挥主导作用。最后，国家占有、控制和分配绝大部分教育资源。国家通过规划、项目、工程和评奖等方式直接控制和干预高校办学过程，

---

① ［美］拉雷·N. 格斯顿：《公共政策的制定——程序和原理》，朱子文译，重庆出版社 2001 年版，第 10 页。

如"双一流""质量工程""863 项目"和国家级奖项评审等。

由于党政结构重合以及行政机构的碎片化性质,许多政策部门在高等教育管理政策制定中发挥着至关重要的作用。例如,教育部负责高等教育管理体制改革的顶层设计、组织和监督实施;财政部负责办学经费预算的制定与分配;发展与改革委员会负责高等教育管理改革长期规划工作。除此之外,人力资源和社会保障部、国家物价局和编制办等部门在高等教育管理方面也发挥着作用。但由于分工不明确,每一部门囿于不同理念和目标,在高等教育管理政策制定过程中最大化自己的行政力量,导致政策制定期限延长,增加了部际协调成本,甚至激化政策制定中的问题。同时,由于人大等立法、监督机构的缺席,高等教育管理体制改革从设计到实施再到监督的"完整流程"都全权委托给教育部为主的行政部门,在赋予它们绝对权力的同时,也为政府行政部门权力的自主发挥留了巨大的政策弹性空间。

这种党和政府主导下的科层决策模式,一般是由中央教育行政部门和政党精英及其智囊主导政策议程设置、政策决策、政策运行和政策评估等过程,它要求遵从"命令—服从"逻辑。虽然,高等教育管理政策的出台过程也听取过专家学者、高校和社会民众的意见,一定程度地体现出决策的民主化倾向,但是,"在公共政策的现实世界里,分析的优越性往往要屈从于政治的需要"[①],知识精英常常受制于政治精英。以这种决策模式为基础建立起来的高等教育管理体制具有强制性变迁属性,优点是不需要依据一致性原则,节约了交易成本,在短期内就可以实施。但是由于政策变迁没有遵守一致性原则,很难满足利益相关者的多样化利益诉求,实行过程中容易出现摩擦成本过大、交易费用过高的情况,有可能使高等教育管理体制改革处于"悬置"状态。

二 政策目标优先序的飘移

高等教育管理体制改革的政策目标主要是调整中央政府与地方政府、

[①] 胡宁生:《现代公共政策学——公共政策的整体透视》,中央编译出版社 2007 年版,第 9 页。

政府与高校的权力配置结构,即高等教育管理体制的政策目标是双重的。其中,政府与高校关系调适是其变革的"关键",也是其改革的首要目标和主攻方向。回顾新中国 70 年高等教育管理体制变迁史,政策目标优先序发生了飘移。

新中国成立后至改革开放前,高等教育管理体制权力结构调整仅仅局限于中央政府和地方政府的放权与收权博弈之中,具体表现为中央政府各部门之间或中央政府和地方政府上下层级之间的权力转移,重点强调的是中央和地方的行政关系调整,至于高校与政府关系的调整在当时的政治环境下既无可能性也无必要性。"中央和地方高等教育管理权力的划分总是在大学隶属关系上打转,大学被当做权力划分的筹码摆来摆去,中央强调集中就将大学的管理权上收到中央政府;国家强调放权,就将大学下放给地方政府。大学总是离开了这个婆婆看管,又受到一个新的婆婆管束。"① 在"大一统"全能型国家体制下,国家直接控制高校,对高校的课程、教学、专业设置等方面进行严格的管制,高校几乎没有任何自主权。

改革开放以来,经济社会发展进入"后总体性社会","泛政治化"的高等教育管理模式开始松动,政府与高校关系的政策目标在相关政策文件中得到体现。《1985 决定》提出,"当前高等教育体制改革的关键,就是改变政府对高等学校统得过多的管理体制"。"为了调动各级政府办学的积极性,实行中央、省(自治区、直辖市)、中心城市三级办学的体制。"《1985 决定》把政府与高校关系调整定位为高等教育管理体制改革的"关键",直面问题的主要方面,着眼于政府职能转变和管理方式调整。《1993 纲要》提出,"进行高等教育体制改革,主要是解决政府与高等学校、中央与地方、国家教委与中央各业务部门之间的关系,逐步建立政府宏观管理、学校面向社会自主办学的体制"。但是,《1993 纲要》并没有明确政府与高校、中央政府与地方政府的政策目标优先序,即没有明确政府与高校关系调整是首要目标(次要目标)还是中央政府与地

---

① 朴雪涛:《现代性与大学——社会转型期中国大学制度的变迁》,人民出版社 2012 年版,第 102 页。

方政府关系调整是首要目标（次要目标）。

"当政策存在多重目标时，基层官僚将会根据其利益诉求和地方层面互动的压力，有选择地追求其中对于自身有利的政策目标，而有意回避和弱化对某些目标追求的动力。"① 由于政策核心共同体对高等教育管理体制目标优先序是模糊的或含糊不清的，在实施过程中高等教育管理体制目标发生了"飘移"。虽然仍然强调政府—高校权力结构，但高等教育管理体制改革的实际着力点转向了政府"条块"对高校管理权力结构的调整。《1995若干意见》指出，"高等教育管理体制改革的目标是：争取到2000年或稍长一点时间，基本形成中央和省、自治区、直辖市人民政府两级管理、分工负责，以省、自治区、直辖市人民政府统筹为主，条块有机结合的新体制"。《1999决定》指出，"今后三年，继续按照'共建、调整、合作、合并'的方式，基本完成高等教育管理体制和布局结构的调整，形成中央和省级人民政府两级管理、以省级人民政府管理为主的新体制"。《2003—2007年教育振兴行动计划》和《2010纲要》都重复了"完善中央和省级人民政府两级管理、以省级人民政府为主的高等教育管理体制"。由此可见，高等教育管理体制改革的目标主要是解决"两级管理与条块有机结合"问题，至于"政府与高校关系"问题仅仅从"政府转变职能，简政放权"和"学校作为独立法人实体，要依法充分行使自主办学权力"方面进行论述，导致政府与高校权力关系调整内蕴于政策文本之中作为"潜目标""副产品"而存在。相对于《1985决定》与《1993纲要》而言，1995年以后相关政策文件虽然体现了一种谨慎与稳健的态度，但更多体现的是一种政策退步。

三 政策主体权责不清

教育政策文本形成是一个会受到内外各方因素影响的过程，这一过程会受到参与其中的多元利益主体和卷入其中的各种资源的制约和影响。为应对文本形成过程中的各种利益冲突，决策者在决策过程中一般会运用一定的模糊性语言表述，以便冲突的参与各方从中作出有利于各自利

---

① 赵德余：《政策制定的逻辑——经验与解释》，上海人民出版社2010年版，第42页。

益的解读。① 从新中国 70 年高等教育管理体制变迁看，政策制定者为了在最大范围内达至妥协，不惜在一定程度上牺牲政策文本的清晰性，使政策文本内容表述呈现出模糊性特征，导致政策主体权责基准缺失，操作性不强。

第一，权力在高等教育服务管理部门间的分配比较模糊。从新中国 70 年高等教育管理政策内容看，权力在高等教育服务管理部门之间几经转移，各管理部门的服务职能逐步清晰。但是，各服务管理部门的权利与责任的边界到底在哪里，现在还比较模糊，政府并没有对此作出明确的界定。《1998 高等教育法》第十三条规定："国务院统一领导和管理全国高等教育事业。省、自治区、直辖市人民政府统筹协调本行政区域内的高等教育事业，管理主要为地方培养人才和国务院授权管理的高等学校。"这种原则性规定太过统笼，在权力分配上存在一定的模糊性，没有明确国务院和地方政府各自的管理权限和责任边界，使得管理机构的管理活动具有一定的机会性，容易造成相互间的推诿扯皮和"管理真空"。《1999 决定》也只大致说明了地方政府管理权限的职责范围，至于中央政府如何统筹管理全国高等教育、如何对地方的权力进行监督、地方政府如何对地方高校进行有效管理、如何科学统筹地方高等教育的发展，则成为政策文本中的盲点，容易导致地方政府随意利用手中的权力降低标准新建高校、增加招生指标、兴办民办二级学院等。

第二，权力在政府与高校间的分配也存在一定的模糊性。《关于深化高等教育体制改革的若干意见》提出："政府要转变职能，由对学校的直接行政管理，转变为运用立法、拨款、规划、信息服务、政策指导和必要的行政手段，进行宏观管理。"但政策文本并没有对"宏观管理"的具体内容和具体权限作出明确规定，为政府扩大职能范围留下了广泛的弹性空间。虽然政府在《1998 高等教育法》中赋予了高校七个方面的办学自主权，"但现行法律没有就这些权利作出清晰的解释，权利的范围、尺度、规则不明，实施、监督、保障缺乏规定性和程序限定，这就使得法

---

① 彭华安：《改革开放以来高等教育行政管理体制改革困境的政策分析》，《教育理论与实践》2018 年第 3 期。

律难以成为实践可以参照的准绳,办学自主权的法律承认实际被空置"①。如经费使用权是完全自主还是有限自主?它的真实边界在哪里?学科建设权如何界定等。同时,政府还给高校办学自主权的行使加上了"根据""依法"等限制性条款,如何在"根据""依法"与"自主"之间权衡,政策文本没有明确规定。

"政策文本的模糊性不仅影响着政策在执行过程中的可操作性,而且由模糊性带来的模棱两可、含糊不清往往给政策执行者和政策对象留下了采取策略行为的余地,这将带来难以预期的政策结果。"② 这种边界界定不清晰的最大问题在于,同一项政策(游戏规划执行者)可以两边解释,使政策主体感到无所适从,加大了行动的不确定性。

四 权力转移的行政型分权

从功能和空间维度进行划分,高等教育权力转移主要包括职能分权和地域分权。地域分权主要包括权力分散、权力委托和权力下放三个方面。"权力分散指通过中央当局建立各职能部门或分支办公室,并配以自己的工作人员的过程。权力委托指地方一级享有比以往更大程度的决策权。权力下放是三种分权程度最高的一种。权力掌握在国家下属行政单位手中,其官员采取行动时不必征求上一级官员的同意。"③ 从权力转移模式来看,主要存在两种类型:一种是行政型分权,另一种是法律型分权。④ 行政型分权模式下,地方政府权力不是通过法律获取的,而是中央政府通过"红头文件"形式将某些权力逐项下放的,呈现"碎片化"特征,价值取向注重效率。法律型分权模式下,地方政府权力是立法机关根据高等教育发展需要通过法律划分中央政府与地方政府的责权范围,价值取向公平与效率并重。由此,权力分散和权力委托属于行政型分权模式,权力下放属于法律型分权模式。

考察新中国 70 年高等教育管理体制变迁历史,地方权力和高校权力

---

① 熊庆年:《对落实高等学校办学自主权的再认识》,《复旦教育论坛》2004 年第 1 期。
② 林小英:《教育政策变迁中的策略空间》,北京大学出版社 2012 年版,第 163—164 页。
③ [英]贝磊:《教育控制:集权与分权问题及其张力》,《教育研究》2006 年第 6 期。
④ 林尚立:《国内政府间关系》,浙江人民出版社 1978 年版,第 79—81 页。

更多的来源于中央政府的行政型分权而非法律型分权。从权力转移的逻辑看,省级政府和高校权力来源于中央政府"挤牙膏式"的逐项下放;从权力转移的方式看,政府各个部门通过"意见""计划""工程""办法""通知"等"红头文件"下放办学权和管理权;从分权的内容看,中央政府基于转移财政压力的目的将财政权、专科层次院校设置权等部分权力下放给省级政府和高校,核心决策权仍掌握在手中。"据统计,目前中央政府及其教育行政部门下放省级政府及其教育行政部门行使的19项行政职权中,通过国务院颁发行政法规下放的有9项,占总数的47.4%;通过其教育行政主管部门发布部门规章下放的有8项,占总数的42.1%;而通过正式立法下放的仅有2项,占总数的10.5%。"[①] 从这个意义上讲,高等教育管理权力转移方式更多是权力委托。"在权力委托形式的分权中,委托体制内的权力基本仍掌握在上级部门,只是上级部门将权力'借'给了下级部门;下级部门如不按规则行事,权力就会被收回。"[②]

以权力委托为主要形式的行政型分权模式使得高等教育管理体制改革面临诸多困难。一是行政型分权会导致高等教育管理权力下放的不稳定。由于行政型分权的主体是中央政府且无法律的制约和规范,"收"和"放"的决定权在于上级政府及其教育行政部门,"那就可以今天下放几项权力、明天又收上几项权力,一些管理权力下放了、另外一些新的权力又被轻而易举地设置出来了"[③]。例如,2006年5月,教育部突然收回了教育学、历史学和医学3个专业的硕士生入学考试专业课命题权力,调整为由教育部统一命题、统一考试。面对这种分权的不稳定性和不确定性,省级政府和高校就会产生"现权不用,过期作废"的机会主义思想,容易导致高等教育管理体制陷入"一放就乱"的恶性循环。二是行政型分权导致高等教育管理权力下放的低效率。由于高等教育管理权力

---

① 贾永堂、孔维申:《省级政府高等教育统筹权:渊源、内涵、困境及对策》,《高等教育研究》2017年第11期。
② 蒋凯:《全球化时代的高等教育:市场的挑战》,北京大学出版社2013年版,第147—148页。
③ 周川:《高等教育管理体制改革之反思》,《北京大学教育评论》2018年第2期。

转移更多是以行政法规和部门章程为主导，以法律法规形式进行权力转移的情况极少，导致高等教育管理权力转移制度化过程呈现不稳定态势，权力转移的效率较低。

五 权力结构调整的选择性

改革开放以来，基于"赶超增长和维持稳定"两个政策目标和新中国成立以来的政策实践经验，国家重新调整了高等教育管理权力结构，并再次设计了中央政府与地方政府、政府与高校之间的权力—权利再配置结构。但权力结构调整体现了中国转型的社会特质，即适应后总体性国家要求，一方面给权，一方面留权。权力结构调整呈现出选择性，在某种意义上，这种选择性形成了高等教育管理体制改革的"碎片化"特征，造成高等教育分权权能的非周延性和权力边界的不清晰，不利于高等教育持续健康发展。

（一）以放权为主轴调整中央—地方关系，但保留了关键的权力

改革开放以来，中央政府向地方政府放权以形成权力分享与共治的中央—地方关系。例如，中央政府将一些审批权力下放给省级政府，扩大省级政府在统筹高等教育发展方面的权力，形成中央与省两级管理、以省为主的管理体制。但是，中央政府在通过人事、审批、财税等放权让利改革强化地方政府自主权的同时，还通过建立广泛的目标管理责任制，依托立法权、人事权、审批权等，以整体规划、审批控制、项目制等方式，对地方政府在高等教育管理方面的行为进行控制、引导和协调。在这一体制下，地方政府对高等教育经费投入、毕业生就业、教师福利保障和人才培养等各类事务负主要责任，而中央政府则通过制度设计对其进行控制，中央政府下放的权力只是一部分不重要或不愿意要的权力，一些关键核心的管理权力仍然掌握在自己手中，并保留了地方政府随时配合中央政府的高等教育工作的中心权力。从1980年《高等学校建立学校基金和奖励制度的试行办法》、1989年《关于普通高等学校收取学杂费和住宿费的规定》等政策可以看出，中央政府向地方政府首先转移的是财政权。20世纪90年代通过"共建、调整、合并、合作"把原来由部委举办的大部分高校交给地方，要求地方政府加大财政拨款，但只赋予省

级政府有限的高等教育事权即决策权,本科高校的设立、评估、文凭发放等很多重要的决策权尤其是一些关键性的审批权和统筹权仍然掌握在中央政府手中,中央政府与地方政府在高等教育中仍表现为一种严格的层级控制关系。如《2010 纲要》第四十五条规定,"中央政府统一领导和管理国家教育事业,制定发展规划、方针政策和基本标准,优化学科专业、类型、层次结构和区域布局。整体部署教育改革试验,统筹区域协调发展。地方政府负责落实国家方针政策,开展教育改革试验,根据职责分工负责区域内教育改革、发展和稳定"。从中可以看出,中央政府仍掌握高等教育发展的关键性决策权,地方政府更多只是扮演执行者的角色。

(二) 以确权为主轴调整政府—高校关系,但保留了组织控制权

改革开放以来,国家权力在总体上呈现出逐步收缩和退却的态势,国家从全能型"大一统"体制下对课程、教学、专业设置具体细微的"包办"和"包揽"逐步转向宏观层面的"指导""调控""引导",从法律上确立高校在招生、专业与系科调整、机构设置、干部任免、经费筹措与使用、职称评定、工资分配及国际交流等方面拥有办学自主权,在行政模式的理念、方式及行为策略等方面均发生了深刻的改变,使政府与高校的行政关系转变为法律关系。如改革初期,基于经济状况的考虑,国家在《1985 决定》中让渡一部分行政管理权力给高校,给予高校一定的经营自主权,以减少政府所面临的压力。《1998 高等教育法》以法律形式赋予了高校七个方面的办学自主权。

但是,必须指出的是,在一些关键环节上,"强国家"的基本特征并没有发生实质性的改变,在具体操作过程中不同程度地存在"控权"和"收权"现象。第一,所谓的"权力下放",虽然从文本和意愿上往往是要把权力下放给高校,但是在实际操作中却常常是把权力下放给地方政府。尽管中央政府因为"权力下放"不再直接干预高校的办学活动,但因为公有属性和意识形态关系,地方政府并不愿意让高校变成真正的办学主体自主办学。于是,"权力下放"过程中,地方政府的管理权力大大增长了。第二,选择性放权。虽然迫于外界权力主体的诉求和政府内部权力运行效率低下的双重压力,政府往往会根据具体情形在适当的时候

向高校和社会放权。但这种放权行为最重要的特征是选择性和适度性。选择性和适度性放权最关键的问题是哪些权力下放、哪些权力不下放、权力下放给谁和哪一级、权力下放的幅度等,这些都具有一定的弹性。"在实践中,政府往往首先下放那些不具有决定性的非重要权力、专业性权力和高风险权力,而那些能够决定大局的强制性权力、功利性权力、操纵性权力,其下放的空间和尺度则非常小,下放的时间也会滞后。"①第三,虽然法律规定高校作为一个独立法人存在,但行政力量仍然强势嵌入高校,在事实上架空了作为独立法人的高校,高校仍然是一个政府行政部门的"隶属单位",而不是作为政府行政部门服务对象的"主体存在"。例如,在高校行政管理权中,高校并未取得自主办学真正需要的权力,特别是招生和行政领导方面的自主权最为有限。"虽然 2001 年教育部启动了高校自主招生试点的工作,并于 2009 年取消了自主招生比例'不超过 5%'的限制,但是两年后,教育部将这些宽松政策全部收回,重申'5%'的限制。"② 高校领导人的产生仍未采用选举制,无论是副部级、正厅级高校还是一般高校,党委书记和校长,甚至二级学院的院长和党委书记仍是通过上级行政主管部门任命产生,高校没有自主权选择适合自己学校办学特色的党委书记和校长。

六 政策实施的运动式

在新中国高等教育管理体制变迁过程中,政策实施通常与运动式治理方式紧密结合在一起。"运动式治理的突出特点是(暂时)打断、叫停官僚体制中各就其位、按部就班的常规运作过程,意在替代、突破或整治原有的官僚体制及其常规机制,代以自上而下、政治动员的方式调动资源、集中各方力量和注意力来完成某一特定任务。这些运动式治理的行为常常由自上而下的指令启动,甚至来自上级领导的主观意志,但它们的出现不是任意的,而是建立在特有的、稳定的组织基础和象征性资

---

① 周家荣、李慧勤:《教育管办评分离:实质基础、行动逻辑和体制障碍》,《高等教育研究》2016 年第 7 期。

② 贾永堂、杨红旻:《改革开放以来高等教育分权模式的问题与治理》,《高等教育研究》2015 年第 3 期。

源之上。"① 高等教育管理体制改革的"运动式"治理重在强调其"运动性",即在短期内将所有的注意力、资源都集中到"高等教育运动"上,展开"狂风暴雨"般的行动。通过各种运动,政权的理论、规则成功实现向整个高等教育的全面渗透和延伸。运动式方式是共产党的群众路线运用于高等教育管理政策的一种具体形式,从高等教育管理体制变迁过程看,运动式治理方式主要表现为"革命式运动"和"组织化运动"两方面。

(一)"革命式运动"

所谓革命式运动指用革命的方式或办法执行高等教育管理政策。在新中国前30年的高等教育管理体制变革中,"革命运动"是关键词,是推动高等教育管理政策实施的重要方式。"它不仅成为一种重要的政策宣示与政策号召,更成为一种重要的政策行动。"② 1951年9月11日,时任教育部党组书记、副部长的钱俊瑞在第一次全国初等教育与师范教育会议上的总结报告中对"革命办法"作过界定。"革命办法的基本特点就在于它根据事物发展的规律,首先是根据旧东西必然衰亡和新东西必然生长的发展规律办事;就在于根据一切困难本身包含着克服困难的因素,克服困难的过程就是自身力量壮大的过程这一规律,而能不怕一切困难,并有克服一切困难的决心和勇气;就在全心全意为着人民群众的利益,并且坚决地依靠群众,实行群众路线,来进行自己的工作;就在于决不自满自足,而能经常警惕,不断地进行自我批评;就在于对一切新鲜事物具有敏锐的感觉,具有高度的创造精神;就在于把自己的工作与当前革命与建设的总任务正确和密切地联系起来,而决不'闭关自守'地、'坐井观天'地进行自己的工作。"③ 从中可以看出,用"革命办法"的核心灵魂在于发动群众、依靠群众、走群众路线。在毛泽东时代,大规

---

① 周雪光:《运动型治理机制:中国国家治理的制度逻辑再思考》,《开放时代》2012年第9期。
② 张乐天:《对新中国"前十七年"农村教育发展的政策考察》,《社会科学战线》2010年第3期。
③ 何东昌主编:《中华人民共和国重要教育文献(1949—1975)》,海南出版社1998年版,第113页。

模的群众运动成为高等教育管理政策实施的一个重大驱动力，如接管和改造私立大学和教会大学、院系调整、"教育大跃进"、"文化大革命"中的权力下放，等等。由于群众运动所带来的政治动员效果，高等教育管理政策的实施往往雷厉风行，在一定范围内确实对体制的变迁起到了积极的效果。

（二）"组织化运动"

在"后总体性社会"中，国家通过一系列的政策调整，有意识地放松了对部分关键资源的控制。但是，"由于处于一个总体性的社会转型阶段，国家面临的管理和控制的任务，与原来相比，不是减轻了，而是加重了"①。因此，国家对资源的掌握和控制能力也并未大幅度减弱。发生变化的只是管理的方式由直接变为间接，由显性的制度安排变成了隐性的实践逻辑。在邓小平时代和后邓小平时代，革命或政治动员的方式与手段逐渐式微，决策者更倾向于使用常规机制来执行政策。然而，动员模式仍然存在，只是在形式上由"革命式运动"向"组织化运动"转变。周而复始的运动、各类贯彻上级指示、工作重点部署、上级计划实施等活动正是组织化动员的表现。1978 年关于真理标准问题的大讨论、1979 年关于高校办学自主权的大讨论和 1992 年邓小平南方谈话都是组织化运动的具体案例。前二者为《1985 决定》出台做了舆论准备，确定了教育体制改革的根本方向。后者为党的十四大召开提供了思想基础，为社会主义市场经济推行铺平了道路，推动了政府与高校法律关系的确立。

虽然，运动式治理方式有利于保持国家意识形态的统一，坚持社会主义的办学方向，维护国家和社会的稳定，在一定程度上有利于调动地方政府和群众贯彻执行中央政策的积极性和主动性，克服官僚主义效率低下的弊端，但是，"'革命式'、'运动式'所蕴含的政治性特征导致高等教育发展的政治化、形式化倾向，它使高等教育发展不能很好地按照教育自身的规律进行，因而也在一定程度上使高等教育的发展偏离了科

---

① 孙立平：《动员与参与——第三部门募捐机制个案研究》，浙江人民出版社 1999 年版，第 68 页。

学化的发展轨道"①。同时,"运动式治理一旦启动,难为启动者所持续有效控制。趋于听命的官员可能在高度动员的漩涡中推波助澜,导致运动超出预期的目的"②。例如,院系调整、大跃进中的"教育革命"、"文化大革命"中的"教育大革命"、新一轮院系调整等运动的目标和规模都远远超出启动者的想象和控制,对高等教育发展产生了一定的负面影响。

第四节 新时代高等教育管理体制优化的政策路径

党的十八届三中全会报告提出,全面深化改革的总目标是完善和发展中国特色社会主义,推进国家治理体系和治理能力现代化。高等教育治理体系和治理能力现代化是国家治理体系和治理能力现代化的重要组成部分。高等教育管理体制优化是高等教育治理体系和治理能力现代化的关键着力点。从"管控"走向"治理"不仅是治国方略的重大转型,也是高等教育管理体制的根本转变。管控逻辑强调政府"自上而下"的一元控制;治理逻辑强调中央政府、地方政府、高校与社会等利益相关者通过民主协商建立平等伙伴关系,共同应对公共事务。从"管控"走向"治理",为中国高等教育管理体制优化提供了巨大的制度创新空间。

高等教育治理体系和治理能力现代化的核心是主体多元、协同共治,合理界定政府权力边界是高等教育治理体系现代化的关键。从治理的视角观察,高等教育管理体制变革不是单一或孤立的"技术性"变革,而是治理理念、治理主体、治理结构和治理方式的"全体系"变革。

一 治理理念:从"管控型"走向"服务型"

新中国成立至改革开放,中国实行高度集权的行政模式,政府对一切社会领域实行严格的管控以实现特定的政治目的。改革开放特别是21

---

① 张乐天:《对新中国"前十七年"农村教育发展的政策考察》,《社会科学战线》2010年第3期。
② 周雪光:《运动型治理机制:中国国家治理的制度逻辑再思考》,《开放时代》2012年第9期。

世纪以来,治理和新公共服务理念成为政府行政模式转型的主流理论基础。治理与管控(或管理)的不同在于,后者是通过政府的科层制架构运作的,是趋向于自我封闭的,而"治理"则是向各种社会力量开放的,与此相适应的是一种更为扁平化的网状权力运行方式。高等教育管理体制治理理念的转型,要求政府部门的身份从传统的"管控者"向现代的"服务者"转变,职能定位也从以前的"划桨者"向"掌舵者"转变,将政府教育行政职能的重心放置于"服务性"上,从而实现政府在高等教育治理中的"瘦身计划"。从高等教育治理和服务发展的形态特征及核心要义出发,必须关注两条建构路径。

一是关注高等教育治理和服务理念及思维体系的建构。依据治理和服务的思维和逻辑,重置或完善高等教育管理体制的思维模式。以治理和服务的理念和模式塑造高等教育管理体制的核心思维,使之从整体上把握高等教育管理体制现代化的整体逻辑,使治理和服务思维成为高等教育管理体制主体的核心能力。尤其要注重改变政府的认知,以达成治理和服务理念的共识。否则要从政府手中"分权",将是一个很难完成的任务。

二是建立专业化的领导机制。要以治理和服务思维改造高等教育管理主管部门、高校的领导结构,系统地考虑高等教育管理服务权力的流转机制,适应服务型政府发展的趋势,培育一支既具备治理理念,又善于把控治理进程的新型专业队伍,确保政策主体在服务型政府建设和高等教育治理改革中占据主动地位和引导地位。

二 治理主体:从"单中心管控"走向"多中心共治"

公民在教育政策问题界定、议程设定及政策意见表达过程中的参与是"好"政策必须具备的一项基本条件。这意味着,高等教育管理体制的利害相关者应当有相应的机制就高等教育管理体制问题的性质、范围和轻重缓急等表达意见和观点,进行充分的民主协商,最终提升高等教育管理体制变革的有效性。在计划经济时代,高等教育成为政治控制的工具,政府是高等教育公共服务的唯一主体,全能政府独揽高等教育公共事务的生产和供给。这种"单中心管控"的政府模式在一定程度上保证了高等教育公共服务的数量与质量,使教育计划的执行环节与教育决策内容相一致,保障了国家教育战略在预定的轨道上运行。但这种模式后来也导致政府在高等教育管理体制中的错位、越位和失位,管制高等教育使政府负担过重、高校办学效能低下。

"多中心"概念最早是由迈克尔·博兰尼提出的。"多中心治理"是奥斯特罗姆夫妇、蒂伯特等在研究警察服务、公共池塘和大城市治理等问题时提出的超越国家与市场进路的"第三条道路"。高等教育管理体制改革问题的复杂性和多样性,客观上要求建立一种多中心的治理结构,高等教育管理体制的有效性越来越取决于能否使多中心共治主体之间的权力趋于平衡。与"单中心管控"相比,"多中心共治"更加强调中央政府、地方政府、高校与社会在高等教育管理体制供给上的合作,而非中央政府在高等教育管理上的"一揽到底"。其核心意义在于超越国家与高校的二元对立思维,寻求多样化的制度安排。高等教育管理体制决策的"多中心共治"意味着在高等教育管理体制中存有多个决策中心和不同的组织机制。

一是降低政策协商网络门槛,促进权力结构和决策主体的多中心化。权力结构与决策主体的多元化意味着在高等教育管理体制决策时要打破政府作为唯一权力主体、供给主体和生产主体的一元化结构,建立一种分权化而非集权化的权力结构。面对日益复杂的政策环境、政府失灵与缺位的现实,应该广泛调动政府、高校之外的其他主体如中介组织、社会、专家和高校教师等积极参与高等教育管理体制决策,实现高等教育管理决策的民主化、理性化和正当化,充分保证高校、社会中介组织与民众等利益相关者参与决策的渠道和权利,提升高等教育管理政策的有效性和接受性。

二是建立高等教育管理体制决策的对话协商机制。对话既是利益相关者的利益表达,也是对各自利益认可的前提。在这个过程中,无论是党和政府,还是高校、民众和社会中介组织等主体,在民主、平等、参与的前提下,通过表达、倾听、交流等形式进行沟通协商达成政策共识。当然,"对话的目的并不是让所有的决策都得集体通过,而是让所有的程序,包括决策程序,都更加清晰、开放,让所有人了解、理解、支持"①。具体而言,在议题设置和方案制定时,要通过新媒体、公共论坛和学术会议等形式了解各利益相关群体的利益诉求,通过讨论、争论和斗争等协商方式达成政策共识,实现高等教育管理体制合作共治的格局。

三是健全部门间的协同治理机制。对于需要调整政府与高校权力结构的高等教育管理体制改革而言,不能指望由教育行政部门自己来下放自己的权力和"革"自己的命。因此,应确立教育行政部门之外的行政机关作为下放权力的主体。可以由全国人大或国务院组建一个特别的最高行政体制改革委员会,负责进行高等教育管理体制改革的顶层设计,教育部、发改委、人力资源与社会保障部和财政部等相关部委参与,协调各方面的利益,逐步探索各部委间合理的职责、权力分工模式,以切实增强各部委参与的积极性与协同性,破除治理主体的碎片化。

三 治理结构:从"赋权—限权"走向"简政放权"

从"单中心管控"走向"多中心共治",意味着高等教育管理体制变革要通过更多的市场化、社会化与分权化手段来实现,这需要政府自身的简政、放权与分权。一方面,政府要逐步精简行政机构和业务,将一些高等教育管理权让渡给市场和社会;另一方面,政府要向高校放权和向省级政府的教育行政机构分权,提高高校和地方政府办学的积极性和自主权。

(一)简政:由"碎片化"向"网络型"转变

简政主要指精简政务、精简机构和人员,重点是缩减行政权。②当前高等教育管理体制面临的突出问题是"碎片化",突出表现为高等教育权力配置存在人事、财政和教育等部门协同性与合作性不足,管理权限相互交叉、边界模糊等问题,"信息矛盾"和"信息孤岛"现象并存。因此,教育行政管理部门要拿出"壮士断腕"和"自我割肉"的勇气去

---

① [美]埃利诺、[美]杰勒德:《对话:变革之道》,郭少文译,教育科学出版社2006年版,第182页。

② 郭渐强、黄强:《关于简政放权过程中"越放越卡"现象的思考》,《广西社会科学》2016年第8期。

"简政""瘦身",对高等教育管理机构进行大刀阔斧的改革,合并或撤销职能相互交叉重合的部门,减少省级行政部门数量,提高行政管理效率。"'简政'才能真正'放权',政府部门'瘦身'了,才能真正少管事,否则人多了总要找事做,放给高校的权也会有人变着法儿收上来。"[①]

同时,提高高等教育行政部门在政府行政体系架构中的地位,提升高等教育行政部门的统筹整合能力,将高等教育管理权力适度集中于高等教育行政部门,赋予高等教育行政部门在高等教育事务管理方面足够的自主权力。例如,将高校人事权力还给教育行政部门,人事部门只负责审核编制工作;将高校领导干部的任命权和管理权还给教育行政部门,组织部门只负责考核;将财政权还给教育行政部门,财政部门只负责经费预算的审核、拨款和对经费使用效益的监督。

(二)放权:政府对高校的"清单管理"

实行"多中心共治"并不意味着政府决策权力的消失,政府要做的是有意识地建构合理的国家决策权力体系,寻求国家行为的合理方式和标尺,使自己的角色从主导者与执行者逐步转变为规范者和监督者。因此,要通过全面实行清单管理,建立规范政府教育行政权力和责任的"总台账",要求国家教育行政部门和省级教育行政部门制定权力和责任清单,能减则减,除涉及重大安全和公共利益等的教育事项外,行政审批事项原则上都要依法依程序取消。"清单管理"包括列举出政府在大学管理中的"权力清单""负面清单""责任清单"。

"权力清单"指遵循"权力制约权力""法无授权不可为"原则,将政府通过法律授权管理高校的权力公示在一个清单上,让高校、社会机构和民众等权力客体了解和监督。因此,政府部门特别是教育行政部门要对自身的高等教育职能进行系统梳理,确定政府教育职能的权力清单,明确政府在高等教育管理中的核心权力,切实履行财政投入、制度供给、政策制定、质量监控、维护公平等核心职能,将一些可以通过市场和社会供给的扩展性和边缘性职能转移出去。

"负面清单"指遵循"法无禁止皆可为"原则,除属于国家事务需要

[①] 冒荣:《扩大高校办学自主权为什么仍在路上》,《江苏高教》2015年第4期。

国家管控的禁区外,其他领域的权力都属于高校所有。"换句话说,政府将由'控制者'转变为'监督者',不再给大学画圈,规定'大学可以做什么'而是先把权力的边界划好,明确'大学不能做什么',把办学的空间留给大学。"①

"责任清单"指政府教育行政部门在权力清单确定的权力范围基础上,对手中的权力如何行使的问题做出规定,并且规定政府教育行政部门不履行或不应当承担的责任,做到"法定责任必须为"。如果没有责任清单,就会影响权力清单和负面清单的建构和运行。

(三) 分权:央地间高校管理权力重组

纵观新中国高等教育管理体制变迁史,在中央"主动"或"被动"分权过程中,中央下放的权力主要是自己用不好或本来不该用的权力,而主导权及政策制定的决定权和决策权却始终掌控在中央手中,地方政府获得的主要是资源统筹权和规划权。随着高等教育规模持续扩大和利益需求进一步分化,高等教育管理事务中中央政府和地方政府间权力配置的合理化和科学化成为高等教育管理体制改革的重要支点。正如有学者指出,"如果我们回顾一下历史,不难发现,在中国的政治环境中,无论是改革的发动还是改革的可持续,地方的动力都非常重要。从中央—地方关系寻找改革的动力,早已成为中国改革的定律。改革开放以来,中国社会经济的快速发展更是高度依赖于地方层面的制度创新。"② 对于当前高等教育管理体制层面的改革而言,需要从中央政府的"顶层设计"和地方政府的"中层突破"两方面进行制度化分权配置。

当前,中央政府在高等教育发展和体系建构中承担着宏观控制、制定政策法规、确定发展方向、协调各地关系等"顶层设计"工作。虽然中央集权的管理体制决定了中央政府在高等教育发展中依然处于较强的主导地位,但这种"顶层设计"工作并非计划经济体制下的中央管控和集权管理,而是宏观的设计、引导、调控和支持等,中央的主导只限于

---

① 丁晓昌:《提升省域高等教育治理能力的路径选择》,《中国高教研究》2014年第12期。
② 郑永年:《中国的"行为联邦制":中央—地方关系的变革与动力》,东方出版社2013年版,第1页(中文版序)。

理念提出、政策引导和法律约束等方面，中央政府在具体事务管理方面干预不多。

由于经济社会发展阶段和区域差异、人民生活水平和人才需求的差异，高等教育的类别方式、人才培养方式和人才需求规格等方面呈现更加多样化的局面。在这种现状和背景条件下，不同区域、不同类型和不同层次的大学，其高等教育管理体制改革的"路线图"和"时间表"也不尽相同。从这个角度讲，地方政府的"中层突破"是高等教育管理体制改革的主要承担者、主力军和具体创造者。"中国革命史和改革开放30余年的实践告诉我们，'中层担纲'不仅能够取得'中层突破'，而且往往创造性地落实了中枢机关提出的'战略构想'，丰富、补充了最初的'顶层设计'，甚至部分纠正了可能出现的偏差，弥补了与生俱来的不足。"① 在此意义上，地方政府被赋予对辖区内高校的招生、专业设置、人事制度、领导选拔和经费投入等方面拥有更多更大的权力。

四 治理方式：从"文本治理"走向"国家制度能力治理"

新中国70年，为推进高等教育管理体制改革，国家颁布了大量的方针政策甚至教育法律法规，但高等教育管理体制改革中的"一收就死、一放就乱"的现实情况严重制约了政府放权让利的意愿。美国学者福山从国家建构的角度提出了一个二维模型，包括两个维度：国家职能范围和国家制度能力。"在传统集权主义国家，国家职能范围大但国家制度能力相对不足，国家管理着它管不了也管不好的范围极广的事务。现代国家应该是国家职能范围小但国家制度能力强，这才是有效治理的国家。从传统集权主义国家走向现代国家，最佳的改革路径是在缩减国家职能范围的同时提高国家制度能力。很多国家改革的误区是既缩减国家职能范围又削弱国家制度能力。"② 因此，培育国家制度能力对于推进高等教育管理体制改革具有重大意义。国家制度能力指国家制定并实施政策和

---

① 龚放：《"顶层设计"、"基层创新"与"中层担纲"——试论高等教育现代化的责任担当》，《中国高教研究》2013年第12期。

② ［美］弗朗西斯·福山：《国家建构：21世纪国家治理与世界秩序》，王胜强等译，中国社会科学出版社2007年版，第16—19页。

执法的能力，特别是干净的、透明的执法能力，① 在高等教育管理体制变迁过程中，尤其体现为有效实施高等教育管理政策的能力。对于高等教育管理体制而言，国家制度能力建设主要包括重新校准政策目标优先序、促进高等教育管理体制改革的法制化、设立高等教育管理体制改革路线图与时间表以及建构立体的监管配套机制等。

（一）重新校准政策目标优先序

教育政策的质量在很大程度上取决于如何界定问题、设定政策议程和辨别政策意见。政策问题的界定与呈现的特征本身蕴含着政策问题的解决思路和办法。一旦问题认定有误或政策目标出现"优先序错乱"，教育政策决策就难免付出高昂的政策成本。也就是说，"现行政策和项目中所含有的先前决定、承诺和投资，可能会对备选方案的选择造成妨碍或者严重的干扰"②。因此，破解高等教育管理体制改革困境的关键之一就是要准确、有效地界定政策问题。

高等教育管理体制存在多元价值诉求，包括减少中央政府的决策权和财政权、赋予省级政府统筹权、增强高校办学自主权等。作为一项教育政策，高等教育管理体制改革的根本目的应是提升人才培养质量，促进学生的全面发展，契合经济社会发展的需要。进而言之，高等教育管理体制归根到底是服务学生和高校的，应以"学生和高校利益优先"为原则。从这个意义上讲，对于高等教育管理体制改革而言，根本的政策问题就是要解决政府与高校的权力结构，赋予高校办学自主权，提升人才培养质量，也就是高校是否拥有办学经营管理权和自主权问题。"对于我国高等教育管理体制的实际情况而言，改革管什么和如何管的问题，显然是实质性的核心问题。相比之下，由谁管，由哪一级政府来管的问题只是一个从属的问题。"③ 由此可见，从政策问题看，政府与高校关系调整应是高等教育管理体制的首要目标，中央政府与地方政府关系调整

---

① ［美］弗朗西斯·福山：《国家建构：21世纪国家治理与世界秩序》王胜强等译，中国社会科学出版社2007年版，，第7页。
② ［美］詹姆斯·E.安德森：《公共政策制定》，谢明等译，中国人民大学出版社2009年版，第146页。
③ 周川：《中国高等教育管理体制改革的政策分析》，《高等教育研究》2009年第8期。

应是次要目标并从属于首要目标。当前高等教育管理体制存在困境根本在于政府教育主管部门对高校干预过多,管了很多本身不应该管的事件,很多应该管的事又没有管好,存在严重的"越位"与"缺位"。因此,优化高等教育管理政策时,必须把转变政府职能,落实高校办学自主权,把正确处理政府与高校关系作为首要政策目标和核心议题,把正确处理中央政府与地方政府管理权力关系作为次要政策目标。

(二)促进高等教育管理体制改革的法制化

十八届四中全会做出了依法治国的战略部署,法治政府建设进程进一步加快,要求高等教育管理体制改革从行政型分权向法制型分权转型,以立法的形式对高等教育管理权力进行系统改革,提高其位阶效力,强化高等教育管理体制各主体拥有权力的稳定性。

一是依法界定政府的高等教育改革权力。制定《高等教育改革法》,从法律上加强对政府高等教育改革权力的限制和规范,特别要约束政府在改革过程中不断给自己赋权的行为,建立政府法律问责机制。明确规定中央政府和地方政府"该做什么""应该怎么做""由谁负责""该如何惩罚",并在"什么可以做"和"什么不可做"方面设置明确的"临界线",以及分别制定出易于操作、便于监督的具体法律规范。

二是明确高校是面向社会依法自主办学法人实体的法律地位。从法律关系而不是行政关系来界定政府与高校的关系。"所谓大学与政府关系的法律化主要指明确大学的法律地位,在法律上规定大学与政府在有关大学设置、管理、办学等方面的权限职责,使大学与政府的关系构筑在法律的基础之上。"[①] 首先,必须从法律上确立高校自治和独立的地位。从大学产生和发展的历史来看,大学作为一个专业的学术组织,其权力是自有的,而不是政府自上而下赋予或让渡的,拥有最大的学术自由和自治权。其次,必须将政府与高校各自拥有的有关大学设置、管理、办学等职责权限在法律中作明确规定,通过约束政府的权能而保障高校的办学自主权。

[①] 胡建华:《从文件化到法律化:改善大学与政府关系之关键》,《苏州大学学报》(教育科学版) 2015 年第 4 期。

(三)设定高等教育管理体制改革路线图与时间表

从高等教育管理政策体系看,需要重新设计改革进程,确立权力下放内容、权力下放的"时间表"和"路线图",实现政策内容的精细化。

一是明确下放核心权力。改革开放以来,中央政府向地方政府和高校权力转移重财政权转移、轻决策权分权,重边缘权转移、轻核心权下放。未来,应明确政府的管理权限,制定明确的权力"负面清单",最核心的权力(如重点高校领导任免权和关键事项的审批权与决定权)应逐步交给高校。

二是确立权力下放"路线图"。高等教育管理体制的设计应坚持"整体谋划、分步推进、找准突破口、各个击破"的路线。详细描绘出改革的路径和方式,突出宏观和微观布局,最重要的就是要走好高等教育管理政策改革的"第一步棋"。

三是确立权力下放"时间表"。虽然在《2010 纲要》和 2013 年的《中共中央关于全面深化改革若干重大问题的决定》中都提出,"逐步取消学校、科研院所、医院等单位的行政级别",但何时取消没有一个明确的说法。因此,有必要明确高等教育管理体制权力结构调整的具体时间节点。可制定长期和短期两个规划:到 2025 年,高等教育管理体制权力结构调整初步完成,地方政府和高校被赋予一定的核心办学权和管理权;到 2035 年,高等教育管理体制权力结构调整基本完成,地方政府和高校都具有各自实质的办学权和管理权,政府、高校、市场和社会权责关系明确,各安其位,各司其职。

(四)建构立体的监管配套机制

"权力倾向于腐败,绝对的权力将是绝对的腐败。"[①] 在倡导"教育松绑""权力下放""扩大和落实学校办学自主权"的同时,还须警惕和处理放权后可能出现的公共教育权力滥用、误用和教育腐败、教育寻租等行为。如果没有相应的权力制衡和责任约束机制,政策实施主体将会在利益影响下出现机会主义的"道德风险"与"逆向选择"。

---

① [美]弗朗西斯·C.福勒:《教育政策学导论》,许庆豫译,江苏教育出版社 2007 年版,第 43 页。

首先，加强事中事后监管力度。中央政府在下放权力给地方政府和高校后，应广泛推行"双随机、一公开"监管，随时对地方政府和高校管理行为进行抽查，及时公布检查结果。同时，政府应抛弃以批代管的思维方式，实行放管结合，建立健全监管机制，防止陷入"一放就乱、一收就死"的恶性循环。

其次，推行"互联网+"监督模式。为加强对高等教育管理政策主体的监管力度，强化社会舆论组织的监控，政府要定期或不定期公布简政放权的力度和进程，增加信息透明度，提高社会舆论监督的地位，充分发挥舆论、大众传媒和社会中介组织对中央政府、地方政府和高校的监督作用。

再次，改变监管权力的方式。除涉及重大高等教育事项需要设立事前审批的项目外，应严格限制审批及关卡的设立，尽量采用事中事后监管或间接管理的方式，尽力发挥行政规划、行政指导、行政奖励等非权力性行政行为在高等教育管理过程中的作用。

第五节 可能的贡献与不足

在行文将结束之际，本节将对本书可能做出的学术贡献以及存在的不足进行简要论述，并展望下一步有待进一步深化研究的方向。

一 可能的贡献

（一）选题的现实性

本书以新中国70年高等教育管理体制变迁作为研究对象，研究其变迁过程的动力学，探讨新中国70年高等教育管理体制变迁的制度逻辑和政策问题，分析各类行动者在政策变迁过程中的身份地位、话语权和影响力与政策结果间的因果关系，有针对性地提出推进高等教育管理体制优化的政策建议，在此基础上验证、调整和丰富教育政策变迁的理论构想，具有现实意义。同时，在教育政策研究中，制度影响教育政策的内在机制和路径的研究较为缺乏，本书的研究，对厘清制度与教育政策之间的关系，有一定的启发。

(二) 理论视角的创新性

已有研究视角多建立在单个行为主体分析的基础之上,难以深入解释中央政府、地方政府和高校互动、斗争和妥协的过程。本书以历史制度主义及国家与社会关系为理论框架,从历史维度分析中央政府、地方政府和高校(央地校利益共同体)是如何通过策略行动引导高等教育管理体制变迁的,试图通过中层制度方法的历史追溯研究来准确把握新中国70年高等教育管理体制变迁的根源。通过这种视角的分析,可以更加清晰地了解"黑盒子"内错综复杂的关系,透视了"黑盒子"内各种利益团体在既定政策框架下的互相行动,并互相作用,最终协调平衡建立稳定的政策内结构性关系。有助于了解政策和行动者之间的密切互动,了解政策动态性变化和持续性平衡的作用和局限。

(三) 研究内容的创新性

政策研究的主要任务之一就是理解政策是如何演变、演变的特点及规律,进而为改制政策提供重要的认识基础。已有研究文献针对新中国70年高等教育管理体制变迁的"过程变量"研究少,对其内部机制和运行过程的认识存在"黑箱"。本书从政策变迁的角度比较系统、翔实地梳理了新中国70年高等教育管理体制史,但没有简单地停留在史实罗列和表面分析等描述性层面,而是从"政策价值—政策目标—政策对象—政策工具"四个维度入手对新中国70年高等教育管理体制变迁进行了分期类型研究,对每一个阶段的政策特征进行了全面的总结,分析了高等教育管理体制变迁的制度逻辑,为中国高等教育管理体制的变迁提供了一个尝试性的历史制度主义解释。这一研究可为理解教育政策变迁过程提供一个参考性框架,拓展了教育政策变迁的权力分析路径,研究内容具有一定的前瞻性。

二 可能的不足

(一) 在研究主题上,涉及时间较长、政策主体较多及政策文本较复杂,内容比较庞杂,导致论证焦点不够集中有力,深度上仍然有所欠缺。

(二) 在研究的概念化过程中,"央地校利益共同体"的概念系首次在高等教育管理体制中提出,其概念化的适切性和成熟度仍然有待论证,将在下一步的研究过程中予以进一步明确。

（三）在研究范式上，全书的研究路径基本上是选择结构功能主义范式，即从中央政府、地方政府和高校三方互动关系来分析高等教育管理体制变迁历程和内在机制。但在实际变迁过程中，一些突然发生的偶然性事件往往成为高等教育管理体制改革的"政策之窗"。因此，如何处理"政策之窗"和结构功能主义之间的关系，有待进一步思考。

（四）研究方法上，本书主要采用历史分析法、政策文本法和档案查询等方法来获得历史资料，在一定程度上仍然没有摆脱宏大叙事式的研究和写作风格，在局部研究问题的设计和论证上仍显得有些粗糙。

三 进一步研究方向

未来有关高等教育管理体制改革的深化研究，必须重视以下三个方面：

（一）概念和框架的适用性

"央地校利益共同体"作为高等教育管理体制变迁中的核心概念在运用中需要注意什么问题和条件？从"政策价值—政策目标—政策对象—政策工具"四方面把新中国70年高等教育管理体制变迁划分为"全能型体制""发展型体制"和"服务型体制"是否可行？相比其他的研究类型，具有什么样的比较优势？

（二）比较的视野

本书的研究更多地只是把目光聚焦于新中国70年高等教育管理体制变迁的历程和内在逻辑，而没有从比较的视角分析美英日等发达资本主义国家高等教育管理体制变迁的特征和内在逻辑。没有对中国与美英日等国家的高等教育管理体制改革的共性与区别进行分析。下一步，应该对中美英日的高等教育管理体制改革的共性与区别进行深入分析，以为中国高等教育管理体制的完善提供政策借鉴。

（三）研究方法的改进

本书关于高等教育管理体制变迁研究的文献，基本上是采用二手资料描述,既缺乏深入的定性分析,又缺乏客观精确的定量分析。如何通过科学的指标设计变量,来清晰展示高等教育管理体制权力结构的变化、效果及其背后的深层动因,是下一步研究的重点。

参考文献

一 中文文献

毕宪顺：《权力整合与体制创新——中国高等学校内部管理体制改革研究》，教育科学出版社 2006 年版。

陈潭：《单位身份的松动——中国人事档案制度研究》，南京大学出版社 2007 年版。

陈明明：《革命后社会的政治现代化》，上海辞书出版社 1992 年版。

陈超：《中国重点大学制度建设中的政府干预研究》，广东高等教育出版社 2009 年版。

陈志勇：《香港申诉专员制度研究——以历史制度主义为视角》，新华出版社 2014 年版。

邓正来：《国家与市民社会：中国视角》，格致出版社、上海人民出版社 2011 年版。

董云川：《论中国大学与政府和社会的关系》，云南大学出版社 2004 年版。

樊艳艳：《双重起源与制度生成——中国现代大学制度起源研究》，华中科技大学出版社 2011 年版。

何俊志：《结构、历史与行为——历史制度主义对政治科学的重构》，复旦大学出版社 2004 年版。

胡伟：《政府过程》，浙江人民出版社 1998 年版。

刘爱生：《美国大学治理：结构、过程与人际关系》，中国社会科学出版社 2017 年版。

邵泽斌：《新中国义务教育治理方式的政策考察》，北京师范大学出版社 2012 年版。

薛立强：《授权体制：改革开放时期政府间纵向关系研究》，天津人民出版社 2010 年版。

周振超：《当代中国政府"条块条系"研究》，天津人民出版社 2009 年版。

黄启兵：《中国高校设置变迁的制度分析》，福建教育出版社 2007 年版。

金观涛、刘青峰：《开放中的变迁——再论中国社会超稳定结构》，法律出版社 2011 年版。

康宁：《中国经济转型中高等教育资源配置的制度创新》，教育科学出版社 2005 年版。

柯政：《理解困境：课程改革实施行为的新制度主义分析》，教育科学出版社 2011 年版。

李汉林、渠敬东、夏传玲、陈华珊：《组织变迁的社会过程——以社会团结为视角》，东方出版中心 2006 年版。

李岚清：《李岚清教育访谈录》，人民教育出版社 2003 年版。

李明忠：《高深知识与大学治理——大学制度变迁的知识社会学分析》，河北大学出版社 2011 年版。

李均：《中国高等教育政策史（1949—2009）》，广东高等教育出版社 2014 年版。

林荣日：《制度变迁中的权力博弈——以转型期中国高等教育制度为研究重点》，复旦大学出版社 2007 年版。

林尚立：《政治建设与国家成长》，中国大百科全书出版社 2008 年版。

林尚立：《国内政府间关系》，浙江人民出版社 1998 年版。

林小英：《教育政策变迁中的策略空间》，北京大学出版社 2012 年版。

刘建军：《单位中国——社会调控体系重构中的个人、组织与国家》，天津人民出版社 2000 年版。

刘鹏：《转型中的监管型国家建设——基于对中国药品管理体制（1949—2008）的案例研究》，中国社会科学出版社 2011 年版。

刘圣中：《历史制度主义——制度变迁的比较历史研究》，上海人民出版社 2010 年版。

罗峰:《嵌入、整合与政党权威的重塑——对中国执政党、国家和社会关系的考察》,上海人民出版社 2009 年版。

马骏、孙麾、何艳玲:《中国"行政国家"六十年历史与未来》,格致出版社、上海人民出版社 2012 年版。

潘祥辉:《媒介演化论:历史制度主义视野下的中国媒介制度变迁研究》,中国传媒大学出版社 2009 年版。

彭拥军:《精英的合法性危机:高等教育改革的社会学研究》,广西师范大学出版社 2011 年版。

朴雪涛:《现代性与大学——社会转型期中国大学制度的变迁》,人民出版社 2012 年版。

蒋达勇:《现代国家建构中的大学治理——基于中国经验的实证分析》,中国社会科学出版社 2014 年版。

容志:《土地调控中的中央与地方博弈——政策变迁的政治经济学分析》,中国社会科学出版社 2010 年版。

孙立平、晋军、何江穗、毕向阳:《动员与参与——第三部门募捐机制个案研究》,浙江人民出版社 1999 年版。

孙立平:《转型与断裂:改革以来中国社会结构的变迁》,清华大学出版社 2004 年版。

唐士其:《国家与社会的关系——社会主义国家的理论与实践比较研究》,北京大学出版社 1998 年版。

涂端午:《高等教育政策生产》,北京大学出版社 2012 年版。

王东杰:《国家与学术的地方互动——四川大学国立化进程(1925—1939)》,生活·读书·新知三联书店 2005 年版。

王海峰:《干部国家——一种支撑和维系中国党建国家权力结构及其运行的制度》,复旦大学出版社 2012 年版。

魏峰:《弹性与韧性:乡土社会民办教师政策运行的民族志》,上海三联书店 2008 年版。

吴合文:《高等教育政策工具分析》,北京师范大学出版社 2011 年版。

许杰:《政府分权与大学自主》,广东高等教育出版社 2008 年版。

杨景尧：《中国大陆文化大革命之后之高等教育改革》，丽文文化事业股份有限公司1995年版。

杨奎松：《忍不住的"关怀"：1949年前后的书生与政治》，广西师范大学出版社2013年版。

杨光斌：《制度变迁与国家治理——中国政治发展研究》，人民出版社2006年版。

应望江：《中国高等教育改革与发展30年》，上海财经大学出版社2008年版。

俞可平：《治理与善治》，社会科学文献出版社2000年版。

张乐天：《高等教育政策的回顾与反思》，南京师范大学出版社2008年版。

中国高等教育学会：《改革开放30年中国高等教育发展经验专题研究》，教育科学出版社2008年版。

赵德余：《政策制定的逻辑：经验与解释》，上海人民出版社2010年版。

赵德余：《中国粮食政策史：1949—2008》，上海人民出版社2017年版。

周雪光、刘世定、折晓叶：《国家建设与政府行为》，中国社会科学出版社2013年版。

周雪光：《国家与生活机遇——中国城市中的再分配与分层1949—1994》，中国人民大学出版社2015年版。

朱春奎：《政策网络与政策工具：理论基础与中国实践》，复旦大学出版社2011年版。

朱新梅：《政府干预与大学公共性的实现：中国大学的公共性研究》，教育科学出版社2007年版。

朱新梅：《知识与权力：高等教育政治学新论》，教育科学出版社2007年版。

荀渊、刘信阳：《从高度集中到放管结合——高等教育变革之路》，华东师范大学出版社2018年版。

范国睿：《从规制到赋能——教育制度变迁创新之路》，华东师范大学出版社2018年版。

蒋凯：《全球化时代的高等教育：市场的挑战》，北京大学出版社2013年版。

宣勇：《政府善治与中国大学的主体性重建》，人民出版社 2016 年版。

郝维谦、龙正中、张晋峰：《中华人民共和国高等教育史》，新世界出版社 2011 年版。

何东昌主编：《中华人民共和国重要教育文献（1949—1975）》，海南出版社 1998 年版。

何东昌主编：《中华人民共和国重要教育文献（1976—1990）》，海南出版社 1998 年版。

何东昌主编：《中华人民共和国重要教育文献（1991—1997）》，海南出版社 1998 年版。

何东昌主编：《中华人民共和国重要教育文献（1998—2002）》，海南出版社 2003 年版。

何东昌主编：《中华人民共和国重要教育文献（2003—2008）》，新世界出版 2010 年版。

王锋：《走向服务型政府的行政精神》，商务印书馆 2018 年版。

范跃进：《新中国成立以来高等教育元政策（1949—2016）》，中国社会科学出版社 2017 年版。

何显明：《市场化进程中的地方政府行为逻辑》，人民出版社 2008 年版。

朱光磊：《当代中国政府过程》（第三版），天津人民出版社 2008 年版。

薄一波：《若干重大决策与事件的回顾》，中共中央党校出版社 1991 年版。

刘复兴：《国外教育政策研究基本文献讲读》，北京大学出版社 2015 年版。

陈金圣：《大学学术权力的制度化建构——基于组织分析的新制度主义视角》，中国社会科学出版社 2014 年版。

孙志建：《模糊性治理：中国城市摊贩监管中的政府行为模式》，复旦大学出版社 2016 年版。

朱家德、周湖勇：《大学有效治理研究》，中国社会科学出版社 2017 年版。

杨东平：《艰难的日出——中国现代教育的 20 世纪》，文汇出版社 2003 年版。

周黎安：《转型中的地方政府：官员激励与治理（第二版）》，格致出版社、上海三联书店、上海人民出版社 2018 年版。

李汉林、魏钦恭：《嵌入过程中的主体与结构——对政企关系变迁的社会分析》，中国社会科学出版社 2014 年版。

杨文明：《美国州政府对州立大学治理模式的实证研究》，商务印书馆 2015 年版。

李瑞昌：《政府间网络治理：垂直管理部门与地方政府间关系研究》，复旦大学出版社 2012 年版。

王诗宗：《治理理论及其中国适用性》，浙江大学出版社 2009 年版。

潘懋元、肖海涛：《中国高等教育思想发展 30 年》，《教育研究》2008 年第 10 期。

蒲蕊、徐蕾：《对教育放权改革的思考》，《教育学报》2015 年第 5 期。

陈学飞：《高等教育系统的重构及其前景——1990 年代以来中国高等教育管理制度的改革》，《高等教育研究》2003 年第 4 期。

陈学飞、贺武华：《积极开展高等教育管理与政策案例研究》，《高校教育管理》2009 年第 1 期。

陈学飞、展立新：《我国高等教育发展观的反思》，《高等教育研究》2009 年第 8 期。

丁晓昌：《提升省域高等教育治理能力的路径选择》，《中国高教研究》2014 年第 12 期。

段宇波、赵怡：《制度变迁中的关键节点研究》，《国外理论动态》2016 年第 7 期。

冯仕政：《国家政权建设与新中国信访制度的形成及演变》，《社会学研究》2012 年第 4 期。

冯仕政：《中国国家运动的形成与变异：基于政体的整体性解释》，《开放时代》2011 年第 1 期。

胡莉芳、黄海军：《教育治理视域下的政府与大学新型关系构建》，《复旦教育论坛》2015 年第 5 期。

龚怡祖：《大学治理结构：建立大学变化中的力量平衡——从理论思考到政策行动》，《高等教育研究》2010 年第 12 期。

何艳玲、汪广龙：《中国转型秩序及其制度逻辑》，《中国社会科学》2016 年第 6 期。

黄彬：《大学外部治理的法权逻辑与重构路径——基于"管办评分离"的

政策视角》,《中国高教研究》2016 年第 11 期。

李秀峰:《制度的持续性特征及约束功能——对历史制度主义公共政策研究框架的探索》,《中国行政管理》2013 年第 10 期。

李杨:《五十年代的院系调整与社会变迁——院系调整研究之一》,《开放时代》2004 年第 5 期。

李月军:《中国政治制度变迁中的路径依赖》,《学海》2009 年第 4 期。

李子江、杨志:《我国高考加分政策演变的制度分析——基于历史制度主义的分析范式》,《清华大学教育研究》2011 年第 1 期。

刘宝存:《改革开放以来我国高等教育管理体制的回顾与前瞻》,《复旦教育论坛》2009 年第 1 期。

刘晖、汤建静:《管理走向治理的政策博弈——以广东高等教育政策文本为中心》,《教育学术月刊》2015 年第 2 期。

刘鹏:《中国食品安全监管——基于体制变迁与绩效评估的实证研究》,《公共管理学报》2010 年第 2 期。

罗红艳:《我国公立大学治理政策变迁的制度逻辑——基于历史制度主义的分析》,《中国高教研究》2014 年第 3 期。

冒荣:《扩大高校办学自主权为什么仍在路上》,《江苏高教》2015 年第 4 期。

孟荣芳:《国家与社会关系视角下的我国城市基层管理体制变迁分析》,《兰州学刊》2013 年第 6 期。

牛凤蕊:《我国高校教师职称制度的结构与历史变迁——基于历史制度主义的分析》,《中国高教研究》2012 年第 10 期。

秦惠民、王名扬:《我国高等教育评估制度演变的社会基础与制度逻辑——基于历史制度主义的分析》,《中国高教研究》2015 年第 10 期。

阮成武:《新中国 60 年教育定位变迁及价值转向》,《华中师范大学学报》(人文社会科学版)2011 年第 3 期。

盛冰:《高等教育的治理:重构政府、高校、社会之间的关系》,《高等教育研究》2003 年第 2 期。

涂端午:《我国高等教育管理体制变迁中的权力结构演化》,《现代大学教育》2006 年第 1 期。

王婷、李放:《中国养老保险政策变迁的历史逻辑思考》,《江苏社会科学》2016年第3期。

王猛:《义务教育治理的多中心体制:内涵、机制与实践路径》,《教育发展研究》2016年第18期。

王有升:《中国教育治理体制的历史演变、现实问题与改革动力探析》,《华中师范大学学报》(人文社会科学版)2016年第11期。

魏峰:《历史制度主义视野下的教育政策研究——以"转制学校"的变迁为例》,《教育科学研究》2015年第7期。

魏姝:《服务型政府模式下政府人事制度的理想类型研究》,《中国行政管理》2010年第8期。

吴合文:《从干预主义到管制治理:高校去行政化的制度逻辑》,《教育学报》2011年第6期。

夏永详、王常雄:《中央政府与地方政府的政策博弈及其治理》,《当代经济科学》2006年第2期。

徐纬光:《社会形态、政治权力和教育体制——当代中国教育体制改革的逻辑》,《复旦教育论坛》2004年第4期。

姚荣:《从"嵌入"到"悬浮":国家与社会视角下我国乡村教育变迁研究》,《清华大学教育研究》2014年4期。

姚荣、李战国、崔鹤:《国家工业化与高等教育结构调整——政策变迁的制度逻辑》,《教育学术月刊》2015年第8期)。

曾毅:《社会变迁视野下的国家能力——评乔尔·米格代尔著作中的国家—社会关系理论》,《国外理论动态》2014年第6期。

张海清:《制度如何形塑政策?——基于历史制度主义的视角》,《中国行政管理》2013年第6期。

张康之:《走向服务型政府的"大部制"改革》,《中国行政管理》2013年5期。

张立军:《新中国高等教育管理政策的60年历程》,《河北师范大学学报》(教育科学版)2010年10期。

张西勇、杨继武:《历史制度主义视域下我国城市街道办事处的制度变迁》,《中国行政管理》2012年第12期。

张德祥：《1949 年以来中国大学治理的历史变迁——基于政策变迁的思考》，《中国高教研究》2016 年第 2 期。

詹轶：《论中国社会组织管理体制的变迁——现代国家构建的视角》，《武汉大学学报》（哲学社会科学版）2015 年第 4 期。

张应强：《新中国大学制度建设的艰难选择》，《清华大学教育研究》2012 年第 6 期。

张应强：《关于将高等教育改革纳入法治化轨道的思考》，《江苏高教》2015 年第 6 期。

张应强、张浩正：《从类市场化治理到准市场化治理：我国高等教育治理变革的方向》，《高等教育研究》2018 年第 6 期。

张应强、彭红玉：《高等教育大众化时期地方政府竞争与高等教育发展》，《高等教育研究》2009 年第 12 期。

朱家德：《中西方大学与政府关系演进研究》，《中国高教研究》2015 年第 10 期。

朱光磊、于丹：《建设服务型政府是转变政府职能的新阶段——对中国政府转变职能过程的回顾与展望》，《政治学研究》2008 年第 6 期。

周家荣、李慧勤：《教育管办评分离：实质基础、行动逻辑和体制障碍》，《高等教育研究》2016 年第 7 期。

周光礼：《中国大学办学自主权（1952—2012）：政策变迁的制度解释》，《中国地质大学学报》（社会科学版）2012 年第 3 期。

周光礼：《中国高等教育治理现代化：现状、问题与对策》，《中国高教研究》2014 年第 9 期。

周川：《中国高等教育管理体制改革的政策分析》，《高等教育研究》2009 年第 8 期。

周川：《高等教育管理体制改革之反思》，《北京大学教育评论》2018 年第 4 期。

周雪光：《运动型治理机制：中国国家治理的制度逻辑再思考》，《开放时代》2012 年第 9 期。

周雪光：《中国国家治理及其模式：一个整体性视角》，《学术月刊》2014 年第 10 期。

周雪光：《中国政府的治理模式：一个"控制权"理论》，《社会学研究》2012 年第 5 期。

周雪光：《国家治理逻辑与中国官僚体制：一个韦伯理论视角》，《开放时代》2013 年 3 期。

周飞舟：《锦标赛体制》，《社会学研究》2009 年第 3 期。

王建华：《重申高等教育体制改革》，《教育发展研究》2018 年第 1 期。

王建华：《重启高等教育改革的理论思考》，《高等教育研究》2014 年第 5 期。

贾永堂、杨红旻：《改革开放以来高等教育分权模式的问题与治理》，《高等教育研究》2015 年第 3 期。

贾永堂、孔维申：《省级政府高等教育统筹权：渊源、内涵、困境及对策》，《高等教育研究》2017 年第 11 期。

贾永堂、罗华陶：《新中国高等教育发展道路的历史考察——基于后发展理论的分析》，《高等教育研究》2016 年第 5 期。

胡建华：《从文件化到法律化：改善大学与政府关系之关键》，《苏州大学学报》（教育科学版）2015 年第 4 期。

姚宇华：《我国大学与政府关系的嬗变和展望——对新中国成立以来政策文本的分析》，《高校教育管理》2017 年第 1 期。

程天君、吕梦含：《"去行政化"：落实和扩大高校办学自主权的政策支持》，《全球教育展望》2017 年第 12 期。

吴康宁：《政府部门超强控制：制约教育改革深入推进的一个要害性问题》，《南京师大学报》（社科版）2012 年第 5 期。

郝瑜、周光礼：《中国大学"去行政化"改革的制度困境及其破解》，《现代大学教育》2012 年第 3 期。

渠敬东、周飞舟、应星：《从总体支配到技术治理——基于中国 30 年改革经验的社会学分析》，《中国社会科学》2009 年第 6 期。

渠敬东：《项目制：一种新的国家治理体制》，《中国社会科学》2012 年第 5 期。

蒋洪池、林国治、李绍芳：《从政府控制走向政府监督——中国大学与政府关系的诉求》，《北京理工大学学报》（社会科学版）2005 年第 3 期。

荀振芳、汪庆华：《国家主义下中国现代大学制度的建构逻辑及审思》，《清华大学教育研究》2015 年第 2 期。

钱明辉：《中国高等教育体制改革为何总是处于两难之中》，《清华大学教育研究》2013 年第 5 期。

王寰安：《我国高等教育体制改革为何成效不足》，《高等教育研究》2011 年第 4 期。

孙霄兵：《高等教育体制改革的历史成就及其发展方向》，《中国高等教育》2008 年第 15—16 期。

熊庆年：《对落实高等学校办学自主权的再认识》，《复旦教育论坛》2004 年第 1 期。

苏永建：《体制化的技术治理与中国高等教育质量保障》，《高等教育研究》2017 年第 3 期。

曹正汉：《中国上下分治的治理体制及其稳定机制》，《社会学研究》2011 年第 1 期。

宋争辉、郭书剑：《地方统筹：高等教育治理的新思维》，《高等教育研究》2018 年第 1 期。

黄兢：《我国地方大学治理的特征、模式与道路》，《中国高教研究》2015 年第 8 期。

李春玲、肖远军：《高校管理体制改革的现状与路径选择——基于 Z 省的调查分析》，《教育发展研究》2010 年第 23 期。

郭书剑：《我国高等教育发展观的演变》，《高校教育管理》2019 年第 2 期。

祁占勇、李莹：《改革开放 40 年来我国高等教育政策的演进逻辑与理性选择》，《高等教育研究》2018 年第 4 期。

项贤明：《我国 70 年高考改革的回顾与反思》，《高等教育研究》2019 年第 2 期。

陈坤、秦玉友：《农村义务教育投入体制 70 年：价值路向与前瞻——基于新中国成立以来政策文本的分析》，《教育学报》2019 年第 2 期。

江赛蓉：《服务行政模式：大学"去行政化"的路径选择》，《中国高教研究》2012 年第 3 期。

［美］阿尔蒙德等：《比较政治学：体系、过程与政策》，曹沛霖等译，上海译文出版社 1987 年版。

［美］埃莉诺·奥斯特罗姆：《公共事物治理之道——集体行动制度的演进》，余逊达译，上海三联书店 2000 年版。

［法］爱弥尔·涂尔干：《教育思想的演进》，李康译，上海人民出版社 2003 年版。

［基］安东尼·吉登斯：《民族——国家与暴力》，胡宗泽等译，生活·读书·新知三联书店 1998 年版。

［美］大卫·科伯：《高等教育市场化的底线》，晓征译，北京大学出版社 2008 年版。

［美］保罗·A. 萨巴蒂尔：《政策过程理论》，彭宗超、钟开斌译，生活·读书·新知三联书店 2006 年版。

［美］伯顿·克拉克：《高等教育新论——多学科的研究》，王承绪等译，浙江教育出版社 2003 年版。

［美］伯顿·克尔：《高等教育不能回避历史——21 世纪的问题》，王承绪译，浙江教育出版社 2001 年版。

［美］乔尔·S. 米格代尔：《社会中的国家：国家与社会如何相互改变与相互构成》，李扬等译，江苏人民出版社 2013 年版。

［美］乔尔·S. 米格代尔：《强社会与弱国家：第三世界的国家社会关系及国家能力》，张长东等译，江苏人民出版社 2009 年版。

［美］E. R. 克鲁斯克、B. M. 杰克逊：《公共政策词典》，唐理斌等译，上海远东出版社 1992 年版。

［美］费正清：《剑桥中华人民共和国史（上下卷）》，谢亮生等译，中国社会科学出版社 1990 年版。

［荷］弗兰斯·F. 范富格特：《国际高等教育政策比较研究》，王承绪等译，浙江教育出版社 2001 年版。

［美］弗朗西斯·福山：《国家构建：21 世纪的国家治理与世界秩序》，黄胜强等译，中国社会科学出版社 2007 年版。

［加］迈克尔·豪利特、M. 拉米什：《公共政策研究：政策循环与政策子系统》，庞诗等译，生活·读书·新知三联书店 2006 年版。

[法] P. 布尔迪厄:《国家精英——名牌大学与群体精神》,杨亚平译,商务印书馆 2005 年版。

[英] 斯蒂芬·J·鲍尔:《教育改革——批判和后结构主义的视角》,侯定凯译,华东师范大学出版社 2002 年版。

[美] 西达·斯考切波:《国家与社会革命:对法国、俄国和中国的比较分析》,何俊志等译,上海世纪出版集团 2007 年版。

[加] 许美德:《中国大学 1895—1995:一个文化冲突的世纪》,许洁英主译,教育科学出版社 2000 年版。

[美] 托马斯·戴伊:《理解公共政策》,谢明译,北京大学出版社 2008 年版。

[加] 约翰·范德格拉夫编著:《学术权力——七国高等教育管理体制比较》,王承绪等译,浙江教育出版社 2006 年版。

[美] 詹姆斯·E. 安德森:《公共决策》,唐亮译,华夏出版社 1990 年版。

[美] 詹姆斯·C. 斯科特:《国家的视角:那些试图改善人类状况的项目是如何失败的》,王晓毅译,社会科学文献出版社 2011 年版。

[新] 郑永年、吴国光:《论中央—地方关系:中国制度转型中的一个轴心问题》,香港:牛津大学出版社 1995 年版。

[新] 郑永年:《中国的"行为联邦制":中央—地方关系的变革与动力》,东方出版社 2013 年版。

[美] 邹谠:《二十世纪中国政治——从宏观历史到微观行动的角度看》,牛津大学出版社 1994 年版。

[美] W. 理查德·斯科特:《制度与组织——思想观念与物质利益》,姚伟、王黎芳译,中国人民大学出版社 2011 年版。

[美] 德博拉·斯通:《政策悖论:政治决策的艺术》,顾建光译,中国人民大学出版社 2006 年版。

[美] 德里克·博克:《走向象牙塔—现代大学的社会责任》,徐小洲、陈军译,浙江教育出版社 2001 年版。

[美] 弗雷德里克·E. 博德斯顿:《管理今日大学:为了活力、变革与卓越之战略》,王春春、赵炬明译,广西师范大学 2006 年版。

[美] 费正清:《中国:传统与变迁》,张沛等译,世界知识出版社 2008

年版。

［加］莱文：《教育改革——从启动到成果》，项贤明、洪成文译，教育科学出版社 2004 年版。

［法］让－皮埃尔·戈丹：《何谓治理》，钟震宇译，社会科学文献出版社 2010 年版。

［美］B. 盖伊·彼得斯：《政治科学中的制度理论："新制度主义"》，向民、段红伟译，上海人民出版社 2011 年版。

［英］阿什比：《科技发达时代的大学教育》，腾大春等译，人民出版社 1983 年版。

［英］约翰·金登：《议程、备选方案与公共政策》，丁煌、方兴译，中国人民大学出版社 2004 年版。

［美］菲利普·G. 阿特巴赫：《亚洲的大学：历史与未来》，邓红风等译，中国海洋出版社 2006 年版。

二　英文文献

Berkhout S. J., Wielemans W. "Toward understanding education policy: An integrative approach", *Educational Policy*, 1999, 13 (3).

Charles Tilly, *The Formation of National States in Western Europe*, Princeton University Press, 1975.

David Warner and David Palfreyman, *Higher education management: the Key elements*. Srhe and Open University Press, 1996.

Frank R. Baumgartner and Bryan D. Jones, *Agendas and Instability in American Politics*, Chicago: University of Chicago Press, 1993.

Hall, P. A., *Governing the Economy: The Politics of State Intervention in Britain and France*. New York: Oxford University Press, 1986.

Ikenberry, G. John, "Conclusion: an Institutional Approach to American Foreign Economic Policy", *International Organization*, 1988, 42 (1).

Glen A. Jones, *Higher Education in Canada: Different Systems and Different Perspectives*, Garland Publishing, Inc. New York, USA, 1997.

Peter Scott, *The Crisis of the University*, Kent: Croom Helm Ltd, 2001.

Yanow, D., *Conducting interpretive policy analysis*, Thousand Oak: Sage Publications, 2000.

Su-Yan Pan, *University Autonomy, the State, and Social Change in China*, Hong Kong University Press, 2009.

Schurmann. F., Ideology and Organization in Communist China, University of California Press, 1966.

Williams G. L., *The "Marketization" of Higher Education: Reforms and Potential Reforms in Higher Education Finance*, Oxford: Pergamon Press, 1995.

Ahmad, A. R., Farley, A., Naidoo, M., "The Study of Government-University Relationship in Malaysian Higher Education System", *International Education Studies*, 2012, 5 (5).

后　记

　　本书是在我的博士后报告基础上修改而成的。相比 2016 年的出站报告，本书作了较大的修改。本书中提出了贯穿始终的"央地校利益共同体"核心概念，从"政策价值—政策目标—政策对象—政策工具"四维框架分析新中国 70 年高等教育管理体制变迁的因果机制，希望能给高等教育管理体制研究提出一个新的解释视角，带来一些理论和实践价值。饮水思源，值此书出版之际，更多的是想对学术研究道路上给我提供帮助的人表示感谢。

　　首先要感谢我的博士后合作导师——江苏省教育厅原党组副书记、副厅长丁晓昌教授。2011 年 9 月参加工作后，面对高等教育领域经常发生的一些中国"特色"和"经验"，我常常感到非常困惑和焦虑，深深感到自己知识结构的欠缺，遂有了从事博士后的想法并越来越强烈。在 2012 年的一次工作汇报时，当我把自己想做博士后的想法告知丁厅长之后，他爽快地答应了。丁厅长从 2000 年开始分管全省高等教育，行政管理工作非常繁重，但他仍保持着强烈的社会责任感、富有激情的学术创新精神和强有力的学术管理能力。他不仅一直在南京师范大学文学院带应用文体学的博士研究生，而且始终坚持结合管理实践开展省域高等教育研究，在全国高等教育研究界有广泛而积极的影响。现在回想起来，能够得到丁厅长的耳提面命和指点，真的是一件非常幸运和非常幸福的事情。

　　进站后，在和丁厅长数次交流后，我决定以政府与高校关系为切入点，把新中国成立以来高等教育管理体制变迁过程作为博士后报告的研究对象。报告写作过程中，丁厅长不时通过电话、邮件和面谈关心我的学习、工作和生活，给我的生活、工作和学术成长提供了巨大的帮助。丁厅长对学生的帮助和无私提携，感激之情，无法用语言表达。2015年9月，在丁厅长的督促下，我顺利通过了南京师范大学博士后答辩。可以说，跟随丁厅长治学期间，他毫无保留地把他的学术追求、治学品格和批判精神潜移默化地传授给学生，为"善歌者使人继其声，善教者使人继其志"作了很好的注解。在他的身上，领导的特征和学者的品格得到了完美的统一。

这部书稿能够面世，还要感谢许多老师的关心和帮助。我的博士生导师、南京师范大学教育科学学院的张乐天教授，经常关心我的工作和博士后报告写作，督促我深入思考，努力写出精品。毕业多年，每次与张老师见面交流，都能从他那里获得某种收获和启示，更获得了某种前行的力量。感谢张老师把我带进教育政策研究的殿堂，更感谢他在我人生最艰难时所给予的帮助。张老师厚重的学术功底、高尚的学术品格深深影响了我的学术道路。他的那种淡泊名利、专注学术研究的人生态度永远是我学习的榜样。南京师范大学文学院的潘百齐教授、骆冬青教授、董志翘教授等对我的博士后报告提出过非常具有建设性的意见，在此一并谢过。感谢江苏省教育科学研究院领导、高教所所长宋旭峰研究员和各位同事的帮助和支持。从他们身上，我学到了很多书本上没有的东西。

我能够攻读博士学位和完成博士后报告，最高兴的是我的父母，而我亏欠最多的也是他（她）们。虽然我现在已经成了一个"城里人"，但我本来自农村，父母都是没有受过多少教育的农民，贫穷是当时我家最真实的写照。但他（她）们特别重视教育，再苦再累再委屈都要送我上学，因为他（她）们清楚知道"知识改变命运"，对于农村子弟来说更是如此。我是村子里首位博士和博士后，能求学及顶，父母的关爱和帮助自不言而喻。2009年，我非常庆幸地结识了人生的另一半，张莹博士是一位大方而富有智慧的女性，是她，给我营造了一个温馨圆满的家。岳父岳母持家有方，耐心且细致地照顾好张莹和一双儿女，让我可以安心工作和进行本书的修改工作。感谢父母，感谢家人！

最后，我还得感谢一下自己。感谢自己在学术研究道路上的锐气和顽强，甘愿接受学术挑战的勇气。再回首过去岁月，总体而言，欢乐多于泪水，幸福多于痛苦。展望未来，"路漫漫其修远兮，吾将上下而求索"的求知之路还在继续，仍鞭策着我不忘初心，砥砺前行。

彭华安
2019 年 5 月于南京